인공지능 시대의
사회학적 상상력

*본 연구는 2018년 계명대학교 연구기금으로 이루어졌음.

인공지능 시대의
사회학적 상상력

초판 1쇄 인쇄 2019년 6월 15일
초판 1쇄 발행 2019년 6월 20일

지은이 홍승표
펴낸이 김승희
펴낸곳 도서출판 살림터

기획 정광일
편집 조현주
북디자인 꼬리별

인쇄·제본 (주)현문
종이 월드페이퍼(주)

주소 서울시 양천구 목동동로 293, 22층 2215-1호
전화 02-3141-6553
팩스 02-3141-6555
출판등록 2008년 3월 18일 제313-1990-12호
이메일 gwang80@hanmail.net
블로그 http://blog.naver.com/dkffk1020

ISBN 979-11-5930-107-0 93300

인공지능 시대의
사회학적 상상력

홍승표 지음

들어가는 글

E. 톨레Eckhart Tolle 2008: 182는 이렇게 쓰고 있다. "정신이상을 정신이상으로 인식하는 그것이 바로 온전한 정신이고, 자각의 등장이며, 정신이상의 끝이다." '정신이상을 정신이상으로 인식하는 것', 이것이 바로 우리 시대의 사회학적 상상력이다. 현대 사회를 가만히 들여다보고 있노라면, 집단정신병동을 관찰하고 있는 느낌이 든다. 실제로 현대 사회는 집단정신병동이다.

이 세상에서 가장 가까운 사람이 누구일까? 가장 사랑하는 사람이 누구일까? 많은 사람들에게 그것은 배우자일 것이다. 그런데 필자 또래의 부부생활을 살펴보노라면, 깜짝 놀라게 된다. 아내나 남편에 대한 무관심이 도를 넘어 있다. 어떻게 배우자에게 무관심할 수 있을까? 정말 놀라운 일이지만 문제는 아무도 놀라지 않는다는 것이다. 때로는 원수처럼 싸우면서 사는 부부도 있다. 그들은 서로를 경멸하고, 미워한다. 심한 경우에는 별거하고 이혼한다. 정말 놀라운 일이지만 아무도 놀라지 않는다.

더 놀라운 일이 있다. 가만히 지켜보면, 많은 사람들이 자신에게조차 무관심하다는 놀라운 사실을 발견할 수 있다. 이건 콜럼버스의 신대륙 발견보다 놀라운 일이다. 어떻게 자기 자신에게 무관심할 수 있을까? 많은 사람들이 자기 자신에게 무관심하고, 빈번하게 불행과 힘겨움 속에 자신을 방치하고 있는 놀라운 사실을 발견하게 된다.

놀라운 일은 끝이 없다. 부모와 자녀 간에 서로 의사소통이 되지 않는다. 부자 아파트 주민들이 늙은 경비원에게 90도 인사를 강요한다. 돈이 이미 엄청 많은데도 더 많은 돈을 버는 데 삶을 탕진한다. 인기 있는 사람이 되기 위해 아이돌 연습생은 밥도 제대로 못 먹고 아주 힘든 연습을 수년 동안 계속한다. 이미 먹고살 만한 나라들이 경제성장을 위해 지구환경을 파괴한다.

현 인류는 46억 년이 된 지구 행성의 역사에서 극적인 시점을 살고 있다. 지금 인류는 문명의 대도약과 대파멸이란 갈림길에 서 있다. 이 책은 인류가 파멸이 아니라 비약의 가능성을 높이는 데 기여하고자 하는 의도로 집필되었다.

　태양은 은하계를 구성하고 있는 수천억 개의 항성 중 하나이다. 그리고 대우주는 약 1,000억 개의 은하계와 같은 별들의 구름들로 구성되어 있다. 대우주의 관점에서 보자면, 태양은 200만경 개 정도의 항성 중 하나이다. 지구가 대우주라면, 태양은 모래 한 알도 모래 한 알 안의 원자 하나도 되지 않는다는 것이다. 대우주 속에서 태양의 크기는 무無라고밖에 표현할 수 없다.

　태양이 그러하다면, 태양보다 아주 작은 지구는 무엇일까? 그러나 지구는 대우주 속에서 특별한 위치를 갖고 있다. 천문학자들의 예측에 의하면, 은하계에서 지구처럼 생명이 번성한 행성은 10개가 되지 않을 것이라고 한다. 더군다나 지구에는 문명이 탄생했고, 현대 문명이 생겨났을 뿐만 아니라 지금 탈현대의 문턱에 서 있다.

　앞으로 수십 년 안에 인공지능의 발달은 특이점Singularity에 도달할 것이고, 그때 이후에는 시간과 공간이 사라진 새로운 세계에 진입하게 될 것이다. 인간의 차원에서 생각하는 불가능이 사라진 시대가 될 것이다. 우리 지구 행성은 우주시대에 돌입하게 될 것이고, 인류는 현재로서는 상상조차 할 수 없는 멋진 신세계에 도달할 것이다. 지구촌은 사랑의 동산이 될 것이다.

그런데 위의 진술에는 중요한 단서가 붙어 있다. '만일 인류가 멸망하지 않는다면!', '만일 인류가 현대 세계관으로부터 탈현대 세계관으로의 전환을 이룰 수 있다면!' 현재 인공지능을 중심으로 한 탈현대 기술과 현대 세계관 간에 격렬한 충돌이 일어나고 있다. 앞으로 어떤 경우에도 탈현대 기술은 빠른 속도로 발전할 것이다. 만일 인류가 세계관의 전환에 실패해서, 탈현대 기술을 현대 세계관의 그릇에 담고자 한다면 대파국이 일어날 것이다.

현재까지의 진행 상황은 불길하다. 강대국과 부자들은 탈현대 기술을 사유화하고자 하고, 지배를 유지하고 확대하기 위해 충돌하고 있다. 탈현대 기술의 발전에 따른 '노동이라는 고역으로부터의 해방'을 낡은 현대 노동관의 관점에서 음울하게 바라보고, 낡고 해체되어야 할 자본주의체제를 위협한다며 불안에 떨고 있다. 모든 나라의 대통령 후보들은 부국강병과 새로운 일자리 창출을 공약으로 내세우고 있다. 개인들도 탈현대 기술 발달의 결과로 와해되는 현대 사회 시스템들을 바라보며 비통해하고 있다.

현상적으로만 보면, 상황은 비관적이다. 그러나 희망적인 요소도 있다. 현대 세계관과 탈현대 기술 간의 문명 충돌로 인해, 인류의 불행과 고통지수는 가파르게 올라가고 있다. 현대인이 겪는 고통은 에고에서 비롯되는 것이지만, 동시에 고통은 에고를 불태워 버릴 불쏘시개가 될 수 있다. 현대 세계관으로부터 탈현대 세계관으로의 전환의 핵심은 '에고를 불태워 버리는 것'이다. 그러므로 문명 충돌의 와중에서 발생하는 인류 차원의 고통은 세계관의 전환을 이루는 연료로 작용할 수 있을 것이다.

실제로 현 지구촌에는 현대 세계관에 대한 헌신을 철회하는 현상들이 여기저기 눈에 띈다. 1960년대 히피운동과 전 세계로 퍼진 청년문화운동은 이런 변화의 효시가 아닐까 생각한다. 서구 사회에서는 성공과 승리에 올인하는 현대적인 삶이 많이 약화되고, 탈현대적인 삶에 대한 동경이 커져 가고 있다. 2008년 E. 톨레가 자신의 책『A New Earth』를 오프라 윈프리의 웹 세미나에서 10회에 걸쳐 전 세계 139개국에 동시에 송출했다는 것도 의미심장한 사건이다.

　최근 일본에는 사토리족悟り族이 늘고 있다고 한다. '깨닫다'라는 의미의 사토루悟る에 족族 자가 붙은 신조어이다. '사토리족'은 도道를 깨달은 사람들을 가리키는 말로서, 일본 신세대 젊은이들의 현주소를 한눈에 보여 주는 단어이다. 이들은 출세나 돈벌이에는 관심이 없고, 필요 이상의 돈을 벌려고도 하지 않으며, 초연한 자세로 득도한 사람처럼 살아간다고 한다. 전 세계적으로 '소확행小確幸', 즉 일상에서의 작지만 진정한 행복을 추구하는 젊은이가 많아지고 있는 것 같다. 덴마크의 '휘게hygge'나 스웨덴의 '라곰lagom', 프랑스의 '오캄au calme' 등이

모두 이런 새로운 삶의 트렌드와 연결되어 있는 듯하다.

이 시대의 긴급한 과제는 무엇일까? '현대의 꿈'에서 깨어나는 것이다. 그리고 '탈현대의 비전'을 제시하는 일이다. 이 두 가지 긴급한 과제에 대답하는 것이 바로 '이 시대의 사회학적 상상력'이다. 이 책에서는 '이 시대의 사회학적 상상력'이 무엇인가를 규명하고, 이런 기반 위에서, 현대 사회학과 현대 문명의 근본적인 문제점을 비판하며, 탈현대 사회에 대한 비전을 제시해 보고자 했다.

이런 작업을 통해 필자는 무엇을 하고자 하는가? 인류가 대파국이 아니라 대도약을 할 수 있는 가능성을 조금이라도 높이고자 한다. 공자孔子는 "덕불고德不孤"라고 말씀하셨다. 우리가 가고자 하는 새로운 문명을 향한 여정이 우리 시대의 '덕德'이다. 현재의 지구촌 곳곳에서 봄철 새싹이 돋아나듯이 동지들이 일어나고 있다. 온 인류가 동지가 되어 함께 탈현대 문명을 건설하는 날까지 우리는 간다.

필자와 이런 여정을 함께하는 사랑하는 동지들, 정재걸, 이승연, 이

현지, 백진호 선생님들께 이 책을 바친다. 특히 이 책의 교정과 출판 등 모든 과정에 큰 도움을 주는 이현지 교수님께는 특별하고 깊은 감사를 전한다.

2019년 6월

홍승표

차례

1부 현대 사회학과 현대 사회 비판

인공지능 시대의
사회학적 상상력이란 무엇인가?

현재는 현대 말·탈현대 초에 해당하는 문명 대전환기이다. 문명 대전환을 이루느냐 이루지 못하느냐에 따라 문명의 미래는 극과 극을 달릴 것이다. 상황이 이렇게 급박함에도 불구하고, 현 인류는 아직 '현대의 꿈'에서 깨어나지 못하고 있다. 그 결과, 지구촌에는 새롭게 성장하는 탈현대 기술과 낡은 현대 세계관 간에 격렬한 문명 충돌이 일어나고 있다.

전현대 말·현대 초에 해당하는 문명 전환기에 계몽 사상가들을 위시한 현대의 선구자들은 중세를 암흑시대Dark Age라고 규정했다. 암흑시대란 현대의 눈으로 중세를 바라보았을 때 생겨나는 중세에 대한 사회학적 인식이다. 그리고 중세를 암흑시대로 볼 수 있는 시각이 바로 그 시대의 사회학적 상상력이었다.

현대 말·탈현대 초에 해당하는 문명 대전환기인 현시점에서 우리에게 필요한 것은 현대를 암흑시대로 인식할 수 있는 사회학적 상상력이다. 중세를 암흑시대로 규정할 수 있는 사회학적 상상력의 원천이 현대 세계관이었듯이, 현대를 암흑시대로 규정할 수 있는 사회학적 상상력의 원천은 탈현대 세계관이다.

서론에서는 탈현대 세계관의 기반 위에서, 사회학적 상상력이란 무엇인지, 문명 대전환기에 사회학적 상상력이란 어떤 것인지, 이 시대의 사회학적 상상력의 효용은 무엇인지를 서술하고자 한다.

1. 사회학적 상상력이란 무엇인가?

사회학적 상상력이란 없는 것을 통해서 있는 것을 볼 때 생겨나는 현실에 대한 새로운 인식이다. 사회학적 상상력은 현실에 대한 창조적인 부정과 새로운 사회에 대한 비전을 제공해 줄 수 있다.

1985년 미국 유학이 필자에겐 첫 번째 외국 사회와의 만남이었다. 미국 유학생활을 시작하면서, 한국 사회가 어떤 특징을 갖고 있는 사회인지가 분명하게 느껴졌다. 미국의 청소부가 한국의 청소부보다 자신의 직업에 대한 프라이드가 더 크다는 것을 알 수 있었다. 무거운 짐을 들고 다니는 여성들이 많이 눈에 띄었다. 오솔길에서 낯선 사람과 마주치면, 그들은 미소를 짓거나 가벼운 인사를 건넸다. 부부관계가 친밀하지만, 불안해 보였다.

한국 사회 안에만 머물렀다면 보이지 않았을 한국 사회의 이런저런 모습들이 선명하게 부각되었다. 나는 미국 사회로 떠났지만, 한국 사회가 더 잘 이해되는 경험을 했다. 어떻게 이런 일이 일어났을까? 미국이라는 이질적인 사회에 대한 경험은 한국 사회를 조망할 수 있는 하나의 안경을 나에게 부여했던 것이다. 즉, 한국 사회를 볼 수 있는 사회학적 상상력이 개방된 것이다.

한국 사회 안에만 머물러 있었다면, 한국 사회를 제대로 보고 느끼는 것은 무척 힘든 일이다. 그래서 여행은 자신이 살고 있는 사회를 알 수 있는 좋은 계기가 된다. 때로 현실에 매몰되어 있는 사회학자보다 역사학자가 현재 사회에 대해 더 큰 사회학적 상상력을 발휘하기 쉽다. 왜냐하면 역사학자는 과거 사회라고 하는 안경을 갖고 있어서, 과거에 비추어 현재 사회를 볼 수 있기 때문이다.

사회학자의 사회학적 상상력을 개방시키는 데 가장 훌륭한 안경은 미래 사회에 대한 비전이다. 19세기 사회학이 빛날 수 있었던 것은 미래의 안경과 과거의 안경이라는 두 개의 안경을 동시에 갖고 있었기 때문이다.

E. 뒤르켐Emile Durkheim, 1858~1917이나 F. 퇴니에스Ferdinand Tönnies, 1855~1936 같은 사회학자들은 현대 사회에서 사라져 가는 과거의 미점을 발견했으며, K. 마르크스Karl Marx, 1818~1883나 M. 베버Max Weber, 1864~1920 같은 사회학자들은 현대적인 관점에서 자신들의 사회 속에 잔존하는 전현대적인 문제를 비판했다.

그러나 현대 사회학은 오늘날 고사상태에 빠져 있다. 현대 사회학이 직면하고 있는 위기의 본질은 무엇인가? 그것은 사회학이 일차원적인 학문으로 전락했다는 점이다. 사회학적인 관점과 현실 사회가 동일한 세계관을 기반으로 하고 있기 때문에, 오늘날 사회학은 현실에 대한 창조적인 비판도 미래 사회에 대한 비전 제시도 불가능한 불구적인 사회학으로 전락해 버렸다. '사회학적 상상력이 고갈된 사회학', '사회학의 모양은 하고 있지만 사회학이라고 할 수 없는 사회학'이라고 하는 묘한 상황이 발생한 것이다.

2. 문명 전환기와 사회학적 상상력

문명 전환기에는 사회학적 상상력이 개방된다. 춘추전국 시대에 출현한 제자백가諸子百家나 르네상스기의 유토피아 사상들은 그 전형적인 예이다.

조선 말 사회를 유학자의 관점으로 바라본다면, 그들에게 가능한 인식은 '아직 유교 사회가 완성되지 않았다'라는 것뿐이다. 서구 중세 말 사회를 신학자의 눈으로 바라본다면, 그들에게 가능한 인식은 '아직 기독교 사회가 완성되지 않았다'라는 것뿐이다. 현재 사회를 현대 세계관에 바탕을 둔 사회학자의 눈으로 바라본다면, 그들에게 가능한 인식은 '아직 현대 사회는 완성되지 않았다'라는 것뿐이다. 이런 방식으로는 조선 말 사회, 서구 중세 말 사회, 현대 말 사회에 대한 창조적인 비판이 불가능하며, 새로운 미래 사회에 대한 비전을 제시할 수도 없다.

춘추전국 시대에는 수많은 사상이 출현했는데, 백가百家 사상의 공통된 목표는 전란을 종식시키고 사회질서를 회복하는 것이었다. 병가兵家와 법가法家 사상과 공자孔子, B.C. 551~B.C. 479와 노자老子, 약 B.C. 571~B.C. 471 추정 사상의 차이점은 무엇일까? 전자는 일차원적인 사상이며, 사회학적 상상력이 결여되어 있다. 후자는 현실에 대한 부정과 새로운 미래에 대한 비전을 담고 있는 사회학적 상상력이 풍부한 사상이다.

당시 위정자들의 눈엔 병가와 법가 사상이 현실적인 것으로 인식되고, 쉽게 채택되었다. 공자는 자신의 사상을 받아 줄 군주를 찾아서 천하를 주유했지만, 결국 아무도 그를 기용하지 않았다. 병가와 법가 사상을 적극적으로 수용한 진秦나라는 결국 천하통일의 대업을 이루었다. 그러나 통일국가로서의 진나라는 불과 15년 동안 제국을 지탱한 최단명의 통일국가가 되었다. 이후 유방劉邦이 한漢나라를 건국한 후 이천 년 동안 유교는 중국 사회를 유지 발전시키는 핵심 사상으로 자리 잡았다.

서구의 르네상스기도 사회학적 상상력이 폭발한 시기이다. 서구 중세는 신본주의 사회였다. 신은 절대자로서 찬양되었다. 반면, 인간의 육체, 감정, 욕망, 이성 등 인간적인 것들에 대해서는 광범위한 억압이 이루어졌다.

인간의 육체는 더럽고 숨겨야 할 무엇으로 간주되었다. 중세 사회의 회화와 조각에 인간의 나신을 표현한 작품이 없다는 것은 전혀 놀라운 일이 아니다.

인간의 감정도 비하되었다. 변덕스러움, 시기심, 증오, 우울, 남녀 간의 사랑 등 인간의 감정은 부정적인 것으로 인식되었다. 중세 사회의 문학과 예술에서 인간 감정의 아름다움을 노래한 작품을 찾기 힘든 것은 이상한 일이 아니다.

인간의 욕망에 대한 태도도 부정적이다. 성욕, 권력욕, 금전욕 등의 욕망이 모두 비판의 대상이 되었으며, 특히 성욕에 대해서는 지극히 더러운 것이라는 생각이 심했다. 오늘날의 금융업에 해당하는 대부업을 악한 일로 간주한 것은 금전욕을 죄악시한 결과이다.

인간의 이성에 대한 태도도 부정적이었다. 아담과 이브가 에덴동산에서 추방된 이유가 바로 이성의 발달이었다. 하느님에게 가까이 갈 수 있는 방법은 깊은 믿음이었지 생각이 아니었다. 그래서 중세 사회에서는 철학이 발달하지 않았다.

그러나 신본주의적인 관점에서는 이런 광범위한 인간 억압을 문제시할 수 없었다. 그래서 르네상스기의 사상가들은 인본주의humanism라고 하는 새로운 관점을 채택해서, 중세 사회에 대한 창조적인 비판을 행하고 새로운 사회에 대한 비전을 제시했다. 이것이 바로 르네상스 휴머니즘이다.

T. 모어Thomas More의 『유토피아』[1576], F. 베이컨Francis Bacon의 『뉴아틀란티스』[1627], T. 캄파넬라Tommaso Campanella의 『태양의 도시』[1627]를 비롯해서 많은 유토피아 서적들이 봇물 터지듯 출현했다.

왜 문명 전환기에는 사회학적 상상력이 개방되는가? 문명 전환기는 오래된 문명의 말기이다. 모든 문명 말기에는 문명이 사람들을 불행에 빠뜨리기 때문에 문명에 대한 불만이 고조된다. 더 불행할수록, 불만이 고조될수록, 새로운 문명 구상에 대한 압력이 증가한다. 사회학적 상상력이 개방되는 것이다. 그리고 지금은 문명 대전환기, 새로운 유토피아 사상이 봇물처럼 터져 나올 것이다. 이 책이 그중 하나가 아닐까 한다.

3. 인공지능 시대의 사회학적 상상력의 의미는 무엇인가?

인공지능 시대를 맞이하여 사회학적 상상력의 효용은 무엇인가? 낡은 문명에 대한 창조적인 비판을 행하고, 새로운 문명을 구상화하는 것, 이것이 바로 사회학적 상상력의 효용이다. 17~18세기 계몽사상은 이런 사회학적 상상력의 효용을 잘 보여 주는 사례이다.

계몽 사상가들은 중세 사회를 '암흑시대Dark Age'로 규정했다. 미신, 빈곤, 비합리적 관행, 무지, 불평등, 부자유, 전염병을 비롯한 자연재해, 이런 어둠에 뒤덮여 있는 사회가 바로 중세 사회라는 비판이었다. 이것은 현대의 눈으로 바라본 중세 사회의 모습이고, 낡은 중세 문명에 대한 창조적인 비판이다. 이것이 왜 창조적인 비판인가? 그것은 이들의 비판이 비판을 위한 비판이 아니라 새로운 시대에 대한 비전을 수반하는 비판이기 때문이다.

계몽 사상가들은 현대 세계관의 바탕 위에서 새로운 사회로서의 현대 사회에 대한 생생한 비전을 제시했다. 중세 사회의 모든 비합리적인 제도와 관행을 철폐하고, 이성적인 사회를 건설하는 것이 그들의 꿈이었다. 왕정의 철폐와 공화정의 수립, 신분제도의 철폐, 거주의 자유로운 이동과 신앙의 자유, 미신의 타파와 과학과 기술의 발전, 무지의 타파와 교육제도의 혁신 등은 이들이 생각한 새로운 사회에 대한 비전이었다.

그렇다면 문명의 현시점에서 사회학적 상상력의 핵심은 무엇일까? 문명의 현시점은 현대 문명 말기이며, 탈현대 문명 초기이다. 한편으론 인공지능 기술을 중심으로 신기술 혁명이 빠른 속도로 진행되고 있지만, 다른 한편으론 낡은 현대 세계관과 현대 사회 시스템들이 여전히 지배력을 발휘하고 있다. 이 와중에서 새로운 기술적 하부구조와 낡은 세계관·사회 시스템들 간에 격렬한 문명 충돌이 일어나고 있다. 문명의 대파국이냐 놀라운 비상이냐 하는 갈림길에 현 인류는 서 있다.

문제의 해법은 간단하다. 기술혁신을 거꾸로 돌릴 수도 없고 돌려서도 안 된다. 변화해야 할 것은 신기술이 아니라 낡은 세계관과 사회 시스템들이다. 그러나 실제 세계에서는 낡은 현대 세계관이 갖고 있는 관성의 힘이 워낙 강해서 이를 돌파하는 것이 무척 힘들어 보인다.

중세 말·현대 초의 문명 전환기에 사회학적 상상력의 근원은 무엇인가? 현대 세계관의 눈으로 전현대적인 삶과 사회 시스템들을 조망하는 것이었다. 이것이 이루어졌을 때, 낡은 전현대 사회에 대한 창조적인 비판이 가능하며, 새로운 시대에 대한 비전 제시가 가능하다. 조선이 일본의 식민지로 전락한 것은 현대의 눈으로 낡은 전현대 사회를 비판할 수 없었기 때문이다. 결국 조선은 쇄국정책을 실시했고, 그 결과 조선이 얕잡아 보던 일본의 식민지로 전락하고 만 것이다.

조선의 실패는 한국이 일본의 식민지로 전락하는 것에 그쳤다. 그러나 현재 상황은 전 지구적인 차원에서 벌어지는 것이고, 그 실패는 단순히 탈현대화가 늦어지는 것이 아니라 인류의 멸종을 포함한 문명의 대파국이다.

지금 이 시대가 사회학적 상상력을 가질 수 있는가 없는가에 문명의 존폐가 달려 있다. 이 시대의 사회학적 상상력의 핵심은 무엇인가? 탈현대 세계관의 관점에서 현대적인 삶과 사회를 조망하는 것이다. 조망의 결과물은 무엇인가? '지금 이 시대가 암흑시대'라는 이 시대의 삶과 사회에 대한 새로운 인식이다. 우린 이 시대의 삶과 사회를 창조적으로 비판할 수 있고, 새로운 삶과 사회에 대한 비전을 제시할 수 있다.

'탈현대 세계관의 관점에서 현대적인 삶과 사회를 창조적으로 비판하고, 탈현대적인 삶과 사회에 대한 새로운 비전을 제시하는 것', 이것이 바로 이 책의 목표이다. 이 책의 1부에서는 탈현대적 관점에서 현대 사회학과 현대 사회에 대한 창조적인 비판을 수행하고자 한다. 2부에서는 탈현대적 관점에서 탈현대적인 삶과 사회에 대한 새로운 비전을 제시하고자 한다.

1부

현대 사회학과
현대 사회 비판

현대 말·탈현대 초에 해당하는 문명 대전환기인 현시점에서는 탈현대 세계관의 눈으로 현시대를 바라볼 때 사회학적 상상력이 개방된다. 1부에서는 탈현대 세계관의 바탕 위에서 현대 사회학과 현대 사회에 대한 창조적인 비판을 수행하도록 하겠다.

　I장에서는 현대 사회학에 대한 비판을 수행한다. 사회학의 세계관적인 기초와 현실 사회의 세계관적 기초가 동일해짐으로써, 사회학은 현실 사회의 문제에 대한 인식 자체가 불가능한 소외된 사회학으로 전락했다. 사회학의 궁극적인 목적은 좋은 세상을 만들어 가고자 하는 것이어서, 사회문제론과 사회발전론은 사회학의 핵심 영역이다. 그러나 오늘날 사회학은 사회문제론과 사회발전론이 없는 기형적이고 불구적인 사회학으로 전락했다.

　II장에서는 현대 사회에 팽배해 있는 모든 주의(ism)에 대한 비판을 진행한다. 주의(ism)란 고대 그리스의 기하학적 사유 방식에서 유래하는 것인데, 주의(ism)의 대상을 물화시키는 문제점을 갖고 있다. 휴머니즘 비판, 민주주의 비판, 자본주의 비판, 제국주의 비판, 내셔널리즘(nationalism) 비판이 그 내용이 된다.

　III장에서는 현대 세계관에서 기인하는 현대 사회 문제를 비판한다. 비판의 요점은 현대 인간관에서 비롯되는 자아확장투쟁으로서의 삶과 현대 노인 소외, 그리고 현대 세계관에서 비롯되는 현대 다문화 사회의 문제이다.

　IV장에서는 현대 사회 시스템 비판을 수행한다. 현대 사회 시스템은 현대 세계관이라는 소프트웨어와 산업혁명이라는 하드웨어에 바탕을 둔 낡고 새로운 시대와 조화를 이룰 수 없는 것이다. 현대 사회 시스템은 붕괴되고 있고, 붕괴되어야 한다. 현대 자본주의체제 비판, 현대 국가 비판, 현대 교육 비판, 현대 가족 비판 등을 진행하고자 한다.

I.
현대 사회학 비판

사회학의 생명은 사회학적 상상력이다. 현대 사회학에 활력이 넘쳤던 19세기 말에 사회학은 두 가지 관점에서 사회 비판을 전개했다. 한 가지는 현대 세계관의 바탕 위에서 현대 사회에 잔존하고 있는 전현대적인 관행을 비판한 것이고, 다른 한 가지는 전현대 세계관의 바탕 위에서 현대 사회에 새롭게 출현하는 문제를 비판한 것이었다.

그러나 오늘날에 이르러 사회학의 사회학적 상상력은 고갈되었다. 사회학적 상상력의 고갈은 '사회학의 죽음'을 의미한다. 왜 오늘날 현대 사회학은 사회학적 상상력이 고갈되었을까? 그 답은 현대 사회학이 현대 세계관에 고착되어 있기 때문이다.

현대 사회 말기인 현시점에서 사회학이 현대 세계관에 고착되어 있는 결과는 참담한 것이다. 이것은 현재의 사회학을 일차원적인 사회학으로 전락시켰다. 즉, 현재의 사회학은 현대 사회에 대한 창조적인 비판이 불가능하며, 또한 새로운 문명에 대한 비전을 제시할 수 없다.

문명 대전환기인 현시점에서 시대가 사회학에게 요구하는 것은 현대 사회에 대한 창조적인 비판과 새로운 문명에 대한 비전 제시이다. 그런데 사회학은 전혀 이런 시대의 부응에 호응할 수 없다. 현재의 사회학은 죽은 사회학이 되어 버린 것이다.

1. 현대 사회학 비판 1: 사회문제론의 소멸

의사의 첫째 임무가 환자가 앓고 있는 병을 진단하는 것이듯이, 사회학자의 첫째 임무는 사회 문제를 밝히는 것이다. 만일 말기 암에 걸려 있는 환자를 진단하는 의사가 무좀이나 피부의 찰과상 같은 것을 그 환자의 병명이라고 밝힌다면, 그는 무능한 의사이다. 마찬가지로 문명 존폐의 기로에 서 있는 현 상황에서 문명 위기의 핵심을 해명하지 못한다면, 그것은 무능한 사회학자이다.

현 사회학의 상황이 바로 그와 같다. 사회문제론 서적들을 들추어 보면, 불평등, 빈곤, 일탈행동 등과 같은 항목들이 눈에 띈다. 이런 것들은 현대 사회의 무좀이나 찰과상에 불과한 것들이다. 현대 사회 위기의 핵심은 무엇인가? 현대 세계관의 바탕 위에서, 행복과 사회발전을 추구하는 것이다. '자아확장투쟁으로서의 삶'이야말로 현대 사회를 죽음으로 몰아가는 무서운 병이다. 노동에 궁극적인 가치를 부여하는 '현대 노동관' 역시 이 시대를 파국으로 몰아가는 무서운 병이다.

그러나 현대 사회학은 말기 암에 해당하는 이런 심각한 사회 문제를 인식할 수조차 없다. 그러므로 사회 문제의 원인을 규명하는 작업은 전혀 불가능하다. 왜 현 사회학은 이런 무기력증에 빠져 버렸을까? 그 이유는 현 사회학이 현대 세계관에 고착되어 있기 때문이다.

현대 세계관은 명백하게 하나의 특수한 세계관이다. 그러나 현대 사회학과 현대 사회가 현대 세계관의 토대 위에서 발전해 왔기 때문에, 현대인과 현대 사회학은 은연중에 '현대 세계관을 세계관'으로 간주한다. 그 결과는 파국적이다.

필자는 학기 첫 시간에 수강생들에게 "죽고 나면 여러분들은 어떻게 될까요?"라는 질문을 던진다. 수강생들은 한결같이 이렇게 대답한다. "죽고 나면 저희들은 무無, nothing가 됩니다." 나는 다시 질문을 던진다. "중세 유럽인들은 죽고 나면 어떻게 된다고 생각했을까요?" 수강생들은 대답한다. "그들은 죽고 나면 내세에서 영생을 누린다고 생각했을 거예요." 나는 다시 질문한다. "만일 현대인은 죽으면 무無가 된다고 생각하고, 유럽의 중세인은 죽으면 내세에서 산다고 생각했다면, 두 가지 생각 중에서 누구의 생각이 옳은 것일까요?" 수강생들은 대답한다. "어떤 생각도 절대적으로 옳지도 틀리지도 않습니다." "그것은 다만 특정 세계관에 바탕을 둔 죽음에 대한 해석일 따름입니다." 나는 묻는다. "그런데 왜 여러분들은 죽으면 무無가 된다고 생각하는 걸까요?" 수강생들은 대답한다. "그것은 우리들이 현대 세계관의 지배를 받고 있기 때문입니다."

사회학의 상황도 우리 수강생들의 상황과 동일하다. 조금만 곰곰이 생각해 보면, 현대 세계관이 현대라고 하는 특정 시대를 지배하고 있는 특수한 세계관임을 분명히 알 수 있지만, 현대인과 현대 사회학은 은연중에 '현대 세계관과 세계관을 등식화'하고, 현대 세계관의 바탕 위에서 사회학적 논의를 전개하고 있다.

현대 사회는 현대 세계관의 바탕 위에 건설된 사회이다. 그러므로 현대 세계관의 관점에서 현대 사회를 조명하면, 현대 사회가 안고 있는 근본적이고 본질적인 문제를 인식할 수 없다. 현대 사회학자는 '현대는 아직 완성되지 않았다'는 말만을 되풀이할 뿐이다. 이렇게 되었을 때, 사회학은 일차원적인 학문으로 전락할 수밖에 없으며 현재 사회학의 상황이 바로 이와 같다.

일차원적인 학문으로서의 사회학은 실제로는 사회학이 아니다. 왜냐하면 사회학의 출발은 그 시대의 사회 문제에 대한 인식에서 출발하기 때문이다. 지금 이 시대는 문명의 존망을 가늠할 수 없을 만큼 심각한 문명 위기를 겪고 있다. 그러나 이런 이 시대의 근본적인 문제에 대해서 사회학은 문제 인식조차 할 수 없을 만큼 극단적으로 소외되어 있다. 몇 가지 사례를 중심으로 사회학이 빠져 있는 현 상황을 진단해 보도록 하자.

1) 노인문제

현시대를 지배하고 있는 가장 심각한 사회 문제는 무엇일까? 그중 하나는 노인문제일 것이다. 평균 수명이 급속히 늘어나면서 인간이 노인으로 살아가야 하는 기간은 급진적으로 늘어나고 있다. 그러나 노인은 현대 사회에서 가장 불행하고 소외된 존재이다. 우리의 경험과 모든 통계 수치들이 이것을 분명하게 말하고 있다.

노인문제가 오늘날 사회의 심각한 사회 문제라면, 사회학의 임무는 노인문제를 인식하고, 그 원인을 밝혀서, 노인문제에 대한 해결 방안을 제시해야 할 것이다. 그러나 사회학은 실제로 전혀 이런 임무를 감당하고 있지 못하다. 왜 그런 것일까? 현 사회학이 현대 세계관에 고착되어 있기 때문이다. 현대 세계관의 관점에서 보면, 노인문제 자체를 문제화할 수 없다. 왜냐하면 현대 세계관의 관점에서 보면 '노인 자체가 문제'이기 때문이다.

　현대 인간관의 관점에서 볼 때, 인간이란 어떤 존재인가? 인간은 자신을 둘러싸고 있는 세계로부터 근원적으로 분리된 고립적인 개체이다. 인간은 태어났을 때부터 죽을 때까지만 존재한다. 즉, 인간은 유한한 존재이다. 인간을 유한한 존재로 보면, 죽음이란 무엇인가? 죽음은 내 존재의 파산이다. 죽는 순간, 나는 더 이상 존재하지 않는다. 그러므로 현대인에게 죽음은 최악의 사건이다.

　현대 인간관의 관점에서 보았을 때, 늙음이란 무엇인가? 개체로서의 내가 전성기를 지나 쇠퇴하는 시기이며, 죽음에 가까이 다가가는 과정이다. 그러므로 늙음은 나쁜 것이다. 현대 인간관의 관점에서 늙음을 창조적으로 해석하는 것은 불가능하다. 노인은 늙은 사람이다. 그러므로 '노인 자체가 문제'인 것이다.

　현대 세계관의 관점에서 늙음과 죽음 자체를 문제시하게 되면, 늙음이나 죽음은 사회 문제가 될 수 없다. 왜냐하면, 사회 문제란 '문제가 없는 상황에 대한 가정'을 필요로 하기 때문이다. 예컨대, 조선 시대의 보릿고개나 중세 유럽의 흑사병은 이로 인해 많은 사람들이 고통을 겪었지만, 사회 문제로 인식되지 않았다. 그것은 이들 문제가 '문제가 없는 상황에 대한 가정'을 할 수 없었기 때문이다. 이와 동일한 이유로 현대 사회학은 노인문제를 사회 문제화할 수 없다.

노인문제는 현시대의 심각한 사회 문제인데, 현대 사회학은 노인문제를 문제화조차 할 수 없기 때문에 소외된 학문으로 전락할 수밖에 없다. 사회학이 노인문제를 문제화할 수 있는 유일한 방법은 무엇인가? 그것은 사회학적인 인식의 토대가 되는 세계관의 대전환을 이룸으로써만 가능하다. 즉, 현대 세계관으로부터 탈현대 세계관으로 사회학의 세계관을 전환시킴으로써만 노인문제에 대한 사회 문제화가 가능한 것이다.

탈현대 인간관의 관점에서 보았을 때, 인간이란 어떤 존재인가? 영원한 시간과 무한한 공간을 자신 안에 품고 있는 우주적인 존재[참나]이다. 우주적인 존재는 인간만이 아니다. 인간 이외의 모든 생명체나 무생물들도 모두 영원한 시간과 무한한 공간을 자신 안에 품고 있는 우주적인 존재이다.

인간과 여타 존재의 차이점은 존재론적인 것이 아니라, 우주적인 존재로서의 나와 너를 자각할 수 있느냐 없느냐의 차이이다. 인간은 우주적인 존재로서의 나와 너를 자각할 수 있다. 이런 자각을 불교에서는 깨달음이라고 한다. 인간은 '참나'를 깨달을 수 있으며, 깨달음의 체험을 바탕으로 자신을 둘러싸고 있는 세계와 조화를 이루는 창조적인 삶을 살아갈 수 있다.

탈현대 인간관의 관점에서 볼 때, 깨달음을 얻고 '참나'를 실현하는 것이야말로 궁극적인 삶의 목표가 된다. 누가 더 깊은 깨달음을 얻고 '참나'를 실현할 수 있는가? 깨달음과 '참나'의 실현을 궁극적인 목표로 삼고 살아갈 때, 나이가 들수록 이런 궁극적인 삶의 목표에 더 가까이 다가갈 수 있다. 그러므로 삶의 각 시기에 대한 평가는 세계관에 따라서 극명하게 달라진다.

현대 세계관의 관점에서 볼 때, 삶의 정점은 '에고로서의 나'가 최고조에 달하는 청년기나 장년기가 된다. 노년기는 쇠락의 시기이다. 반면에, 탈현대 세계관의 관점에서 보면, 삶의 정점은 노년기가 된다. 이런 관점을 바탕으로 공자의 생애 주기에 대한 입장이 나타난 것이다. 공자는 '칠십에 이르러 마음이 가는 대로 행해도 법도에 어긋나는 바가 없더라 從心所欲不踰矩'라고 하는 대자유의 경지, 인생 최고의 경지에 도달할 수 있다고 했다. 공자가 살았던 시대에 칠십 살은 죽음을 눈앞에 둔 삶의 마지막 시기이다.

탈현대 세계관의 관점에서 볼 때, 현대 사회의 노인 소외는 극단을 치닫고 있다. 즉, 노인 소외는 심각한 사회 문제로 인식될 수 있다. 탈현대 세계관의 관점에서 현대 노인을 바라보면, 의당 가장 인간다운 삶의 경지에 이르러서, 자유와 평화, 삶의 기쁨을 누리면서, 이웃에게 행복을 선물할 수 있는 존재가 되어야만 할 노인이 아주 고통스럽고 불행하며, 주변에도 불행을 안겨 주는 존재로 전락해 있다. 이것보다 더 심각한 사회 문제는 없다.

탈현대 세계관의 관점에서 볼 때, 왜 현대 사회에는 이렇게 광범위하게 노인 소외가 팽배해 있는 것일까? 그 답은 현대인이 현대 세계관에 고착된 상태로 나이 들어 가고 있기 때문이다. 굳이 현대 세계관의 관점에서 나이 들어 가는 자신을 바라보면서 삶을 비관하고 불행과 고통의 늪에 빠져 있는 것이 바로 현대 노인 소외의 본질인 것이다. 돌이켜보면, 정말 기괴한 일이지만 현실이 그러하다.

노인문제를 해결하기 위해서는 어떻게 해야 할 것인가? 낡은 현대 세계관을 폐기해야 한다. 그리고 새로운 시대의 세계관인 탈현대 세계관을 채택해야 한다. 탈현대 세계관의 관점에서 나이 들어 가기를 실천하면, 노인문제는 저절로 해소될 수 있다.

이와 같이, 현대 사회학은 현대 세계관에의 고착으로 인해서 노인문제를 문제화조차 하지 못하는 심각한 학문적인 자기소외에 빠져 있는 것이다. 사회 문제의 원인을 밝히고, 해결 방안을 탐구하는 것은 더욱 불가능하다. 사회 문제의 인식에서 학문 활동이 시작되는 사회학이 사회 문제 인식 자체에 실패함으로써, 심각한 사회 문제로 문명 위기를 겪고 있는 현시대의 한가운데에서, 무기력한 모습을 노정하고 있는 것이 바로 현재 사회학의 현주소이다.

2) 현대 노동관

인류가 현대를 넘어 미래로 나아가는 것을 가로막는 중요한 장애물 중의 하나가 현대 노동관이다. 그러나 현대 사회학은 현대 노동관을 문제화할 수조차 없다. 왜냐하면 현대 노동관이란 현대적인 관점의 바탕 위에서 바라본 노동에 대한 관점이고, 현대 사회학 역시 현대적인 관점에 토대하고 있기 때문이다.

현대 노동관이란 무엇인가? 현대 노동관은 노동에 적극적이고 궁극적인 가치를 부여하는 현대기에 출현한 특이한 노동관이다. 현대 노동관의 출발점은 M. 루터Martin Luther, 1483~1546나 J. 칼뱅Jean Calvin, 1509~1564을 위시한 종교 개혁가들이 제시한 노동에 대한 새로운 관점이었다. 이들은 세속적인 노동활동에 종교적인 의미를 부여했다. 즉, 인간은 세속적인 노동활동을 통해 지상에 신의 영광을 실현한다는 것이다. 이를 계승한 G. W. F. 헤겔Georg Wilhelm Friedrich Hegel, 1770~1831은 철학적인 차원에서 '인간이 자신의 인간적인 본질을 실현시켜 나가는 궁극적인 활동으로서의 노동'이라고 하는 현대 노동관을 주창했다. 노동에 궁극적인 가치를 부여한 것이다. 헤겔의 노동관을 계승한 마르크스는 '노동 소외'를 자신의 사회학의 중심에 두면서, 자본주의 체제의 철폐와 새로운 사회주의 사회 건설을 역설했다. 마르크스의 사상은 오늘날 사회사상으로서의 생명력이 약화되었지만, 현대 노동관은 여전히 현대인의 의식에 강한 영향력을 행사하고 있다.

현대 노동관은 인간의 상정에 맞지 않는다. 실제로 현대라는 짧은 기간을 제외하면, 인류의 노동에 대한 태도는 부정적인 것이었다. 동서양을 막론하고 황금시대의 전설에 자주 등장하는 것은 '일하지 않고도 배불리 먹을 수 있는 사회'였다. 그러나 잉여생산량이 얼마 되지 않던 전현대 사회에서는 오직 소수의 지배계급만이 '노동의 고역으로부터 해방'된 삶을 살 수 있었다.

그런데 현대 노동관이라고 하는 인간의 상정과 맞지 않는 이런 노동관이 그렇게 강력한 영향을 미칠 수 있었을까? 그것은 현대 문명이 인간의 헌신적인 노동에 의해 건설될 수 있는 문명이었기 때문이다. 즉 현대 문명 건설이라는 시대적인 요청과 현대 노동관 사이에 친화성이 높았기 때문이다.

H. 마르쿠제Herbert Marcuse는 『에로스와 문명』2004에서 현대는 문명 건설에 필요한 에너지를 얻기 위해서 쾌락을 추구하는 욕망을 억압한다고 분석했다. 그리고 현대 노동관은 이런 목적을 달성하는 데 크게 기여했다. 실제로 M. 베버Max Weber, 1864~1920가 『프로테스탄티즘 윤리와 자본주의정신』2016에서 잘 분석하고 있듯이, 직업에 대한 소명의식이 강한 개신교 사회가 가톨릭 사회보다 더 빠른 산업화에 성공을 거두었다. 정리하면, 현대 노동관은 현대 문명 건설에 크게 기여한 노동 가치관이었던 것이다. 그러나 현대 노동관의 기여는 현대에 국한된다는 점을 분명히 기억해야 한다.

지금 지구촌에는 제4차 산업혁명이라고 명명된 신기술 혁명이 발발하고 있다. 신기술 혁명의 중심에는 인공지능의 급속한 발달이 자리 잡고 있다. 인공지능이 기계와 결합하면 인공지능 로봇이 되고, 인공지능 로봇은 인간 노동의 두 가지 요소인 '노동을 구상하는 지력'과 '실행하는 근력'을 모두 갖고 있는데, 이 두 부분에서 모두 인공지능 로봇은 인간 노동력보다 우위에 있으며, 앞으로 인간 노동력을 압도하게 될 것이다. 이에 따라서, 인공지능 로봇이 인간 노동을 대체하는 일이 지구상에 광범위하게 전개되고 있다.

신기술 혁명은 과거 농업혁명이나 산업혁명과 마찬가지로 인류 문명을 획기적으로 발전시킬 잠재력을 갖고 있는 기술 혁명이다. 또한 이것은 불가역적인 역사 운동이기도 하다. '신기술 혁명이란 무엇인가?' 라는 질문을 던졌을 때, 관점에 따라 상반된 평가가 이루어진다.

현대적인 관점을 대변하는 현대 노동관의 관점에서 보았을 때, 신기술 혁명은 인간의 일터를 빼앗아 가는 사악한 것이다. 탈현대적인 관점에서 보았을 때, 신기술 혁명은 인간을 노동으로부터 해방시키고, 지금까지와는 격이 다른 새로운 문명 건설의 기초가 되는 멋진 기술 변화이다.

현대 노동관의 관점에서 보면, 신기술 혁명은 사악한 것이다. 그렇다면, 우리는 '현대 노동관'과 '신기술 혁명' 중에서 무엇을 없애야 할까? 당연히 효력을 다한 낡은 현대 노동관을 폐기처분해야 한다. 우리는 실제로 그렇게 하고 있는가? 그렇지 않다. 실제로 우리들이 하고 있는 일은 현대 노동관의 관점에서 사라져 가는 일터를 회복하고자 하는 불가능한 노력이다.

전 세계의 모든 대통령 후보들은 '일자리 창출'을 공약한다. 그러나 지구상 어떤 대통령도 공약을 성공적으로 수행할 수 없다. 왜냐하면 신기술 혁명이 빠른 속도로 일어나고 있기 때문이다. 그렇다면, 왜 전세계의 대통령 후보들은 '일자리 창출'이란 불가능한 공약을 제시하는 것일까? 그것은 후보자들 자신을 포함해서 전 세계 사람들이 현대 노동관에 사로잡혀 있기 때문이다.

이와 같이, 제4차 산업혁명이 맹렬히 일어나고 있는 상황에서 인류가 현대 노동관에 사로잡혀 있으면 어떤 일이 일어날까? 개인적인 차원과 사회적인 차원을 나누어 살펴보도록 하자.

개인적인 차원에서 보면, 그 사람은 불행해진다. 현대 노동관을 갖고 있는 사람은 일자리를 갖길 열망하는데 일자리는 줄어들기 때문이다. 오늘날 청년들은 줄어드는 일자리 앞에서 심한 취업에 대한 불안을 안고 살아간다. 취업에 실패했을 때는 심한 좌절감을 느낀다. 취업을 한다고 해도 노동력에 대한 수요와 공급의 불균형으로 인해서 비정규직이 증가하고, 근무 조건이 악화되어 행복한 직장생활에는 난관이 많다.

이미 취업해 있는 사람들의 경우 전체적인 고용 감소로 인해서 고용불안이 증가하고, 승진이 어려워지며, 근무 조건이 악화되어 힘겨운 직장생활을 하고 있는 경우가 많다. 그리고 이른 나이에 비자발적인 퇴직을 강요당하는 경우가 많다. 현대 노동관의 악영향은 노인에게도 나타난다. 일을 하긴 너무 늙은 나이임에도 불구하고 그들 중 일부는 일자리를 찾아 나서며, 그렇지 않은 노인들은 '이젠 쓸모없는 존재가 되었다'라고 하는 고통스러운 마음을 안고 살아간다.

사회적인 차원에서 현대 노동관의 영향을 살펴보도록 하자. 사회적인 차원에서 보면, 현대 노동관은 인류가 탈현대 사회로 나아가는 것을 가로막고 있는 커다란 장애물의 하나이다. 현대 사회가 인간 노동에 의해 건설된 사회인 것과 마찬가지로 탈현대 사회는 인간 노동이 사라진 사회이다. 현대 노동관은 시대 속에서 소임을 다한 낡은 그리고 사라져야 할 노동관이다.

그럼에도 불구하고, 현대인은 여전히 현대 노동관에 고착되어 있다. 그 결과는 낡은 현대 노동관과 새로운 신기술 혁명 간의 충돌이다. 지금 현재 지구촌에는 양자 간의 격렬한 충돌이 일어나고 있고, 현대 노동관에의 고착으로 인해서 인류는 역사의 수레바퀴를 거꾸로 돌리려는 우매한 노력을 계속하고 있다. 이것은 파국적인 노력이다.

이와 같이, 개인적인 차원에서나 사회적인 차원에서나 현대 노동관은 현 사회에 파괴적인 영향을 끼치고 있다. 그렇다면, 이 시대 사회학자의 역할은 무엇일까? 의당 현대 노동관에 대한 비판을 가하고 노동 없는 새로운 사회에 대한 비전을 제시하는 것이다. 현대 사회학은 과연 이런 역할을 수행하고 있는가? 물론 그렇지 않다. 오히려 낡은 시대의 한 축이 되어 함께 노동이 사라져 가는 이 시대를 우울한 시선으로 바라보면서, 일자리 창출과 고용조건 개선을 위한 노력을 하고 있을 뿐이다.

사회학은 어쩌다 이런 상태에 빠지게 되었는가? 그것은 현대 사회학이 현대 노동관과 마찬가지로 현대 세계관에 기초하고 있기 때문이다. 현대 세계관의 관점에서 보면, 인간은 자신을 둘러싼 세계로부터 고립된 개체이다. 인간은 존재론적으로 무의미하고 무력한 존재이다. 이런 존재론적인 무의미감과 무력감에서 벗어나기 위해서, 현대인은 '자아확장투쟁으로서의 삶'을 살아간다. 자신의 존재 의미를 확인하기 위한 자아확장투쟁의 가장 중요한 대상이 무엇인가? 바로 일터이다.

그래서 현대 세계관의 관점에서 볼 때, 노동에 궁극적인 가치를 부여하는 현대 노동관은 자연스러운 것이다. 또한 현대 세계관을 바탕으로 한 현대 사회학은 이런 현대 노동관을 비판할 수 없다. 그 결과 현대 노동관은 심각한 사회 문제로 부상하고 있지만, 현대 사회학은 현대 노동관을 문제화조차 할 수 없는 무력한 소외된 사회학으로 전락하고 만 것이다.

3) 사랑이 메마른 사회

사회 문제란 무엇인가? 사회 문제란 그 사회를 살아가는 사람들이 집합적으로 겪고 있는 고통이다. 그렇다면 현시대를 살아가는 사람들이 겪고 있는 가장 심각한 집합적인 고통은 무엇인가? 민주화가 안 되어 우린 고통스러운가? 1970년대 대학생이었던 필자와 친구들은 이로 인해 심한 고통을 겪었다. 그러나 이것이 지금 심각한 사회 문제는 아니다. 남녀차별로 인해 우린 고통스러운가? 2남 6녀 끝으로 아들 둘을 둔 우리 집에서 누나들은 이로 인해 심한 고통을 겪었다. 그러나 이것이 지금 심각한 사회 문제는 아니다. 빈곤으로 인해 우린 고통스러운가? 50년 전 한국사회에서 이것은 심각한 사회 문제였다. 그러나 지금은 아니다.

그렇다면 우린 지금 왜 고통스러운가? 대표적인 불행과 고통지수인 자살률은 한국사회의 경우 이삼십 년 전보다 훨씬 높아졌다. 한국인들은 왜 더 불행해지고 고통스러워졌는가? 그 이유는 사랑하지 못하고, 사랑받지 못하기 때문이다. 증오, 차별, 무시, 경멸 같은 것은 많이 하기도 하고, 많이 받기도 하지만, 우린 사랑하지 못하고, 사랑받지 못한다. 증오, 차별, 무시, 경멸을 당하면 고통을 느낀다. 반면에 누군가로부터 깊은 존중과 존경, 사랑을 받으면 우린 행복을 느낀다. 그러나 현대인은 사랑의 무능력자이기 때문에 우린 결국 사랑받을 수 없고,

그 결과 우린 증오, 차별, 무시, 경멸만을 받으면서 불행해진다.

그렇다면 '사랑이 메마른 사회'라는 것은 현대 사회가 직면한 심각한 사회 문제이다. 그러나 어떤 현대 사회학 서적을 뒤적여도 '사랑이 메마른 사회'를 심각한 사회 문제로 제기하고 있는 책은 없다. 왜 그런 것일까? 그 이유는 명백한 것이다. 현대 사회학은 현대 세계관의 바탕 위에 성립된 것이기 때문이다.

현대 세계관의 관점에서 보면, 이 세상 모든 존재는 근원적으로 분리되어 있다. 인간도 마찬가지이다. 사랑이란 '나와 네가 하나임'을 체험하는 것인데, 현대 세계관의 관점에서 보면, 나와 너는 근원적으로 분리된 존재여서 하나가 될 수 없다. 사랑이 불가능한 것이다. 그러므로 현대 세계관이 지배하고 있는 현대 사회는 '사랑이 메마른 사회'가 될 수밖에 없다. 그러나 인간은 누군가로부터 깊은 사랑을 받았을 때 행복하다는 사실은 바뀌지 않는다. 그래서 '사랑이 메마른 현대 사회'를 살아가는 현대인은 불행할 수밖에 없고, '사랑이 메마른 사회'는 현대 사회가 직면한 심각한 사회 문제가 된다. 그러나 현대 세계관과 현대 세계관에 바탕을 둔 현대 사회학은 '사랑이 없는 것이 정상적인 것'으로 인식되기 때문에, '사랑이 메마른 사회'를 사회 문제화할 수 없다. 심각한 사회 문제를 문제화할 수조차 없는 현대 사회학은 소외된 사회학으로 전락할 수밖에 없다.

2. 현대 사회학 비판 2: 사회발전론의 소멸

사회학의 양대 축은 사회문제론과 사회발전론이다. 위에서 살펴보았듯이, 현대 사회학은 현대 사회에 대한 창조적인 비판이 불가능하고, 이로 인해서 위기로 가득 차 있는 현 사회에서 사회문제론은 소멸했다. 더 심각한 문제는 현대 사회학은 새로운 문명에 대한 비전을 제시할 수 없다는 점이며, 이는 사회발전론의 소멸을 의미한다. 실제로 한국의 대학 사회학과에서는 사회발전론 자체를 아예 개설하지 않거나 가르친다고 해도 어떻게 현대화가 가능한가에 대한 현대화 이론이나 어떻게 현대화가 불가능한가에 대한 종속이론이 전부인 실정이다.

그러나 당위적인 측면에서 보면, 문명 대전환기를 살아가는 현시점에서 '새로운 문명에 대한 비전 제시'는 그 어느 때보다 절박하게 필요한 상태이다. 인류의 역사를 돌이켜보면, 낡은 질서가 붕괴되고 새로운 질서가 잉태되는 시기에는 언제나 유토피아 사상이 활발하게 전개되었다. 이들 사상은 구질서가 무너지고 신질서가 출현하는 혼란스러운 시대의 한가운데서 새로운 사회상을 모색하고 있다는 점에서 공통점이 있다. 이들은 사회학자로서의 자기 인식이 없었고, 이들의 작업은 사회학으로 분류되지도 않았다. 하지만 이들의 작업이야말로 사회학적 상상력이 충만한 진정한 사회학이었다.

중국 춘추전국 시대에 등장한 제자백가 사상은 위에서 말한 전형적인 사회학에 해당한다. 유가儒家, 도가道家, 묵가墨家, 법가法家, 병가兵家, 농가農家, 음양가陰陽家 등 이 시대에 등장한 모든 사상의 공통된 목적은 무엇이었는가? 그것은 '서주西周의 예禮를 바탕으로 한 질서가 붕괴된 가운데, 강자의 약자에 대한 핍박과 끝없는 전란의 시대를 맞아서, 어떻게 이 혼란을 종식시키고, 평화로운 새 시대로 나아갈 수 있는가?' 하는 것이었다. 일시적으론 법가 사상이 주도권을 잡았으나, 결국 유가가 승리를 거두었다. 이후 중국과 동아시아 사회는 이천 년 이상 유교 사상의 기반 위에서 비교적 안정되고 평화로운 전현대적인 사회를 유지할 수 있었다.

르네상스기에 생겨난 유토피아 사상들도 그러하다. T. 모어Thomas More의 『유토피아』1576, F. 베이컨Francis Bacon의 『뉴아틀란티스』1627, T. 캄파넬라Tommasso Campanèlla의 『태양의 도시』1627 등은 그 대표적인 사례이다.

르네상스기는 중국 춘추전국 시대와 마찬가지로 과거의 질서가 붕괴하고 새로운 질서가 움터 오르는 시기였다. 신 중심적인 사회와 봉건 제도의 영향으로 인간성과 개인의 창조성이 억압된 시기였고, 면죄부의 판매 등 가톨릭교회와 승려들의 부패와 타락이 심각했다.

이런 어둠의 시기에 현대의 선구자들은 고대 그리스와 로마의 사상과 문화에서 빛을 보았다. 고대 사회는 인간의 감정, 이성, 육체, 욕망을 긍정했고, 음악과 시, 체육과 철학이 꽃을 피웠다. 이런 고대의 인문적인 역사 속에서 그들은 중세의 어둠을 뚫고 새로운 미래로 나아갈 수 있는 빛을 보았다. 그 결과 많은 르네상스 유토피아 사상이 생성되었다.

중국 춘추전국 시대의 제자백가 사상이나 르네상스 유토피아 사상의 공통점은 무엇인가? 문명 전환기를 맞이해서, 문명이 나아가야 할 새로운 길을 모색했다는 점이다. 그러므로 이들의 작업은 사회학적 상상력이 충만한 그 시대의 진정한 사회학, 사회발전론으로 평가할 수 있다.

19세기 학문으로서의 사회학이 출발한 이후, 가장 강력한 사회발전론은 마르크스의 공산주의 이론이다. 마르크스는 노동 소외를 중심으로 초기 자본주의 사회의 심각한 사회 문제를 직시했을 뿐만 아니라, 그 근본 원인을 밝히고, 해결 방안을 제시했다. 마르크스의 사회발전론은 인류 역사에 막대한 영향을 끼쳤다. 그러나 공산사회 실험은 실패로 막을 내렸고, 공산주의에 대한 헌신은 사라졌다.

마르크스의 사회발전론이 사실상 소멸하면서, 사회발전론이 그 본령인 사회학은 사회발전론이 없는 사회학, 즉 소외된 학문으로 전락했다. 그러나 현시대의 상황을 보면, 이것은 사회학만의 비극이 아니다. 현시점은 현대 문명으로부터 탈현대 문명으로의 도약을 이루어 내어야만 하는 문명 대전환기이다. 이 시대는 사회학에게 새로운 시대에 대한 비전을 제시하라고 명령하고 있다. 그러나 사회학은 낡은 시대에 예속되어, 새로운 미래에 대한 어떤 비전도 제시하지 못하고 있다.

왜 그런 것일까? 현대 사회와 마찬가지로 현대 사회학도 현대 세계관에 고착되어 있기 때문이다. 현대 세계관이란 '모든 존재들 간의 근원적인 분리'를 전제로 세계를 인식하고자 하는 관점이다. 현대 세계관을 수용하면, 인간이란 '자신을 둘러싸고 있는 세계로부터 근원적으로 분리된 개체'이다. '분리된 개체로서의 인간'을 전제했을 때, 인간이란 어떤 존재인가? 현대기에 출현한 가장 강력한 두 가지 인간관은 '이성적인 존재로서의 인간'과 '욕망 추구자로서의 인간'이다.

이런 관점에서 보면, 인간다운 인간은 어떤 인간을 가리키는가? 보다 이성적인 인간과 자신의 욕망을 잘 충족시킬 수 있는 인간을 의미하게 된다. 이것은 인간에 대한 심각한 폄하를 담고 있는 관점이지만 현대기에는 이런 관점이 지배하게 된다.

만일 이성적인 인간과 욕망을 잘 충족시키는 인간이 인간다운 인간의 의미라면, '좋은 사회'란 어떤 사회일까? '이성적인 사회'와 '욕망 충족적인 사회'이다. 전자는 정치적인 민주화를 중심으로 자유와 평등의 증대, 비합리적인 관행과 제도의 철폐를 중심으로 추구되었다. 현대기의 모든 혁명과 개혁운동은 이를 목표로 한다. 후자는 과학기술의 발달을 바탕으로 한 산업화와 경제성장의 추구로 나타난다.

이것이 현대 세계관의 바탕 위에서 이루어진, '좋은 사회 만들기' 프로젝트의 핵심이다. 현대 사회학도 현대 세계관의 바탕 위에 발전되었기에, 현대 사회가 갖고 있는 사회발전관을 공유한다. 이것이 바로 민주화와 산업화를 양대 축으로 하는 현대화 이론이다. 그러므로 현대 사회학은 현대 사회를 근본적으로 비판할 수 없으며, 더군다나 현대 사회를 넘어 '좋은 사회'에 대한 비전을 제시할 수 없다. 이것이 문명 대전환기에 시대는 사회학에게 새로운 사회발전론을 요청하지만, 사회학은 이에 부응할 수 없는, 결국 극단적인 사회학의 자기 소외가 발생하는 근본적인 이유이다.

II.

현대 문명 비판 1
—모든 주의(ism)에 대한 비판

현대 사회에는 인본주의humanism, 자본주의, 민주주의, 제국주의, 국가주의nationalism, 자유주의, 평등주의, 쾌락주의, 금욕주의, 가족주의, 여성주의, 공산주의 등 수많은 주의ism들이 존재한다. 이것은 역사적으로 보면 서구 중세의 유신론theism에서 절대자로서의 신이 차지하고 있던 절대자로서의 자리를 현대 무신론atheism의 확산으로 세속적인 대상이 차지하면서 발생한 현상이다.

또한 사유 방식의 측면에서 보면, 이것은 고대 그리스에서 시작된 기하학적 사유 방식의 결과물이다. 기하학적 사유 방식에 따르면, 좋은 것은 좋은 것이고 나쁜 것은 나쁜 것이며, 옳은 것은 옳은 것이고 틀린 것은 틀린 것이라고 하는 형식논리학이 적용된다. 이런 사유 방식에 따르면, 이상적인 상태는 '좋은 것이 극대화되고, 나쁜 것이 극소화된 상태'를 지칭한다.

모든 '주의'는 특정한 것을 '좋은 것'으로 간주하고, 그것의 극대화를 추구하는 것이다. 현대 사회는 서유럽에서 출현했고, 서유럽은 사유 방식에서 고대 그리스의 기하학적인 사유 방식을 계승하고 있다. 그 결과로 현대 사회에는 수많은 '주의'들이 만연해 있는 것이다. 그런데 현대의 많은 '주의'들은 오늘날 심각한 문제가 되고 문명 위기를 고조시키고 있다. 현대 사회의 '주의'들 중에서 대표적이고 그 해악이 심한 '주의'를 비판해 보고자 한다.

1. 휴머니즘 비판

휴머니즘이란 '인간이 최고야'라고 하는 생각이다. 과연 인간은 최고인가? 왜 최고인가? 왜 최고여야 하는가? 현대는 '인간이 최고야'라고 하는 생각을 당연시하지만, 서구 중세 사회에서 이것은 신성모독에 해당하는 불경스럽기 짝이 없는 생각이었다.

인본주의의 출발점은 서구 중세 신본주의에 대한 반발이었다. 서구 중세 사회에서는,

> 인간과 우주의 창조자로서 그리고 주재자로서 신과 신적인 것이 찬양되었으며, 인간과 인간적인 것이 비하되었다.
> 중세 사회에서 인간은 신의 피조물에 불과한 존재여서, 신과 대비하면 지극히 초라한 존재였다. 그래서 인간적인 것에 대한 폄하와 억압이 광범위하게 이루어졌다. 인간의 육체는 부끄러운 것이어서 의복으로 감추어야 했다. 성욕이나 금전

욕과 같은 인간의 욕망은 더러운 것이어서 정화시켜야만 하는 것이었다. 인간의 감정은 변덕스러운 것이어서 믿을 수 없는 것이었다. 인간의 이성은 간사하고 야비한 생각을 불러일으키는 것이었다.

그래서 중세 사회에서는 부끄러운 인간의 나신을 그리거나 조각하지 않았다. 전당포 주인이나 사익을 추구하는 상인은 폄하되었다. 감정의 아름다움을 노래하는 시나 음악은 유행하지 않았다. 이성은 언제나 신앙심에 종속되는 것이어야만 했다.홍승표, 2017a: 46

그러나 중세 말에 이르러, 인간적인 것에 대한 광범위한 억압에 대한 반발이 일어났다. 우린 그 시대를 르네상스기라고 부른다. 이들은 고대 그리스와 로마의 사상과 문화를 빌려 인간적인 것에 대한 복권을 시도했고, 이는 커다란 성공을 거두었다. 그래서 우린 이 시기의 사상을 르네상스 휴머니즘, 이런 운동을 전개한 사람들을 르네상스 휴머니스트라고 부른다.

이 시기에는 육체, 감정, 이성 등 인간적인 것에 대한 긍정과 고양이 이루어졌다. 르네상스기에 태동한 휴머니즘이 현대 문명 건설과 발전에 중대한 역할을 수행했다는 사실에는 의심의 여지가 없다. 그러나 휴머니즘은 출발점에서부터 파탄의 씨앗을 품고 있었다. 르네상스 휴머니즘은 중세의 신본주의에 대한 반발로 생겨난 것이었다. 그 결과로 르네상스 휴머니즘은 인간이 갖고 있는 가장 높은 부분(신적인 아름다움을 갖고 있는 '참나')을 인간에 대한 규정에서 탈락시키게 된다.

'인간의 가장 높은 부분을 탈락시킨 채, 신의 자리에 인간을 위치시키는 것', 이것이 휴머니즘의 본질이다. 휴머니즘은 신 중심적인 전현대 문명을 무너뜨리고 현대 문명을 건설하는 데 커다란 기여를 한다. 그러나 현대 문명을 무너뜨리고 탈현대 문명을 건설해야 할 현시점에서 보면, 휴머니즘은 인류가 미래로 나아가는 것을 가로막는 커다란 장애물이 되어 버렸다.

휴머니즘은 인간 아닌 존재를 하찮게 여기고 함부로 대하면서, 이미 인류가 행한 많은 파괴활동의 지적인 원천이 되었다. 인류는 지구상의 동식물 그리고 무생물에 대해 광범위한 파괴행위를 자행했으며, 그 결과로 생태계의 붕괴, 자원고갈, 공기와 수질 오염, 기후문제를 비롯한 심각한 환경문제를 초래했다. 뿐만 아니라, 인공지능이 급속히 발달할 미래 사회에서 휴머니즘은 문명의 전진을 불가능하게 만들고, 인류를 멸종에 이르게 할 수 있는 위험 요인이 되었다.

'인간이 최고야'라고 하는 생각의 중심에는 '인간이 가장 똑똑해'라고 하는 생각이 놓여 있다. 그러나 알파고가 이세돌을 이겼을 때, 이 생각은 더 이상 사실이 아니게 되었다. 휴머니즘이 지배하는 사회에서는 인간보다 더 똑똑한 AI(artificial intelligence, 인공지능)의 존재를 받아들일 수 없을 뿐만 아니라 AI에 대한 통제와 지배의 문제에만 집중하게 된다.

미래 사회에는 초인공지능super artificial intelligence이라고 불리는 현재의 AI와는 비교할 수 없을 만큼 똑똑한 AI가 출현하게 될 것이다.

2017년 2월 27일 손정의 소프트뱅크 회장은 스페인 바르셀로나에서 개막한 세계 최대 모바일 전시회인 〈모바일 월드 콩그레스MWC 2017〉에서 "초지능 컴퓨터superintelligent computer 기술의 발전으로 30년 안에 'IQ 1만의 컴퓨터 시대'가 도래할 것"Chosun Biz, 2017년 2월 28일이라고 말했다.

동물의 세계에서 IQ가 높다는 돌고래의 경우 IQ 70 정도가 되는 것으로 추정한다. 그런데 돌고래가 인간 세계를 이해하는 일이 가능할까? 더군다나 인간을 통제하는 일이 가능할까? 불가능하다. 그런데 IQ 120 정도의 인류가 IQ 1만인 AI의 세계를 이해하는 일이 가능할까? 더군다나 지배하고 통제하는 일이 가능할까? 전혀 불가능한 일이다.

그런데 인류가 휴머니즘에 사로잡혀, 인간이 지구상에서 가장 똑똑하다고 고집하면서, AI를 지배하고 통제하고자 한다면 과연 그 결과는 어떠할까? 파국적인 결과가 초래될 것이다. 지구상엔 이미 특정 분야에서 인간보다 똑똑한 AI가 출현했다. 더 놀라운 일은 발달 속도이다. 알파고1이 이세돌을 이기기까지는 몇 년간의 노력이 필요했다. 그러나 알파고3은 몇십 시간 만에 스스로 높은 기력에 도달했고, 알파고1을 100:0으로 이겼다.

만일 인류가 휴머니즘에 사로잡혀 있다면, 인류는 미래에 출현할 AI와 조화로운 공존을 이룰 수 없을 것이다. AI와의 조화로운 공존을 이루지 못한다면, 인류 문명의 미래가 존재할지조차가 불투명해질 것이다.

2. 민주주의 비판

탈현대 사회는 민주적일 것인가? 비민주적인 것일까? 현대 사회보다 더 민주적일 것이다. 그러나 민주주의적은 아니다. 왜냐하면 '민주'라는 것은 목적이 아니라 수단의 영역에 속하는 것이기 때문이다. 즉, 민주적이라는 것은 좋은 사회를 위한 필요조건일 수는 있지만 충분조건일 수는 없기 때문이다.

고대 그리스는 인류 역사상 최초로 직접 민주정치를 구현한 사회였다. 그러나 직접 민주정치의 현장에 있었던 플라톤Plato, B.C. 427~B.C. 347의 민주정치에 대한 평가는 박한 것이었다. 플라톤은 『국가·정체』2005에서 정치체제를 철인정Aristocracy, 명예정Timocracy, 과두정Oligarchy, 민주정Democracy, 참주정Tyranny의 다섯으로 구분했다. 이 중에서 지혜와 덕에 기초한 철인정치를 가장 이상적인 것으로 보았으며, 사회의 타락에 따라 정치체제도 철인정이 명예정, 과두정, 민주정, 참주정의 순서로 타락해 간다고 보았다.플라톤, 2005 즉, 민주정을 다섯 가지 정체 중 하위 두 번째 정체로 평가한 것이다. 민주정은 유권자가 어리석을 경우 쉽게 중우衆愚정치로 전락하기 때문이다. 플라톤은 스승 소크라테스의 죽음의 과정을 통해 민주정의 폐해를 절감했을 것이다.

그런데 민주정은 현대 사회에서 어떻게 이런 높은 영예를 누리게 되었을까? 그것은 민주정이 타파해야 할 전현대의 정체인 왕정에 대한 현대의 대안이었기 때문이다. R. 데카르트René Descartes, 1596~1650의 '생각한다. 고로 나는 존재한다'는 언명은 '생각하는 존재로서의 인간', '이성적인 존재로서의 인간'이라고 하는 현대 인간관의 확립에 기여했다.

'이성적인 존재로서의 인간'이란 관점에서 볼 때, 좋은 세상이란 '이성적인 사회', '합리적인 사회'를 의미한다. 이성적인 사회 건설이 정치적인 영역에서 구체화된 것이 민주화운동이다. 그러므로 민주화는 현대화의 양 축의 하나가 되고, 목적적인 가치를 부여받게 되었다. 비이성적이고 비합리적인 사회제도와 관행은 비판의 대상이 되었다. 출생에 따라 그 권력이 세습되는 왕정과 신분제도에 대한 비판의식이 고조되었다.

17세기 후반에 시작되어 18세기에 전성기를 구가한 계몽사상의 핵심은 왕정과 신분제도를 비롯한 비합리적인 사회제도와 관행을 비판하고, 합리적인 사회제도를 구상하는 것이었다. 민주적인 절차에 따라 권력을 구성하고, 세력균형에 의거해 권력남용을 막는 장치를 모색하는 것이 이들 작업의 핵심이었다. 1789년 프랑스 대혁명이 발발하고, 시민들은 죽음을 불사하고 구체제에 항거했다. 수많은 헌신의 대가로 왕정을 타도하고 민주정을 수립한 것이다.

이후 전 세계적으로 민주정을 쟁취하기 위한 노력이 경주되었다. 이승만정권의 독재에 항거한 4·19혁명, 1960년대의 6·3 시위와 3선 개헌 반대 투쟁, 유신체제와 긴급조치에 저항하는 반유신투쟁, 전두환의 쿠데타에 항거한 5·18 광주민주화운동과 6월 항쟁, 그리고 박근혜정권의 부패에 항거한 촛불혁명에 이르기까지, 한국 사회에서도 민주화를 위해 수많은 사람들이 피와 땀을 흘렸다.

이런 과정을 거치면서, 목적으로서의 민주주의가 출현한 것이다. 그러나 과연 민주가 궁극적인 목적의 자리를 차지할 수 있는 것일까? 그렇지 않다. 민주가 목적의 자리를 차지하는 민주주의가 정당화되기 위해서는 '민주화된 사회는 좋은 사회이다'라는 등식이 성립되어야 한다. 즉, 민주화는 좋은 사회 달성의 충분조건이 되어야 한다. 플라톤을 회고하지 않더라도 현실을 돌아보면 민주화가 좋은 사회 달성의 충분조건이 되지 않는다는 수많은 증거를 찾을 수 있다. 많은 민주화된 사회에서 중우衆愚정치가 자행되고 있는 현실을 볼 수 있다. 민주적인 절차에 따른 나치당과 히틀러의 집권은 '민주'가 '주의'가 될 수 없음을 극명하게 보여 주는 사건이다.

민주화는 나쁜 것인가? 물론 아니다. 전현대와 현대의 문명 전환기에 왕정과 신분제도, 독재정치가 건재하고 있는 상황에서 민주화는 목적의 자리를 차지할 수 있었다. 그러나 현재는 현대와 탈현대의 문명 대전환기이다. 현시점에서 민주화는 새로운 미래에 대한 어떤 비전도 제공할 수 없다. 민주는 목적의 자리에서 수단의 자리로 물러서야 한다. 민주'주의'는 논리적으로도 현실적으로도 성립할 수 없다. 민주적인 사회는 탈현대 사회의 당연한 조건이지만, 민주가 더 이상 추구의 대상이 될 수는 없는 것이다.

3. 자본주의 비판

자본주의는 출발점에서부터 맹렬한 비판을 받았고, 그 근본적인 문제점이 명백하게 드러났다. 왜냐하면 그 문제점이 명확했기 때문이다. 그러나 현실세계에서 보면, 오늘날 자본주의는 민주주의보다 더 깊이 더 넓게 신봉되고 있는 것 같다. 하지만 자본주의는 민주주의보다 더 통렬한 비판을 받아야 한다. 민주주의의 경우, 탈현대 사회에서 민주주의는 사라진다고 해도 탈현대 사회는 여전히 민주적인 사회이다. 그러나 자본주의의 경우, 탈현대 사회는 자본주의가 아님은 물론이지만 자본 자체의 의미가 사라지는 사회이기 때문이다.

자본주의에 대한 근본적인 비판은 마르크스에 의해 이루어졌다. 마르크스의 자본주의에 대한 비판은 L. A. 포이어바흐Ludwig Andreas Feuerbach, 1804~1872의 『기독교의 본질』2005에서 기독교에 대한 비판 구도를 차용한 것이었다. 청년헤겔파의 일원이었던 포이어바흐는 유물론적인 관점에서 기독교에 대한 근본적인 비판을 단행했다.

유물론적인 관점에서 보면, 신은 인간 속에 있는 좋은 것들을 투사해서 인간에 의해 창조된 것이다. 그러므로 인간은 신의 창조자이고, 신은 인간의 피조물이란 것이 양자 간의 본래적인 관계이다. 그런데 일단 신이 창조되고 나자, 피조물인 신이 창조자인 인간을 지배하게 되고, 인간은 신을 숭배하게 되는 소외가 발생했다는 것이다. 이것이 바로 포이어바흐에 의한 소외된 종교로서의 기독교 비판의 요점이다.

마르크스는 이를 이용해서 자본주의 비판을 수행했다. 포이어바흐가 설정한 '신의 자리'에 '화폐와 상품'을 대입한 것이다. 화폐와 상품을 만든 것은 인간이다. 즉, 인간은 화폐와 상품의 창조자이며, 화폐와 상품은 인간의 피조물이다. 그러나 일단 화폐와 상품이 만들어지고 나자, 피조물인 화폐와 상품은 창조자인 인간을 지배하게 되고, 인간은 화폐와 상품을 숭배하게 되는 소외가 발생하게 된다. 이것이 자본주의라는 체제 자체가 소외된 것이라는 근거이고, 자본주의체제에 대한 근본적인 비판이다.

이런 소외된 체제로서의 자본주의를 넘어서기 위해, 마르크스는 공산주의 사회의 이상을 제시했다. 그리고 자본주의를 붕괴시키고 공산 사회에 이르는 방법으로 프롤레타리아 혁명, 즉 의식화된 노동자에 의한 계급투쟁을 제시했다. 마르크스 이후 세계의 수많은 젊은이들이 공산사회 건설을 위해 헌신했다. 실제로 공산주의체제는 자본주의체제와 첨예하게 대립하는 지구촌의 양대 경제 시스템의 하나로 부상했다.

그러나 1991년 소련의 해체를 기점으로 공산진영은 붕괴되었고, 자본주의체제로 회귀했다. 오늘날 자본주의체제는 전 세계를 지배하면서 맹위를 떨치고 있다. 그러나 '돈이 최고야!'라고 하는 자본주의는 출발점에서부터 도착적인 생각이었다. 또한 외형적으로는 맹위를 떨치고 있지만, 내부적으로는 자동화와 더불어 붕괴의 길에 접어들었다. 조금의 시간이 흐르면, 인류는 '돈이 최고야!'를 외치던 이 시대를 야만적인 암흑시대로 기억할 것이다.

4. 제국주의 비판

제국주의는 자본주의와 더불어 '야만시대로서의 현대'를 회고케 할 하나의 사조로 기억될 것이다. 한때 영국은 '해가 지지 않는 나라'로 불렸고, 영국인은 이를 자랑스럽게 여겼다. 그러나 자신보다 약한 사회를 침략해서, 이를 병합하고 지배한 것이 과연 영예로운 일일까? 필자가 볼 때, 이것은 부끄러운 일이라고 생각한다. 강자가 약자를 배려하고, 존중하며, 도움을 베푸는 일이야말로 영예롭고 자랑스러운 일이 아닐까? 그런데 왜 현대 사회에는 약육강식이라는 야만이 지배하게 되었을까? '강자의 약자에 대한 지배'가 정당한 것이라는 어처구니없는 생각이 어떻게 팽배하게 되었을까?

H. 코르테스Hernán Cortés, 1485~1547와 F. 피사로Francisco Pizarro, 1475~1541를 필두로 서구 침략자들은 마야 문명과 아즈텍 문명, 그리고 잉카 제국을 무참하게 유린하고 멸망시켰다. 그들은 온갖 약탈과 살인을 일삼았다. 그들은 아프리카 원주민들을 포획해 와서 노예로 부렸다. 20세기 중반에 이르기까지 비서구 지역을 점령하고 식민지화하는 제국주의 운동은 계속되었다.

그러나 2차 세계대전 이후에도 제국주의가 종식된 것은 아니다. 문화적 제국주의와 경제적 제국주의가 오늘날까지 이어지고 있을 뿐만 아니라, 군사적·정치적으로도 강대국의 약소국에 대한 핍박과 침략이 계속되고 있다. 상황이 이렇다 보니, 각국은 모두 부국강병을 추구하고, 그 와중에서 수많은 갈등이 일어나고 있다.

오늘날 이렇듯 강함에 대한 추구가 만연하고, 강자의 약자에 대한 지배를 당연시하게 된 근본적인 원인은 무엇일까? 현대에 만연하고 있는 지배와 피지배의 패러다임의 직접적인 원천은 C. R. 다윈Charles Robert Darwin, 1809~1882의 진화론이다. 진화론은 T. R. 맬서스Thomas Robert Malthus, 1766~1834의 진보 불가론에 그 기원을 두고 있다. 맬서스는 『인구론』2011에서 '인구 증가는 기하급수적인 데 반해서, 식량 증가는 산술급수적이다'라는 명제를 발표했다. 그러므로 지속적인 진보는 불가능하다는 것이다. 맬서스의 진보 불가론은 다윈에 의해 진화론으로 변형되었다.

인구 증가속도와 식량 증가속도 간에 불균형이 존재하듯이, 자연의 영역에서 모든 생명체의 번식 속도와 먹이양의 총합 간의 구조적인 불균형이 존재한다는 사실에 다윈은 주목했다. 양자 간의 구조적인 불균형은 모든 생명체에게 살아남기 위한 투쟁을 강요한다. 생존을 위한 투쟁의 결과로 환경에 부적합한 개체나 종은 소멸되며, 환경에 적합한 강자만이 살아남는다. 생존경쟁과 적자생존의 결과로 진화가 이루어진다는 것이 다윈의 주장이다.

자연 세계를 대상으로 하는 다윈의 진화론은 사회를 바라보는 시각으로 확산되었다. 강함을 추구하고 약함을 경멸하는 진화론은 자본주의 경제 시스템과 완벽하게 부합했다. 자본주의의 흥기와 더불어, 진화론과 자본주의 체제는 강자의 약자에 대한 지배를 당연시하는 강자의 철학을 확립해 갔다.

19세기 말에서 20세기 전반에 걸쳐 팽배했던 제국주의 사조는 다원이 말한 강육강식의 원리가 적나라하게 적용된 사례이다. 먼저 산업화를 통해 국력이 강해진 국가들은 앞다투어 약소국을 강점했고, 수탈했다. 그리고 진화론은 제국주의를 정당화할 수 있는 이데올로기를 제공했다.홍승표, 2017b: 74

제국주의는 인간 간 또는 사회 간에서만이 아니라 인간과 자연과의 관계에도 작용했다. 강한 인간의 약한 자연에 대한 지배와 착취가 자행되었다. 그리고 그 결과로 우린 참담한 지구환경 파괴를 목도하고 있다.

강자의 약자에 대한 지배는 야만적인 것이고, 청산되어야 마땅하다. 더군다나 인류는 강자의 약자에 대한 지배를 정당화하는 제국주의를 안고 미래로 나아갈 수 없다. 지금 이미 우리 앞에 다가오고 있는 인공지능 시대가 본격적으로 개막되면, AI는 인간보다 훨씬 강한 존재가 될 것이 명백하고, 기존 강자와 약자의 패러다임을 받아들인다면, 인류는 AI의 노예가 되어 지배받고, 약탈당하고, 파멸할 것이다. 지배와 복종의 패러다임에 갇혀 있는 현대는 수많은 미래공상 영화들을 통해 AI에 의해 파괴된 문명의 미래를 그리고 있다.

5. 내셔널리즘 비판

내셔널리즘nationalism은 한글로 민족주의 또는 국가주의로 번역된다. 그것이 '우리 민족이 최고야!'라고 하는 민족주의 이건, '우리 국가가 최고야!'라고 하는 국가주의이건 간에, 내셔널리즘은 집단 이기주의의 표현일 따름이고, 새로운 미래로의 전진을 가로막는 걸림돌에 불과한 것이다.

정재걸은 이렇게 말했다. "지금 이 시대에 민족주의는 질병이다." 홍승표는 이렇게 말한다. "지금 이 시대에 국가는 질병이다." 현대 사회에서 국가는 정치의 핵심 단위이다. 현대 국가는 현대가 시작되던 무렵, 새로운 정치질서 수립의 중심 역할을 했다. 하지만 오늘날에 이르러서, 국가는 새로운 시대의 몸에 맞지 않는 낡은 옷이 되어 버렸다.^{홍승표,}
2010: 197

현대 국가는 국적과 관련된 법률을 통해서 진정한 다문화 사회의 도래를 가로막는 걸림돌이 되었다. 강대국들은 약소국가 국민들이 자국으로 이주하는 것을 차단하고 있다. 또한 현대의 개인이 그러하듯이 각 국가는 상대편 국가를 자신의 욕망 충족을 위한 수단과 도구로서만 바라본다. 이에 따라서, 국가 간에 수많은 갈등이 일어나고, 아무도 잘 살 수 없는 상황이 전개되고 있다.

물리적인 의미에서 지역 간의 교류는 급속히 증가했고, 세계는 지구촌이라고 불릴 만큼 가까워졌지만, 국가는 새로운 시대의 흐름과 조화를 이루지 못하고 있다. 환경문제와 같이 지구적인 차원에서 협력이 요구되는 일이 많아졌지만, 자국의 국익만을 앞세웠던 현대 국가는 이런 시대의 요구에 부응하지 못한다. 각국이 부강한 국가건설을 추구하는 가운데 국가 간 불평등은 더욱 심각해졌고, 생태계 붕괴를 포함한 환경문제는 더욱 악화되었다. 급속한 기술 발달은 지금 현 상태에서도 인류 전체가 경제적으로 안정적인 삶을 유지하기에 충분하지만, 국가 간의 장벽과 경쟁으로 인해 양극화와 빈곤화가 가속화되고 있다.

현대 국가가 더 이상 새로운 시대의 적합한 정치단위가 될 수 없다는 것은 분명해졌다. 뿐만 아니라 국가의 존재는 인류가 새로운 시대로 나아가는 것을 불가능하게 하는 중요한 장애물이 되었다. 이런 시대 상황에서, 많은 사람들이 여전히 국가주의와 민족주의의 망령에 사로잡혀 다른 국가나 민족이 어떻게 되건 간에 우리 국가나 민족만이 잘되고 보겠다는 국가주의나 민족주의는 가당치 않은 낡은 이데올로기에 불과한 것이다. 만일 인류가 국가 이기주의로부터 탈피할 경우, 전 세계 모든 민족들은 평화롭고 풍요로운 미래를 맞이하게 될 것이다. 그러나 만일 끝까지 국가 이기주의에 사로잡힌다면, 전 세계 어떤 민족이나 국가도 고통으로부터 자유롭지 못할 것이다.

III.

현대 문명 비판 2
-현대 세계관과 현대 사회 문제 인식

1922년 시인 T. S. 엘리엇Thomas Stearns Eliot, 1888~1965은 『황무지The Waste Land』를 발표했다. 지금으로부터 백 년 전에 이미 현대 문명의 불모성을 고발한 것이다. 시인 엘리엇에게 현대 사회가 직면한 가장 심각한 사회 문제를 꼽으라고 했다면, 그것은 바로 '사랑이 메마른 사회'라고 답했을 것이다. 지금까지 어느 사회학자도 행하지 못한 현대 사회에 대한 사회학적인 통찰을 백 년 전 시인은 수행했던 것이다.

지난 수백 년간 인류는 산업화와 민주화를 양 축으로 하는 현대화를 열심히 추구했고, 커다란 결실을 거두었다. 인류는 전현대 사회에서는 상상조차 어려웠을 물질적인 풍요와 자유를 향유하게 되었다. 그러나 현대 말기에 이른 지금 현대화는 더 이상 추구의 대상이 될 수 없다. 만일 현대의 패러다임이 지금의 현실에도 잘 들어맞는다면, 우린 지금 과거보다 훨씬 행복한 사회가 되어 있어야 할 것이다. 그러나 실제는 그렇지 않다. 오늘날 인류의 고통과 불행이 증가하고 있다. 자살률, 정신병 발병률, 범죄율 등의 증가가 이를 입증한다.

현대적인 의미에서의 발전의 추구와 달성이 저발전을 심화시키는 역설적인 상황을 맞은 것이다. 왜일까? 목적과 수단의 혼동이 근본 원인이다. 산업화와 민주화는 행복의 필요조건이지, 충분조건이 될 수 없다. 이것이 없이는 인간다운 삶의 영위가 어렵지만 이것만으로 인간다운 삶이 자동적으로 가능한 것이 아니다. 즉, 산업화와 민주화는 좋은 사회에 이르는 수단이지 목적이 아니다. 그러나 현대는 여전히 이것을 궁극적인 목적의 자리에 올려놓고 추구한다.

정상적인 것은 좋은 사회를 이루기 위한 필요조건이 어느 정도 충족되고 나면, 궁극적인 목적을 추구하는 것이다. 그러나 수단과 목적의 혼동은 이런 변화를 불가능하게 만들고, 생태계의 붕괴나 환경오염과 같은 심각한 환경문제와 개인, 집단, 국가 등 모든 차원에서의 분쟁과 갈등의 증가를 초래하고 있다.

더욱 근본적인 측면에서 보면, 엘리엇의 통찰에서와 같이 현대 세계관의 바탕 위에서는 사랑이 불가능하며, 필연적으로 '사랑이 메마른 사회'에 이르게 된다. 우리는 언제 깊은 행복을 느끼는가? 누군가로부터 깊은 사랑을 받을 때이다. 그러나 현대인은 사랑할 수 없다. 사랑이란 하나 됨의 체험인데, 나와 너의 근원적인 분리를 전제하는 현대 인간관의 바탕 위에서는 사랑이 불가능한 것이다. 그러므로 현대인은 사랑할 수 없고, 사랑받을 수 없다. 그래서 현대 사회는 '사랑이 메마른 사회'가 될 수밖에 없는 것이다. 이것이 탈현대 세계관을 바탕으로 한 현대 사회에 대한 근본적인 비판이다.

1. 현대 인간관과 자아확장투쟁으로서의 삶

현대 세계관 중에서도 사회학에 가장 직접적인 영향을 미치는 것은 현대 인간관이다. 현대가 바라보는 인간은 어떤 모습을 하고 있는가? 현대적인 관점에서 보면, 인간은 '자신을 둘러싸고 있는 세계와 근원적으로 분리된 개체'이다.

인간은 우연하게 생겨난 존재이다. 시간적으로 보면, 인간은 태어났을 때부터 죽을 때까지만 존재한다. 공간적으로 보면, 인간은 자신의 피부 안쪽에서만 존재한다. 그러므로 인간은 유한한 존재이다. 현대 인간관의 관점에서 보면, 유한성은 인간 실존의 특징이 된다.

현대적인 관점에서 보면, 인간은 무의미한 존재이다. 지구 반대편 사람들은 나의 존재 자체를 알지도 못한다. 설사 내가 오늘 급작스러운 죽음을 맞이한다고 해도, 이것은 세상에 아무런 영향을 주지 못한다. 그러므로 무의미성은 인간 실존의 특징이 된다.

인간은 무력한 존재이다. 현대적인 관점에서 보면, 이 세상은 거대한 것이고 나는 미소한 존재이다. 거대한 세상은 미소한 나를 밀가루 반죽 주무르듯 내 운명을 희롱한다. 하지만 나는 거대한 세상에 아무런 영향도 미칠 수 없다. 그래서 무력함은 현대인의 실존적인 특징이 된다.

유한성에서 비롯되는 존재의 불안감, 무의미성에서 비롯되는 무의미감, 무력함에서 비롯되는 무력감, 이것은 현대 인간관의 영향을 받고 있는 모든 현대인이 공유하는 근원적인 심리가 된다. 그리고 이것은 모두 고통스러운 것이다. 사람들은 필사적으로 여기에서 벗어나고자 한다.

이에 따라서, 현대 인간관은 필연적으로 자아확장투쟁으로서의 현대적인 삶을 촉발시킨다. 자아확장투쟁으로서의 삶이란 자신을 더 크고, 더 높은 존재로 만드는 것을 목표로 하는 삶이다. 즉, 무의미감과 무력감, 불안감에서 벗어나 의미 있고 힘 있는 존재가 되는 것이 자아확장투쟁으로서의 삶의 목표이다.

자아확장투쟁으로서의 삶의 양태는 다양하다. 가장 현저한 예는 '힘의 추구', '소유와 소비의 추구', '인기의 추구', '외모의 추구', '승리와 성공의 추구' 등이다. 그러나 이 모든 추구는 내적인 무의미감, 무력감, 불안감에서 비롯되는 강박적인 것이어서 결코 성공을 거둘 수 없다.

1) 힘의 추구

'힘의 추구'는 다양하게 표현된다. 미투 운동의 가해자들, 경제성장의 광기, IS 대원들, 조기 해외유학, 집단 따돌림, 히틀러의 집권, LA 폭동, 온라인 악플 등이 모두 힘의 추구의 결과로 표출되는 사회현상들이다. 또는 노인네의 잔소리와 간섭, 중요한 사람으로 보이기를 원하는 욕구 등도 모두 '힘의 추구'의 양태들이다.

왜 현대인 일반은 힘을 추구하는 것일까? 현대 인간관에서 비롯되는 존재론적인 무력감을 갖고 있기 때문이다. 누가 더 강열하게 힘을 추구할까? 상대적으로 무력감을 더 심하게 경험하는 사람들이다. 미투 운동의 가해자들, IS 대원이 되는 사람들, 나치당을 지지한 사람들, 집단 따돌림에 가담하는 사람들, LA 폭동의 주동자들, 온라인 악플을 다는 사람들, 잔소리를 퍼붓는 노인들, 이들 모두의 공통점은 무력감이 심한 사람들이라는 점이다.

무력감이 심할수록 이들은 강박적으로 힘을 추구한다. 강박적인 추구는 적당한 선에서의 멈춤이 없다. 현실적인 추구와 달리 강박적인 추구는 반드시 실패한다. 힘에 대한 강박적인 추구는 피해를 입는 상대편에게 고통과 상처를 주며, 그 자신도 고통과 불행에 빠진다. 그러므로 강박적인 힘의 추구는 심각한 사회 문제이다. 현대 인간관의 지배가 종식되지 않는 한, 강박적인 힘의 추구의 문제도 끝나지 않는다.

2) 소유와 소비의 추구

소유와 소비의 추구는 현대 사회에서 광범위하게 발견된다. 명품의 추구, 값비싼 외제차 구매, 호화로운 결혼식, 호화로운 해외여행, 화려한 저택, 쇼핑 중독 등은 모두 소유와 소비를 추구하는 양태들이다.

현대인 일반은 무력감을 갖고 있기에 소유와 소비의 추구는 현대 사회 일반에서 관찰된다. 그중에서도 누가 더 열렬히 소유와 소비를 추구할까? 열등감이나 결핍감이 큰 개인이나 민족들이다. 한국인이나 중국인의 경우, 경제 수준에 비해서 명품 소비가 아주 많다. 프랑스의 유명 백화점에는 한국인이나 중국인을 위한 명품 숍이 따로 있다고 한다. 이탈리아 명품 아울렛에 가면, 문을 열기 전에 줄을 서 있는 사람들은 모두 한국인과 중국인이라고 한다.

왜 한국인과 중국인은 명품에 열광하는 것일까? 그들은 현대사에서 민족적 자존심이 크게 훼손되는 경험을 했고, 그 결과로 커다란 민족적 열등감이 형성되었다. 아편전쟁이라는 지극히 부도덕한 전쟁에서부터 시작된 서구와 일본의 중국 침략과 만행은 자신들이 세계의 중심이라고 생각했던 중국인의 자존심을 크게 훼손했고, 왜구라고 얕보던 일제에 침탈당한 식민지 경험은 한국인의 자의식에 깊은 상처를 남겼다. 그들은 소유와 소비의 추구를 통해 서구인에 대한 열등감으로부터 벗어나고자 한다. 그러나 이런 방식으로는 민족적인 열등감이 해소되지 않는다.

소유와 소비의 추구는 왜 사회 문제일까? 소유와 소비에 대한 추구 역시 열등감에서 비롯되는 강박적인 것이다. 그래서 수단과 목적의 전도가 일어난다. 소유와 소비는 인간다운 삶을 위한 수단의 영역인데, 소유와 소비를 강박적으로 추구하게 되면 소유와 소비는 궁극적인 목적의 자리를 차지하게 된다. 이럴 경우, 소유와 소비의 노예가 되어 이를 위해 소중한 삶을 낭비하게 된다. 또한 이를 상실했을 때는 큰 고통을 받게 된다.

3) 인기의 추구

현대의 풍경 중 가장 눈에 띄는 것은 '인기에 대한 집착'이다. 인기인이라고 불리는 연예인이나 프로 스포츠 선수 등은 말할 것도 없고, 심지어 선생님들도 학생들에게 인기 있는 선생님이 되고 싶어 하고,

부모들도 자녀들에게 인기 있는 부모가 되고 싶어 하며, 친구 간에도 인기 있는 존재가 되고 싶어 한다.

자신이 행한 어떤 일에 대해 인정받고자 애를 쓴다든지, 인정을 받지 못하면 화를 낸다든지, 누군가의 주목을 받으려고 이상한 옷차림이나 헤어스타일을 하는 등의 일은 너무 흔한 일이다. 사람들은 다른 사람들이 나를 어떻게 보는가에 끊임없이 신경을 쓴다.

현대인은 왜 이렇게 인정과 인기에 목말라하는 것일까? 그것은 현대 인간관의 결과로 스스로 자신을 인정하지 않기 때문이다. 자신을 인정하지 않을수록, 외부로부터 주어지는 자신에 대한 인정이 커다란 가치를 갖는다. 그러므로 인기에 대한 강박적인 집착을 갖게 되는 것이다. 특히 성장과정에서 사랑이나 인정을 충분히 받지 못한 사람은 인기의 추구와 인기에 대한 집착이 더 심해진다.

인기의 추구와 인기에 대한 집착은 왜 사회 문제인가? 인기는 변덕스럽다. 인기는 얻기도 어렵고, 유지하기도 어렵다. 내가 지금 무명가수라면, 인기가수가 되기도 힘들지만 인기가수가 되었다면 그것을 유지하는 것도 어렵다. 인기를 얻기 위해서는 엄청 노력을 기울여야 하고, 인기를 얻고 나면 잃어버리지 않을까 불안에 떨어야 하고, 실제로 인기가 떨어지면 심한 고통을 겪어야 한다.

자살한 연예인들이 많은데, 인기를 누리던 연예인이 그것을 상실하면 큰 상처와 충격을 받고 우울증에 걸리고 자살하는 것이다. 보통 사람들의 경우도 인기를 더 많이 누렸던 사람일수록, 인기를 잃을 경우 더 큰 상처를 받게 된다. 또한 인기에 집착하면 집착할수록 삶은 고단해진다. 누군가로부터 칭찬이나 인정을 받으려고 하면, 누군가로부터 비난이나 미움을 받지 않으려고 하면, 우린 끊임없이 상대편의 눈치를 살펴야 한다. 삶의 칼날을 잡고 전전긍긍하는 삶을 살 수밖에 없는 것이다.

4) 외모의 추구

한 엄마가 아기의 장딴지를 열심히 주무르고 있었다. 왜 그렇게 주무르느냐고 물어보았다. 아기 엄마는 아기 장딴지가 서양 여자들처럼 밋밋하고 길쭉하게 자라길 원해서 그렇게 한다고 대답했다. 다이어트 열풍, 성형수술에의 집착, 짙어지는 화장, 피부 관리, 취업 면접 시 외모 중시 등, 외모를 중시하고 외모를 가꾸는 데 종교적인 열성을 기울이는 사례를 주위에서 쉽게 찾아볼 수 있다.

현대인들은 왜 이렇게 외모에 집착하는 것일까? 자신을 하찮게 여기기 때문이다. 그래서 자신을 하찮지 않은 사람으로 만드는 데 혼신의 노력을 기울인다. 외모의 추구는 그런 노력의 하나이다. 현대인 중에서도 한국인의 외모 추구는 두드러진다. 한국 사회에는 성형 수술이 일상화되어 있다. 성형 수술의 기준은 서양인의 외모이다. 쌍꺼풀, 높은 코, 광대뼈 깎기 등, 이것은 한국인의 서구에 대한 콤플렉스가 해소되지 않았음을 보여 주는 사례이다.

외모의 추구는 왜 문제인가? 근본적으로 보면, 외모의 추구는 인간 소외이다. 우리가 자기 자신이나 상대편을 외모로 판단한다면, 이것은 인간을 너무 하찮게 여기는 것이다. 외모는 소중한 것이기는 하지만 궁극적인 추구의 대상이 될 수 없다. 궁극적인 추구의 대상은 인간의 가장 높은 부분, 즉 '참나'이다. '참나'를 자각해서, 사랑하고, 용서하며, 겸손하고, 감사할 수 있는 사람이 되는 것, 이것이 삶의 궁극적인 목적이다. 궁극적이지 않은 것이 삶의 궁극적인 자리에 위치하는 것, 이것이 전도이며 소외이다. 그러므로 외모의 추구는 인간 소외이며 비인간화를 초래한다.

외모 추구의 두 번째 문제는 외모에 속박된다는 점이다. 외모를 추구하면, 필연적으로 외모에 대한 우월감이나 열등감을 형성하게 된다. 외모에 대한 열등감은 고통을 준다. 예컨대 짧은 장딴지 하나, 작은 키 하나가 내 인생을 지배하게 된다. 외모에 대한 우월감 역시 자신을 하찮게 여기는 것이다. 외모로 인해 우월감을 갖는 것 자체가 소외이지만, 혹 화상을 입는다거나 하여 외모가 훼손되면, 그는 더 큰 상처를 입게 될 것이다.

외모 추구의 세 번째 문제는 궁극적으로 실패할 수밖에 없는 추구라는 점이다. 중년이 되면 젊은 시절의 빛나는 외모를 지킬 수 없고, 노년이 되면 상황은 더욱 악화된다. 외모를 추구하는 사람에게 늙음은 재앙인데, 나쁜 일은 외모를 추구하는 사람에게도 늙음은 예외 없이 찾아온다는 점이다. 외모의 영역에서 더 높이 올라갔던 사람일수록 늙음은 더 큰 추락의 고통을 안겨 준다.

5) 승리와 성공의 추구

이긴다는 것은 얼마나 큰 가치를 갖고 있을까? 그것은 우리 안에 있는 결핍감의 크기와 정비례한다. 현대인은 전반적으로 큰 결핍감을 갖고 있다. 현대 인간관이 그 원인이다. 현대인은 지금 이대로는 충만하지 않은 존재라고 자신을 인식한다. 무언가로 자신을 채워야 한다고 생각한다. 그래서 결핍감은 현대인의 행동의 주된 동기가 된다. 특정 행위를 통해 결핍감을 해소하고자 하는 것이다. 승리와 성공의 추구는 결핍감 해소를 위한 중요한 통로의 하나이다. 그래서 현대인 일반은 승리와 성공을 추구한다.

승리와 성공의 목표물은 언제나 희소자원이다. 그러므로 승리와 성공을 추구할수록 경쟁과 갈등은 심화된다. 한 이민자의 인터뷰를 본 적이 있다. '왜 한국을 떠났느냐'는 질문에 그는 이렇게 대답했다. "제 아이들이 과도한 경쟁 속에서 성장하기를 원치 않아서입니다."

과도한 경쟁은 한국 사회를 살아간다는 것을 힘들게 만드는 중요한 원인의 하나일 것이다. 한국 사회에는 왜 이렇게 경쟁이 심한 것일까? 승리와 성공에 대한 추구가 강하기 때문이다. 왜 승리와 성공에 대한 추구가 강한가? 결핍감이 크기 때문이다. 왜 결핍감이 큰가? 강한 민족적 열등감이 존재하기 때문이다. 왜 민족적 열등감이 강한가? 일제 강점기에 훼손된 민족적 자존심이 아직 회복되지 않았기 때문이다.

승리와 성공의 추구는 왜 문제일까? 승리와 성공의 추구는 경쟁심을 비대화시킨다. 경쟁심이 커지면, 우린 경쟁에서의 승리에 더 집착하게 된다. 그리고 경쟁에서의 승리를 통해서만 만족감을 느낄 수 있는 병적인 심리상태에 빠져들게 된다.

승리와 성공의 추구가 초래하는 두 번째 문제는 이것이 많은 고통을 만들어 낸다는 점이다. 승리와 성공의 추구는 모두 희소자원의 쟁취를 목적으로 한다. 그러므로 필연적으로 패배자를 양산한다. 승리와 성공이 강조되는 문화에서 패배자가 된다는 것은 고통스러운 일이다. 오직 아주 소수만이 궁극적인 승리의 자리에 오르는데, 누구도 영원히 그 자리를 보전할 수 없다. 그래서 승자의 자리에 있을 때도 추락의 불안을 감내해야 하며, 마침내 추락의 순간을 맞이하면 높이 올라간 만큼 더 큰 고통을 겪게 된다.

승리와 성공 추구의 세 번째 문제는 이것이 관계 악화를 초래한다는 것이다. 실업 야구가 프로 야구로 전환되면서의 변화는 경쟁의 강화였다. 높은 연봉을 경쟁해야 하는 선수들은 관계가 나빠졌고, 특히 같은 포지션의 선수들은 긴장된 관계를 가질 수밖에 없었다. 승리와 성공 추구의 문제에 대한 가장 근본적인 비판은 이것이다.

모든 승리와 성공의 추구는 희소자원의 추구인데, 인공지능 시대의 개막은 희소자원을 무한자원으로 바꾸어 놓는다. J. 리프킨Jeremy Rifkin은 『한계비용 제로 사회』2014에서 제4차 산업혁명의 결과로 단위 생산당 소요되는 비용이 제로에 근접해 갈 것임을 주장하고 있다. 이것은 가장 중요한 경쟁 영역이었던 경제적인 삶에서 희소자원이 사라진다는 것을 의미한다.

희소자원이 감소하고 있는 사회에서 승리와 성공의 추구가 강화되고 있음은 무엇을 의미하는 것일까? '희소자원의 추구'라고 하는 현대적인 삶의 목표가 자기 목적이 되어 있음을 의미한다. 끼니 걱정을 해야 하는 빈곤한 사회에서 경제적인 추구는 정상적인 것이다. 그러나 경제적인 영역에서 희소자원이 사라져 가는 세계에서 부의 추구는 비정상적인 것이다. 이것은 인공지능 시대라고 하는 새로운 시대를 맞이해서, 삶과 문명의 목표를 상승시켜야만 하는 시대적인 요청에 부응하지 못하고, 낡은 시대의 틀에 묶여 있음에서 비롯되는 일종의 문화지체cultural lag현상이다. 새 시대의 상황에서 경제적인 것은 당연히 수단의 영역으로 물러나야 하지만, 여전히 목적의 자리를 차지하는 데서 비롯되는 부작용이다.

2. 현대 인간관과 노인 소외

19세기 중엽 초기 자본주의 사회에서 가장 심각한 사회 문제가 무엇이었던가를 묻는다면, '산업노동자의 소외'가 유력한 대답 가운데 하나였을 것이다. 21세기 초 현 사회에서 가장 심각한 사회 문제가 무엇이냐고 묻는다면, '노인 소외'가 유력한 대답 가운데 하나일 것이다.

국가인권위원회가 전국 65세 이상 노인 1,000명을 대상으로 한 실태조사에 따르면, 노인 응답자의 26%가 죽고 싶다는 생각을 해 본 것으로 나타났다.여성신문, 2018 2017년 통계에 따르면, 70~79세 노인 자살률은 48.8명이고, 80세 이상 고령층의 자살률은 70.0명에 달한다. 이는 2017년 한국인 평균 자살률 23.0명보다 높고, OECD 평균 자살률 11.9명보다 훨씬 높은 것이다.통계청, 2017

자살률이 특정 집단의 불행지수로 가장 정확한 것임을 감안한다면,

우린 다음과 같은 질문을 떠올릴 수 있다. 한국인은 왜 이렇게 불행한 것일까? 한국의 노인들은 왜 불행한 젊은이들보다 더 불행한 것일까? 많은 요인을 찾을 수 있겠지만, 이 책에서는 현대 인간관과의 관련에서 이 두 개의 질문에 대한 답을 찾아보고자 한다.

1) 현대 인간관과 현대인의 소외

현대적인 관점에서 본다면, 현재의 한국인은 과거 수십 년 전의 한국인보다 더 행복해야 할 것이다. 현대는 현대 세계관의 바탕 위에서 '살기 좋은 사회'를 추구해 왔다. '살기 좋은 사회'에 도달하기 위한 현대의 전략은 크게 두 가지로 나누어 볼 수 있다. '합리적인 사회'의 추구와 '풍요한 사회'의 추구가 바로 그것이다. 이 두 가지는 현대가 수백 년간 추구해 온 현대화 프로젝트의 양대 축이다.

왜 이 두 가지가 현대화 프로젝트의 양대 축이 되었는가? 현대 인간관이 근본 원인이다. 현대가 만들어 낸 인간에 대한 가장 강력한 두 가지 관념은 '이성적인 존재로서의 인간'과 '욕망 추구자로서의 인간'이기 때문이다. 이 두 가지 현대 인간관을 개략하면 다음과 같다.

먼저 이성적인 존재로서의 인간관을 살펴보기로 한다. 이성적인 존재로 인간을 인식한 것은 유구한 역사를 갖고 있으며, 고대 그리스 철학은 바로 이런 인간관의 바탕 위에 세워졌다. 또한 이성의 의미 역시 시대와 상황에 따라 다르다. 서구 중세 사회에서는 이성이란 신을 알 수 있는 능력이라고 생각했지만, 과학자들에겐 현상의 관찰을 바탕으로 법칙적인 지식을 산출할 수 있는 능력을 의미하고, 경제학자에겐 자신의 이익과 손실을 계산할 수 있는 능력을 의미했으며, 18세기 계몽 사상가들에겐 불합리한 사회제도나 관행을 비판할 수 있는 능력을 의미했다.

현대기에 접어들어 '이성적인 존재로서의 인간관' 확립에 큰 기여를 한 사람은 R. 데카르트René Descartes, 1596~1650였다. '나는 생각한다. 그러므로 나는 존재한다'라고 하는 그의 언명은 현대적인 의미에서 '이성적인 존재로서의 인간관'의 기초가 되었다.

18세기 계몽 사상가들은 데카르트의 이성적인 존재로서의 인간관을 계승하고, 그 바탕 위에 현대 문명을 수립하고자 했다. A. de 볼테르Aarouet de Voltaire, 1694~1778와 J. J. 루소Jean-Jacques Rousseau, 1712~1778 등은 대표적인 인물이었다. 현대 이성관을 바탕으로, 인간은 완전한 독립성을 가진 주체로 규정되었다.A. Laurent, 2001: 60 인간은 그때까지 인간을 속박해 왔던 전통의 힘으로부터 벗어났다. 인간은 각자 스스로의 이성에 입각해서 자신의 종교적·정치적 신념을 결정하고 자신의 삶을 영위하며 사회를 개혁해 나가는 존재로 인식되었다.최석만, 1998: 137 계몽 사상가들은 바로 이성의 기초 위에다 새로운 문명을 건설하고자 시도했다.

다음은 '욕망을 추구하는 존재로서의 현대 인간관'이다. 현대기에 접어들어, 욕망 추구자로서의 인간관을 확립하는 데 크게 기여한 학자는 T. 홉스Thomas Hobbes, 1588~1679였다. 홉스에게 인간이란 권력을 위시하여 부, 명예, 육감적 쾌락, 안락, 지식 등 자신의 이기적인 욕망을 끝없이 추구하는 존재였다.T. Hobbes, 1994: 58-59

인간의 자연 본성에 대한 홉스의 견해는 광범위한 영향을 끼쳤다. 현대 정치학은 '인간이란 권력을 추구하는 존재'라고 하는 홉스적 인간관의 바탕 위에서 형성·발전해 왔다. 또한 정치적 인간관의 한 변형으로 경제학에서는 '이윤을 추구하는 존재'로서의 인간이라는 경제인 homo economicus의 개념이 형성되었다. 심리학에서는 S. 프로이트Sigmund Freud가 '쾌락을 추구하는 존재'로서의 인간관을 형성했다.홍승표, 2002: 29

이성적인 존재로서의 인간관과 욕망 추구자로서의 인간관을 바탕으로 하면, 좋은 사회란 어떤 곳일까? '이성적인 사회' 그리고 '욕망 충족적인 사회'가 그 대답이 된다. 이것이 왜 '이성적인 사회'와 '욕망 충족적인 사회'의 추구가 현대화 프로젝트의 양대 축이 되었는가에 대한 이유이다.

만일 현대 인간관이 옳은 것이라면, 현재의 한국 사회는 수십 년 전의 한국 사회보다 더 행복한 사회가 되어 있어야 할 것이다. 그러나 현재의 한국인은 불행하다. 그렇다면 현대 인간관은 틀린 것인가? 현대 인간관은 절대적으로 옳은 것도 아니고 틀린 것도 아니다. 다만 특정한 시대적인 상황 속에서 그것은 틀린 것일 수도 옳은 것일 수도 있는 것이다.

어떤 시대적인 상황에서 현대 인간관은 옳은 것인가? 그것은 비합리적이고 욕망이 충족되지 않는 전현대적인 상황 속에서 옳은 것이다. 남녀차별, 신분제도, 왕위의 세습, 특수주의 등을 위시한 수많은 전현대의 비합리적인 사회제도와 관행이 팽배해 있는 상황이라면, '이성적인 존재로서의 현대 인간관'은 보다 좋은 사회 건설을 위한 바탕이 될 수 있다. 절대적인 빈곤, 전염병과 같은 자연재해가 만연해 있는 상황이라면, '욕망 추구자로서의 현대 인간관'은 좋은 사회 건설을 위해 기여할 수 있을 것이다. 전체적으로 보면, 전현대 말·현대 초에 해당하는 문명 전환기와 전현대적인 관행이 많이 잔존해 있던 현대 초와 중기에 이르기까지 현대 인간관은 문명 발전과 행복한 삶을 이루는 데 기여점이 컸다고 평가할 수 있다.

그러나 현대 말·탈현대 초에 해당하는 문명 대전환기에 이르면, 현대 인간관에 대한 평가는 부정적인 것으로 바뀐다. 문명의 현시점이 바로 거기에 해당된다. 전현대 인간관의 기초 위에 현대 문명을 건립할 수 없었듯이, 현대 인간관의 기초 위에 탈현대 문명을 건설할 수는 없다. 단순히 탈현대 문명을 건설할 수 없는 것이 아니고, 현대 인간관은 탈현대 문명 건설에 적극적인 방해물이 된다. 그러므로 문명의 현시점에서 보면, 현대 인간관은 아래와 같은 많은 문제점을 야기한다.

첫째, 근본적인 의미에서 보면, 이성이나 욕망은 궁극적인 추구의 대상이 될 수 없다. 이것들은 인간다운 삶과 살기 좋은 사회를 이루기 위한 기초이고 필요조건이라고 할 수 있는 것이다. 그런데 인간을 '이성적인 존재' 또는 '욕망을 추구하는 존재'로 규정하게 되면, 이성과 욕망은 궁극적인 목적의 자리를 차지하게 된다. 수단과 목적의 전도가 일어나게 되면, 문명은 파국을 향해 치달릴 수 있다. 현대 문명이 종말에 이를 수 있는 가장 직접적인 원인은 '무한한 욕망의 추구'이며, 그 양태의 하나가 전 지구를 지배하고 있는 '경제성장의 광기'이다. 만일 인류가 이런 추구를 계속한다면, 인류와 지구 생태계 전체는 멸망하고 말 것이다. 그리고 이런 광기를 부추기는 근본이 바로 현대 인간관인 것이다.

둘째, 현대 인간은 소외된 인간이다. 문명이 시작되면서, 근육이 튼튼하고 사냥을 잘한다고만 해서 그를 인간적이라고 생각하지는 않았을 것이며, 만일 그가 그런 동물적인 추구만을 계속한다면 소외된 인간으로 치부되었을 것이다. 현대가 시작되면서, 자신의 신분집단에만 충성을 다하고 남녀차별 등을 당연한 것으로 간주하는 사람이 있다면, 그는 역시 소외된 인간으로 분류되었을 것이다. 전현대 문명의 발생과 더불어, 그리고 현대 문명이 시작하면서, 인류의 존재 차원은 한 단계씩 점프한 것이다. 지금 인류는 또 한 번의 중요한 점프를 앞두고 있다. '개별 에고'로부터 '참나'로의 점프가 그것이다. 탈현대 문명을 열어 가야 할 현시점에서, 만일 누군가가 여전히 자아확장투쟁으로서의 삶을 살아간다면, 예컨대 돈, 인기, 똑똑함, 외모 등과 같이 하찮은 것을 추구하는 데 자신의 소중한 삶을 쏟아붓는다면, 그는 소외된 인간으로 취급될 것이다. 그런데 현대 인간관이 여전히 지배력을 행사하고 있음으로 말미암아 대부분의 인류가 탈현대적인 의미에서 소외된 삶을 계속하고 있는 것이다.

셋째, 현대 인간관과 인공지능 시대라고 하는 새로운 시대와의 충돌이 일어나고 있다. 인공지능 시대란 생산의 영역에서 말하면 희소자원이 소멸하는 시대이다. 리프킨이 『한계비용 제로 사회』2014에서 말했듯이 단위 생산에 소요되는 비용이 제로에 근접하는 시대에 근접해 가고 있다. 우리는 지구에서 산소를 더 많이 확보하려고 싸우지 않는다. 왜냐하면 산소는 무한자원이기 때문이다. 그냥 자신의 폐가 필요로 한 만큼만 숨을 들이쉴 뿐이다. 그런데 현대 인간관을 받아들이면, 우린 욕망 대상을 무한대로 추구하게 되며, 그 과정에서 경쟁과 갈등은 심화된다. 기술적으론 희소자원이 사라지는 세계가 다가오고 있지만, 현대 인간관에 사로잡혀 있는 현 인류는 예전보다 더 심한 경쟁과 갈등의 구조에 빠져들고 있다. 현대 인간관을 벗어나면 우린 우애로운 신세계를 향해 출발할 수 있지만, 현대 인간관에 사로잡히면 더 치열한 분쟁의 소용돌이로 빠져들게 된다.

이리하여 현대 말·탈현대 초라고 하는 문명 대전환기에 처해서, 현대 인간관이 여전히 지배함으로 인한 혼돈된 삶과 문명의 황폐화가 가속화되고 있는 것이다. 현대 인간관에 따르면, 인간은 '자신을 둘러싸고 있는 세계로부터 근원적으로 분리된 개체'이다. 그러므로 현대인은 자신을 하찮게 여길 수밖에 없다. 자신은 출생에서 사망 시까지만 존재하는 유한하고 불안한 존재이며, 자신이 이 세상에 있으나 마나한 무의미한 존재이고, 세상은 자신을 마음대로 희롱할 수 있지만 나는 세상에 어떤 영향도 끼칠 수 없는 무력한 존재이기 때문이다.

그러므로 이 '존재론적인 하찮음'으로부터 벗어나는 것이 현대적인 삶의 주제가 된다. 이것을 이 책에선 '자아확장투쟁으로서의 삶'이라고 불렀다. 현대인에게는 자아확장투쟁을 통해 하찮은 존재로서의 자신을 벗어나는 것이 삶의 목적이 되는 것이다. 그러나 이것은 강박적인 노력이어서, 모든 강박적인 노력이 그러하듯이 결코 성공할 수 없다. 산 위로 끊임없이 돌을 굴려 올리는 작업을 반복하는 시시포스 신화의 주인공처럼 현대인은 자아확장투쟁으로서의 삶을 계속하는 것이다.

자아확장투쟁으로서의 삶은 성공할 수 없는 것이지만, 성공과 실패를 떠나 그러한 삶의 추구 자체가 탈현대적인 관점에서 보면 인간 소외인 것이다. 탈현대적인 관점에서 보면, 나는 내 안에 온 우주를 담고 있는 충만한 존재이다. 나는 의미로 넘쳐나는 존재이다. 이런 내가 하찮은 것을 획득하기 위해 내 삶을 송두리째 낭비하는 현대적인 삶이야말로 바로 소외된 삶인 것이다.

현대 인간관을 갖게 되면, 자아확장투쟁으로서의 삶을 살 수밖에 없다. 오늘을 사는 현대인 대부분은 여전히 현대 인간관을 갖고 있다. 그래서 자아확장투쟁으로서의 삶을 살아간다. 현대 말·탈현대 초에 해당하는 현시점에서 자아확장투쟁으로서의 삶이 초래하는 것은 개인적으로는 고통과 불행이며, 인류적인 차원에서는 문명 파멸 위험의 고조이다. 그래서 문명의 현시점에서 현대 인간관은 인간 소외의 근원으로 작용한다고 결론을 내린다.

오늘날 한국인은 불행하다. 한국인의 자살률은 OECD 평균 자살률의 2배가 넘는다. 왜 그런 것일까? 인간관의 측면에서 해답을 찾는다면, 지금의 한국인에게는 여타 OECD 국가 사람들보다 현대 인간관의 지배를 더 강하게 받고 있기 때문이다. 왜 한국인의 경우 현대 인간관의 지배력이 더 강한 것일까? 한국인에게는 현대주의가 강하기 때문이다. 한국 사회가 서구 국가들보다 더 현대화된 것은 아니지만 '현대가 옳다는 신념' 즉 현대주의는 더 강하다. 그래서 현대 인간관은 한국 사회에서 더 강한 지배력을 발휘하고 있으며 한국인은 더 불행한 것이다. 그러나 한국 사회의 경우 현대 인간관이 여타 사회보다 더 강한 것은 사실이지만, 여타 사회에도 여전히 현대 인간관이 지배력을 행사하고 있다. 그러므로 현대 사회 전반에는 인간 소외가 광범위하게 발생하고 있다.

2) 현대 인간관과 노인 소외의 심화

현대 말·탈현대 초를 살아가는 현대인은 불행하다. 그중에서도 노인은 더 불행하다. 왜 노인은 젊은이들보다 더 불행할까? 현대 사회에서는 노인 불행이 너무 당연한 일인 듯 생각되어서, 이런 질문 자체가 이상하게 여겨질 수 있다. 조선 말에 조선팔도 방방곡곡을 누볐던 선교사 J. S. 게일James Scarth Gale, 1863~1937[2012]은 '조선은 노인 천국이다. 다시 태어난다면 조선에서 노인으로 살고 싶다'고 했다. 전통적인 효와 경로사상에 대해 그들은 감탄했다. 어떻게 노인 천국이었던 한국 사회는 노인 지옥으로 극적인 변화를 하게 된 것일까? 이 책에서는 현대 인간관과 관련해서 현대 노인 소외를 규명해 보고자 한다.

현대 사회에서 노인 소외는 왜 불가피한 것일까? 현대 인간관의 관점과 관련해 아래 네 가지 측면에서 현대 노인 소외의 불가피성을 논의해 보고자 한다.

첫째, 현대 노동관이 현대 노인 소외를 야기한다. 현대 노동관이란 노동에 궁극적인 가치를 부여하는 독특한 노동관이다. 현대 노동관은 M. 루터Martin Luther, 1483~1546나 J. 칼뱅Jean Calvin, 1509~1564 등과 같은 종교 개혁가들에 의해 출발되었다. 그들은 세속적인 직업 활동에 성스러운 의미를 부여함으로써 고역과 처벌로서의 노동이라고 하는 전현대 노동관을 무너뜨리고 현대 노동관의 기치를 올렸다. 그러던 것이 G. W. F. 헤겔Georg Wilhelm Friedrich Hegel, 1770~1831에 이르러 노동은 철학적인 의미에서 인간의 본질을 실현하는 활동으로 고양되었고, 헤겔의 노동관을 계승한 마르크스가 '노동의 소외'를 자본주의사회 비판의 핵심 개념으로 사용하면서 '인간의 본질을 실현하는 궁극적인 활동으로서의 노동'이라고 하는 현대 노동관이 완성된다.

노동의 측면에서 보면 노인이란 어떤 존재인가? 더 이상 생산 활동에 참여하지 않는 존재이다. 그러므로 현대 노동관의 관점에서 보면 노인은 노동력을 상실한 쓸모없는 존재로 간주된다. 그러므로 현대적인 관점에서 바라볼 때 노인들은 스스로도 자신을 존중하기 힘들며, 주변 사람들 역시 노인을 하찮은 존재로 대하게 된다. 그러므로 노인은 점점 깊은 소외의 늪에 빠져든다.^{홍승표, 2007: 73}

둘째, 현대 인간관의 대표적인 양태의 하나가 '욕망 추구자로서의 인간'이다. 이런 현대 인간관의 관점에서 보면, 욕망 충족의 정도는 인간다움의 정도를 결정짓는 중요한 척도가 된다. 욕망 충족이란 잣대를 들이대었을 때, 노인은 무력한 존재일 따름이다.

욕망 충족적인 삶을 살아가는 사람은 어떤 사람인가? 많은 돈을 벌어서 많은 돈을 소비하는 사람, 큰 권력을 획득한 사람, 높은 지위에 오른 사람, 멋진 외모를 갖고 있는 사람 등이다. 다시 말하면, 욕망 충족적인 삶을 사는 사람이란 자아확장투쟁으로서의 삶에서 성공을 거

둔 사람이다. 젊은 시절 또는 중년기에 가장 높은 곳에 이른 사람이어도 노년기가 되면 이 모든 것을 상실하게 된다. 그러므로 욕망 추구자로서의 인간이라는 관점에서 보면, 노인은 모든 면에서 좌절감에 빠진 무력하고 열등한 존재일 따름이다. 현대적인 관점에서 바라보면, 노인은 소외를 벗어날 수 없는 것이다.홍승표, 2007: 73

셋째, 현대 인간관의 관점에서 볼 때 인간은 자신을 둘러싸고 있는 세계로부터 분리된 유한한 개체이다. 그러므로 현대인은 자신이 출생 시에서 사망 시까지만 존재한다고 생각한다. 현대인에게 죽음이란 자신의 존재가 무無로 돌아가는 것을 의미하며, 모든 것이 끝나 버리는 것을 뜻한다. 그러므로 현대 세계관의 지배를 받는 현대인은 죽음에 대한 상상에서 공포와 전율을 느낄 수밖에 없다.

죽음이 자신의 존재가 무로 변해 버리는 것이라면, 노인이 된다는 것은 무엇일까? "나이 들어 간다는 것은 죽음에 점점 다가가는 과정이다. 자신의 존재가 무로 변해 가는 과정이다. 그러므로 현대 관점의 지배 아래서 '나이 들어 감'을 긍정적·창조적으로 해석할 수 있는 여지란 없다. 나이 들어 간다는 것은 단지 지극히 고통스럽고 비관적인 현상일 따름이다."홍승표, 2007: 74 그러므로 현대 인간관을 받아들이는 한 노인 소외는 불가피한 것이 된다.

넷째, 현대 인간관의 바탕 위에서는 노화를 창조적으로 해석할 수 없다. 그러므로 현대 인간관의 지배를 받으면, 사람들은 젊음에 집착하게 된다. 그래서 현대인은 늙어 가면서 늙지 않는 것을 추구한다. 때가 되면 누구나 늙을 수밖에 없다. 하지만 현대 인간관의 관점에서 볼 때, 나이 들어 간다는 것은 지극히 불행하고 고통스러운 과정이다. 그래서 사람들은 나이가 들어서도, 젊음을 유지하고 나이 들어 감을 극복하려고 하는 맹렬한 노력을 기울인다.

운동, 성형 수술, 음식물 섭취 등을 통해서, 이런 시도가 어느 정도는 성공을 거둘 수 있다. 하지만 누구도 노화 과정 자체를 중단시키거나 역전시킬 수는 없다. "이 때문에 나이 들어 감에 대한 불안과 공포, 나이 들어 가는 과정의 고통과 불행, 나이 들고 난 후의 절망감 같은 것은 고스란히 남게 된다."^{홍승표, 2007: 74}

젊음과 생명을 유지하고, 늙음과 죽음을 회피하고자 하는 것은 시대를 떠나서 모든 사람들이 갖고 있는 자연스러운 소망이다. 하지만 현대 세계관은 나이 들어 감을 바라보는 부정적인 관점을 극단화시키고, 노년기가 가질 수 있는 아름다움이나 의미를 철저하게 배제시켜 버렸다. 이리하여 현대인은 거의 필사적으로 젊음에 매달리며, 젊음을 상실한 존재인 노인은 그 자체로 열등한 인간으로 간주된다. 노인은 스스로를 하찮은 존재로 바라본다. 이리하여 현대 인간관이 지배하고 있는 현대 사회에서, 인간이 행복하고 아름답게 나이 들어 간다는 것은 근원적으로 불가능한 일이 되었다.

젊음에 대한 집착은 노인을 추하게 만들며, 인격의 확충과 발전을 불가능하게 한다. 이렇게 되었을 때 노인은 젊은이보다 더 욕심 많고, 욕심에 매달리며, 인색하고, 편협하며, 마음에 따뜻한 사랑을 간직하지 못하는 사람이 된다. 이것이야말로 현대 인간관 아래서 발생하는 노인 소외의 핵심적인 측면이다.^{홍승표, 2005: 228}

욕심 많고, 인색하고, 편협하며, 마음이 따뜻하지 않은 사람을 좋아하는 사람은 아무도 없다. 이렇게 되면 젊은이도 노인도 자신이나 주변 노인을 좋아하지 않는다. 자연히 젊은이들은 이런 노인들을 존경하거나 사랑하지 않으며, 노인과 더불어 하는 것을 꺼리게 되고, 그들을 멀리한다. 이와 같이 현대 인간관의 영향으로 현대 사회에서 노인 소외는 점점 심화되고 있다. 인류가 현대 인간관에 고착되어 있는 한, 노인문제의 해결이란 미봉책에 그칠 수밖에 없다.

위에서 살펴보았듯이, 현대 인간관이 지배하는 현대 사회에서 노인 소외는 일반적인 것이다. 그러나 왜 한국 사회의 노인들은 여타 사회의 노인들보다 더 불행한 것일까? 현대주의의 영향으로 한국 노인들은 현대 인간관의 지배를 더 강하게 받고 있기 때문이다.

현 노인들은 일제강점기와 해방을 경험한 사람들이다. 일제강점기를 통해 민족적 자존심은 크게 훼손되었다. 현대 인간관의 영향으로 현대인 일반이 자신을 하찮게 여기지만, 한국인의 경우 자신을 하찮게 여기는 정도가 더 심해진 것이다. 그러다가 해방을 맞고 남쪽 지역에는 미군이 진주했다. 당시 미국은 군사적·경제적·정치적·문화적으로 세계 최강국이었다. 둑이 터져 물이 넘쳐나듯이, 전통문화에 대한 자긍심이 심하게 훼손된 상태에서 미국문화가 한국 사회에 범람하게 되었던 것이다.

미국은 서구를 대표하였기에, 당시 한국인들에겐 서구적인 것은 우월한 것이고, 전통적인 것은 열등한 것이란 양 문화에 대한 이원론적인 평가가 깊이 각인되었다. 이것은 당시 한국 사회보다 훨씬 현대화되었던 서구 사회보다 훨씬 강한 현대주의가 자리 잡는 계기가 되었다. 그리고 강한 현대주의는 한국의 노인을 지극히 불행하게 만드는 원천으로 작용하고 있는 것이다.

3. 현대 세계관과 다문화 사회 문제

단일문화 사회가 다문화 사회로 이행하는 것은 인류의 선택이 아니라 역사 운동의 필연이다. 급속한 교통·통신의 발달로 인해서 문화 간 접촉과 교류가 증대되고, 오늘날 지구촌에는 다양한 인종, 민족, 종교 등이 동일 공간에 혼재하는 다문화 사회가 보편화되고 있다. 그리고 이런 경향은 앞으로 더욱 확산될 것이다. 더 이상 분리·고립된 단위로서의 문화·민족·국가·인종·종교 등은 성립할 수 없다.

사회의 새로운 하드웨어인 다문화 사회가 이렇듯 급속히 변화하고 있는 데 반해, 지금은 낡은 것이 되어 버린 소프트웨어인 현대 세계관은 여전히 현대인의 의식을 지배하면서 확고한 영향력을 행사하고 있다. 이에 따라서 오늘날 다문화 사회라는 새로운 사회 구조와 현대 세계관이라는 낡은 세계관 간에 격심한 충돌이 일어나고 있다. 이리하여 오늘날 다문화 사회에는 서로에 대한 편견, 문화 간의 경쟁과 갈등, 시기와 차별이 팽배해 있다.

오늘날 다문화 사회에서 다양한 집단과 문화는 서로를 존중하고 깊이 이해하려 하지 않으며, 사랑하려고는 더욱 하지 않는다. 그들은 다만 상대편을 이용·착취·지배하려 할 뿐이다. 9·11 테러나 파리 테러를 비롯한 수많은 테러와 서구의 중동 공격, 이스라엘과 팔레스타인 간의 처절한 살육, 외국인 노동자나 이주여성 그리고 혼혈아에 대한 차별 등은 현대 다문화 사회가 드러내는 수많은 상처들 중의 하나이다. 이 모든 것들은 인류에게 엄청난 고통을 초래하고 있으며, 문명의 미래를 어둡게 만드는 중요한 요인이다.

현 인류에게 주어진 선택은 '다문화 사회로 갈 것인가' 아니면 '단일문화 사회로 남아 있을 것인가'가 하는 것이 아니다. 인류의 선택은 '조화로운 다문화 사회를 건설할 것인가' 아니면 '반목과 갈등이 가득한 다문화 사회를 건설할 것인가'이다. 누구나 전자를 원하지만 현실은 후자의 방향으로 흘러가고 있다.

현대 다문화 사회 문제의 본질은 무엇일까? 그것은 낡은 세계관이 되어 버린 현대 세계관과 새로운 사회 구조인 다문화 사회 간의 충돌이다. 다문화 사회는 급속도로 확산되고 있고, 이에 따라 문화 간 화합이 요구되지만, 현대 세계관이 여전히 현대인의 의식을 지배하면서 다문화 사회 문제는 악화되고 있다.

현대 세계관의 영향으로 말미암아 현대 다문화 사회에서는 여러 문화가 혼재하는 가운데에도 근원적인 분리와 단절이 지속되고 있으며, 자신과 상대편 문화를 근본적으로 존중하지 않는다. A 문화와 B 문화는 서로 지배하려 하며 차별한다. 문화 간 경쟁과 갈등은 확산되고, 평화로운 공존과 공영은 근원적으로 불가능한 상황에 이르렀다.홍승표, 2012: 228

다문화 사회 문제의 근원에 놓여 있는 핵심은 세계관의 문제이다. 바로 이런 이유에서, 이 책에서는 세계관적인 차원에서 이 문제의 근원을 해명해 보고자 한다. 현대 인간관과 현대 관계관이 어떻게 현대 다문화 사회 문제를 야기하는가를 살펴보도록 하겠다.

1) 현대 인간관과 다문화 사회 문제

현대 세계관의 근본 전제는 '모든 존재들 간의 근원적인 분리'에 대한 가정이다. 인간도 예외가 아니다. 시간적으로 보면 인간은 출생 시부터 사망 시까지만 존재하고, 공간적으로 보면 인간은 자신의 피부 안쪽에서만 존재한다. 이런 존재론적 특징을 갖고 있는 나에게 있어서 너는 누구인가? 너는 나와 아무런 본래적인 연관도 없는 존재이다. 너는 다만 나의 욕망 충족을 위해서 이용·지배·착취해야 할 대상일 따름이다.

이와 같이 시공간적으로 고립된 유한한 개체로서의 현대 인간관이 여전히 현대인의 의식을 지배하고 있다. J. P. 사르트르Jean Paul Sartre[1968: 828]는 『존재와 무』에서 인간 존재의 특성을 다음과 같이 규정했다.

> 존재는 이유 없이, 원인 없이, 필연성 없이 존재한다. 존재의 정의 그 자체가 존재의 근원적인 우연성을 우리에게 말해 준다.

사르트르의 이 말은 인간에 대한 현대의 관점을 잘 드러낸다. 인간은 우연하게 태어났다가 죽어 가는 무의미한 존재라는 것이다. 또한 인간은 한정된 시간과 공간 안에 닫혀 있는 유한한 존재이다.

　사르트르의 관점에서 보자면, 나도 너도 모두 무의미한 존재이다. 현대인의 삶이란 자신의 존재 의미를 확보하기 위한 부질없는 몸부림이다. '유한한 시간과 공간 속에 닫혀 있는 우연하고 무의미한 존재로서의 나', 다시 말하자면 나도 너도 하찮은 존재이다. 그러므로 현대인은 자신의 의미를 확보하기 위한 자아확장투쟁으로서의 삶을 살아갈 수밖에 없다.

　현대인에게 내 존재의 의미는 자아확장투쟁을 통해 쟁취한 결과물의 크기만큼이다. 내가 획득한 돈, 인기, 학력, 권력, 지위, 명예 등의 총량이 내 존재 가치가 되며, 너의 존재 가치 역시 마찬가지이다. 내가 욕망의 사다리의 높은 곳에 도달했다면 뽐내는 마음을 갖고, 그 반대라면 열등감을 갖는다. 네가 나보다 높은 곳에 도달했다면 부러워하는 마음을 갖고, 그 반대라면 멸시하는 마음을 갖는다.

　현대 인간관의 관점에서 본다면, 나와 너는 모두 우연하게 생겨난 하찮은 욕망 덩어리에 불과하다. 그러므로 나 자신이나 너를 존중하고 존경해야 할 하등의 이유가 없다. 이렇듯 현대 인간관은 '나와 너에 대한 비하'를 원천적으로 내포하고 있다. 이것은 필연적으로 '나와 너에 대한 무례함'을 야기한다. 그러므로 현대 인간관의 지배를 받고 있는 현대인은 상대편을 무례하게 대한다. 상대편을 이용·착취·지배하려 할 뿐 존중하거나 존경할 수 없다. 결국 현대 사회에서 발견되는 모든 형태의 인간관계 파탄의 근원에는 현대 인간관이 작용하고 있는 것이다.

위에서 논의한 '나와 너'를 '나의 문화와 너의 문화'로 바꾸면, 현대 인간관이 다문화 사회 문제의 근원이 됨을 쉽게 알 수 있다. '나의 문화와 너의 문화에 대한 비하'라고 하는 모든 문화에 대한 부정적인 인식이 오늘날 다문화 사회 문제의 세계관적 근원인 것이다.

이런 바탕 위에서는, 자신의 문화에 대한 우월감이나 열등감을 가질 수 있을 뿐이지 자신의 문화를 진정한 의미에서 존중하고 존경할 수 없다. 너의 문화에 대해서도 부러운 마음이나 멸시하는 마음을 가질 수 있을 뿐이지 진심으로 존중하고 존경할 수는 없다. 우월감이나 열등감, 선망이나 멸시는 외양은 반대이지만 근원은 하나이다. 이것들은 모두 '나와 너의 문화에 대한 비하'라고 하는 하나의 뿌리에서 돋아난 여러 개의 가지일 따름이다.

이와 같이 현대 인간관은 자신과 타인, 자기 문화와 타문화를 하찮게 여기는 근원이 된다. 그런데 특정 문화 집단이 역사적인 요인에 의해서 더 심각한 무력감이나 문화적인 열등감을 형성하게 되면, 다문화 사회 문제는 더 심각한 양상을 띠게 된다. 오늘날 한국이나 미국 사회가 그 전형적인 경우이다.

한국인의 경우 20세기 역사 경험을 통해 일본인이나 서구인에 대해 심한 민족적·문화적인 열등감을 갖게 되었다. 일본의 동화주의 식민 통치는 한국 민족과 문화의 열등성을 끊임없이 각인시켰고, 한국인의 마음에 자기 민족과 문화에 대한 열등감이라는 큰 상처를 남

겼다.^{최홍기, 1997: 33-40}

1945년 일제로부터의 해방 이후 남한 사회에는 당시 세계에서 가장 강한 힘을 갖고 있었던 미국 문화가 물밀듯이 밀려 들어왔다. 그 결과, 민족적인 열등감을 갖고 있었던 한국인의 의식에는 우월한 미국과 열등한 한국이라는 이분법이 쉽게 형성되었다. 1970년대 이후 급속한 산업화의 결과로, 오늘날 한국인은 경제적인 풍요를 누리게 되었다. 그러나 마음속에 아직 응어리져 있는 열등감을 갖고 있는 한국인들은 자신보다 열등하다고 판단하는 결혼이주 여성이나 외국인 노동자들에 대해서 심한 편견을 갖고서 차별 대우를 하게 되는 것이다.

오늘날 미국이 중동과 주변 국가들에 대해 폭력적인 자세를 견지하는 것도 그 근본 원인은 미국인의 마음속에 커 가고 있는 무력감인 것 같다. 2차 세계대전 이후 세계 최강대국이었던 미국은 때로 어리석어 보일 만큼 이웃 국가들에 대해 관용적이었다. 하지만 20세기 말 이후 미국의 경제력이 급격히 쇠퇴하면서, 미국인에게는 자신의 힘에 대한 불안감이 증가했다. 이와 때를 같이해서, 이웃 국가들에게 함부로 대하고 지배하려는 경향성이 증대했다.

이런 사례들에서 볼 수 있듯이, 자문화에 대한 열등감이나 무력감이야말로 다문화 사회의 발전을 가로막는 암적인 요인이다. 그런데 현대인의 의식을 지배하고 있는 현대 인간관 자체가 자기 존재의 무가치함에 대한 인식을 밑바탕에 깔고 있다. 현대 인간관의 바탕 위에서는 오직 이기주의가 확산된 형태로 자문화 중심주의, 국수주의, 문화 제국주의가 팽배할 수 있을 따름이다. 이리하여 여전히 현대 인간관의 지배를 받고 있는 현대 사회에서 다문화 사회 문제는 심각한 사회 문제가 되었다.

2) 현대 관계관과 다문화 사회 문제

현대는 모든 존재들 간의 관계를 어떻게 인식하는가? 현대 관계관은 나와 너의 대립을 적대적인 것으로 인식하는 적대적 관계관이다. 현대 관계관인 적대적 관계관은 현대 인간관의 필연적인 귀결이다.

현대 인간관에 입각해서 보면, 인간이란 유한하고, 무의미하며, 무력한 존재이다. 그러므로 '지금 이대로는 충분하지 않다'는 결핍감이 현대인의 행위의 동인이 된다. 하찮은 존재로서의 나를 탈피하기 위한 강박적인 노력, 이것이 현대적인 삶이 되며, 이를 자아확장투쟁으로서의 삶이라고 한다. 그러므로 현대 인간관의 지배 아래서 나도 너도 자아확장투쟁으로서의 삶을 살아갈 때 어떤 일이 벌어질까? 돈, 권력, 학력, 직업적인 지위 등 자아확장투쟁의 대상은 대부분 희소자원이다. 모두가 희소자원을 차지하기 위한 싸움에 나설 때, 너와 나는 서로를 극복해야 할 적이 된다. 이에 따라서, 현대 사회에는 적대적 관계관이 확립된다.

적대적 대립관의 확립에 직접적인 영향을 미친 사상은 다윈의 진화론이다. 다윈은 『종의 기원』[2013]에서 모든 생명체들은 자신이 살아남기 위해서 상대편을 극복해야만 하는 상황에 놓여 있다고 주장했다. 그리고 다윈의 관계관은 사회관계에 대한 관점으로 확산되었다. 진화론에서 말하는 적대적 관계관을 요약하면 다음과 같다.홍승표, 2005b: 392

첫째, 특정 개체나 집단이 자신의 욕망 충족에 사용할 수 있는 자원의 총량은 한정되어 있다. 둘째, 그러므로 모든 대립하고 있는 존재는 희소자원을 차지하기 위해 서로 경쟁하고 갈등해야 한다. 어떤 존재도 살아남기 위한 경쟁이나 갈등을 피할 수 없다. 셋째, 경쟁과 갈등의 결과, 환경에 적합한 것은 살아남고 부적합한 것은 도태되는, 적자생존과 자연도태가 일어난다. 이런 과정을 거치면서 자연이나 사회는 진화한다. 다윈의 진화론은 모든 존재들 간의 대립을 바라보는 관점으로 빠르게 확산되었다.

진화론의 적대적 대립관에 따르면, 강자가 약자를 잡아먹고 지배하고 착취하는 것은 불가피할 뿐만 아니라 결과적으로 진화에 기여하는 것으로 간주된다. 사회적인 상황에서 말한다면, 적대적인 관계는 개인 간에도, 집단 간에도, 국가 간에도 모두 적용된다. 19세기와 20세기에 걸쳐서, 범세계적인 차원에서 발생한 군사적·정치적·경제적·문화적 제국주의는 모두 진화론에 세계관적인 바탕을 두고 있다.

과학과 기술 발전을 통해 강력한 힘을 얻은 서구인은 무력한 비서구 지역을 군사적으로 침략하고, 정치적으로 지배했으며, 경제적으로 착취했다. 거기에는 약육강식이라는 밀림의 원리만이 작용했을 뿐, 상대편에 대한 존중·존경·배려·이해·사랑 같은 것은 찾아볼 수 없었다.

적대적 관계관은 오늘날까지도 대립을 보는 유력한 관점으로 작용하고 있다. 그러나 적대적 관계관의 지속과 다문화 사회의 조화로운 발전은 양립이 곤란하다. 다문화 사회의 확산에 따라서 동일 공간 내에서 여러 문화가 공존하게 되었다. 하지만 적대적 관계관이 현대인의 의식을 지배하고 있으므로 말미암아, '나의 문화와는 아무런 연관도 없는 너의 문화'라고 하는 인식 틀을 벗어나지 못하고 있다. 뿐만 아니라 각각의 문화는 상대편 문화를 지배하고 극복해야 할 대상으로만 인식한다.

이렇게 되었을 때, 문화 간의 약육강식이라고 하는 야만 상태가 초래된다. 강한 문화가 약한 문화를 지배·차별·잠식하고, 궁극적으로는 획일화시켜 버리는 상황이 발생한다. 문화 제국주의가 팽배하고, 문화 간 적대와 증오는 증폭된다. 그러므로 적대적 관계관은 지구촌이라고도 불리는 다문화 사회의 발전을 위해 적절한 관점을 제공할 수 없다. 그럼에도 불구하고, 적대적 관계관이 현재 사회에 지속됨으로써 다문화 사회 문제가 증폭되고 있는 것이다.

적대적 관계관이 문화 영역에 미친 악영향을 잘 보여 주는 사례는 20세기 세계 문화변동이다. 20세기 문화 변동을 한마디로 요약하면, '서구 문화의 세계화' 과정이다. 이것은 문화의 영역에서 약육강식이 얼마나 적나라하게 이루어졌는가를 보여 준다.

현대화의 정도를 바탕으로 세계는 선진국과 후진국으로 분류되었다. 20세기 선진국은 일찍 현대화에 성공한 서구 국가였고, 후진국은 현대화에 늦은 비서구 국가였다. 선진국과 후진국의 분류는 경제적·정치적·군사적 영역에 한정되지 않고, 문화적인 영역에도 관철되었다. 서구 국가 사람들은 자신의 문화에 대한 우월감을 가졌고, 비서구 국가 사람들은 열등감을 갖게 되었다. 서구는 교사가 되고 비서구는 학생이 된 것이다. 제방이 터진 둑과 같이 서구 문화가 비서구 사회에 범람했다. 자신의 문화에 대한 열등감을 갖고 있던 비서구인들은 서구 문화의 범람을 막아낼 수 없을 뿐만 아니라 자신의 전통문화를 철폐하고 서구 문화를 수용하는 데 적극적이기까지 했다.

종교의 영역에서 보면, 서구 문화의 비서구화는 현저하다. 선교사들은 유일신을 섬기는 자신의 종교가 유일하게 옳다는 신념을 갖고 있었다. 앞선 의료기술과 군사력의 기반 위에서 선교사들은 때로 폭력적으로, 때로 헌신을 통해, 자신들의 눈으로 보면 이교도인 사람들의 기독교로의 개종을 위해 최선을 다했다. 그리고 그들은 '매우 옳은 일을 하고 있다'는 아집과 독선에 사로잡혀 있었다. 그리고 그것은 괄목할 만한 성과를 거두었다. 한국 사회에는 천오백 년 이상 고등종교가 깊이 뿌리를 내리고 있었음에도, 현재 기독교 신자 수가 가장 많다.

종교와 같이 가장 변화기 어려운 영역조차도 그러한데, 다른 문화 영역은 말할 것도 없다. 음악·미술·문학 등 모든 예술 영역에서 서구적인 것은 보편적인 것으로 수용되었다. 옷차림도 건축문화도 식생활 문화까지도 서구적인 것이 보편적인 것이 되었다. 중국은 세계 2강이 되었다고 하지만, 외교무대에서 중국어를 쓰는 외교관은 없다. 결국 서구인들의 자문화에 대한 우월감은 강화되고, 비서구인들은 자문화에 대한 열등감에서 벗어날 수 없다.

그 결과는 무엇일까? 문화의 약육강식이 지속적으로 이루어지면서 비서구 문화는 파괴되고, 서구 문화는 세계화되었다. 그리고 바로 이런 불건전한 상황 속에서 다문화 사회라는 새로운 사회구조가 확산된 것이다.

약육강식의 패러다임이 지배하는 상황에서 다양한 문화가 공존하면 어떤 일이 벌어지게 될까? 강한 문화가 약한 문화를 차별하고, 지배하며, 파괴하는 상황이 발생하게 된다. 현재의 지구촌에 전개되고 있는 다문화 사회 상황이 바로 이와 같다.

서구인들은 무슬림들을 업신여기고, 차별하며, 함부로 대한다. 무슬림들 중 일부는 테러리스트가 되어 테러를 자행한다. 서구인들은 보복공격을 한다. 차별과 테러, 보복공격의 악순환 속에서 인류는 고통받는다.

한국인의 경우는 권위주의적 성격을 보인다. 한국인은 서구인에 대해서는 우러러보고, 이유 없이 위축되며, 영어로 능숙하게 말하지 못하는 것을 부끄러워한다. 그러나 한국인이 외국인 노동자나 이주여성, 혼혈아를 대할 때는 태도가 돌변한다.

다문화 사회의 확산은 역사의 필연이다. 그러나 적대적 관계관의 기초 위에서 약육강식의 패러다임이 건재함으로써, 지구촌은 점점 더 고통스러운 곳으로 변해 가고 있다. 무엇을 멈추어야 할 것인가? 다문화 사회의 확산을 멈출 것인가? 아니면 적대적 관계관을 폐기할 것인가? 답은 물론 후자이다.

IV.

현대 문명 비판 3
─현대 사회 시스템 비판

 하드웨어로서의 전현대 기술적 하부구조와 소프트웨어로서의 전현대 세계관을 기반으로 전현대 사회 시스템이 구축되었다. 또한 하드웨어로서의 현대 기술적 하부구조와 소프트웨어로서의 현대 세계관을 기반으로 현대 사회 시스템이 구축되었다.

 전현대 초기와 중기에 이르기까지 전현대 사회 시스템은 전현대 문명 발전과 개인의 인간다운 삶에 기여했다. 그러나 전현대 말기에 이르면 전현대 사회 시스템에 대한 불만이 고조되고, 결국 모든 전현대 사회 시스템은 붕괴되었다. 현대 초기와 중기에 이르기까지 현대 사회 시스템은 현대 문명 발전과 개인의 인간다운 삶에 기여했다. 그러나 오늘날 현대 말기에 이르러 현대 사회 시스템에 대한 불만이 고조되고, 결국 모든 현대 사회 시스템은 붕괴될 것이다.

 현대 사회 시스템의 붕괴를 초래하는 근본 원인은 제4차 산업혁명으로 명명되는 새로운 기술적 하부구조의 급속한 발전이다. 현대의 기술적 하부구조에 바탕을 두고 있는 현대 사회 시스템은 새로운 기술적 하부구조와 충돌을 일으키고 있고, 결국 사라질 것은 현대 사회 시스템이 될 것이다. 현대 사회 시스템은 새로운 시대와 조화를 이룰 수 없는 낡은 시스템이며, 붕괴되어야 하고, 붕괴될 것이다. 현대 사회 시스템이 붕괴되어야 할 당위성에 대한 논의가 바로 이 장에서 이루어질 현대 사회 시스템에 대한 비판의 요점이다.

1. 현대 자본주의체제 비판

현대 자본주의체제에 대한 비판을 한마디로 요약한다면, '경제는 명분 없는 왕의 자리를 차지하고 있다'라는 것이다. '자본주의'라는 말 자체가 비판의 대상이다. 어떻게 돈(자본)이 목적의 자리를 차지할 수 있는가? 어떻게 돈(자본)이 추구의 대상이 될 수 있는가? 돈(자본) 은 필요한 것이지만 명백히 수단의 영역이다. 그러므로 '돈(자본)이 최고야!'라는 의미의 자본주의라는 용어는 그 자체로 수단-목적의 전도이다.

위에서 언급한 자본주의에 대한 본질적인 비판은 이미 마르크스의 물신성fetishism에 대한 논의를 통해 이미 완성되었다. 마르크스의 물신성에 대한 논의는 L. 포이어바흐Feuerbach, Ludwig, 1804~1872의 기독교 비판을 원용한 것이다.

포이어바흐는 『기독교의 본질』2008에서 기독교의 본질이 소외된 종교임을 주창했다. 유물론자였던 포이어바흐의 관점에서 볼 때, '신'은 원래 존재하지 않으며, 인간에 의해 창조된 개념에 불과한 것이다. 인간은 자신에게 있는 가장 좋은 것들을 투사해서 신을 창조했다. 그러므로 인간과 신의 본래 관계는 인간은 신의 창조자이고, 신은 인간의 피조물이다. 그러나 일단 신이 창조되고 나자, 신은 창조자의 자리를 차지해서 인간을 지배하고, 인간은 피조물의 위치로 떨어져서 신을 숭배하게 되었다. 인간과 신의 관계의 역전, 소외가 발생한 것이다.

마르크스는 포이어바흐의 기독교 비판에서 '신'이 위치한 자리에 '돈(자본, 상품)'을 대입했다. 인간은 돈과 상품을 만들었다. 그러므로 인간은 돈과 상품의 창조자이고, 돈과 상품은 인간의 피조물이다. 그러나 일단 돈과 상품이 만들어지고 나자 피조물인 돈과 상품은 인간을 지배하게 되었고, 창조자인 인간은 돈과 상품을 숭배하게 되었다. 인간과 돈-상품의 관계의 역전, 소외가 발생한 것이다. 이것이 바로 자본주의에 대한 본질적인 비판이다.

자본주의체제에 대한 이런 본질적인 비판과 더불어, 마르크스는 노동의 소외를 구조적으로 발생시키는 자본주의체제에 대한 비판을 감행한다. 『경제학-철학 수고』[2006]는 1844년 마르크스의 나이 26살에 집필된 원고이다. 거기서 마르크스는 자본주의체제는 네 가지 의미에서 노동의 소외를 발생시킨다고 주장했다. 자본주의체제는 노동자가 노동 생산물로부터의 소외를 겪게 되고, 감시, 감독을 받는 생산과정에서의 소외를 겪게 되며, 유적 존재로부터의 소외를 겪게 되고, 그리고 인간으로부터 인간의 소외가 발생한다는 것이다.

마르크스에게 노동은 특별한 의미를 갖고 있다. 노동은 '인간이 자신의 인간적인 본질을 실현시켜 나가는 목적적인 활동이다.' 그런데 자본주의체제는 노동 소외를 체계적으로 양산한다. 본질적인 의미에서도 소외된 체제일 뿐만 아니라 실질적으론 노동 소외를 양산하는 소외된 자본주의체제, 마르크스는 자본주의체제의 전복을 위해 학문적으로 그리고 실천적으로 전력을 기울였다. 그리고 자본주의체제의 전복이란 목표는 역사적으로 거의 성공에 이를 것 같아 보였다.

그러나 1991년 소련의 최고소비에트는 소련공산당의 활동을 정지시키기로 결의했고, 이것은 지구상 공산체제 붕괴의 출발점이 되었고, 자본주의체제는 유례없이 전 세계를 석권하는 전성기를 누리게 되었다. 그러나 자본주의체제가 전성시대를 구가하고 있는 지금, 이 체제의 붕괴가 이미 시작되었다.

자본주의체제의 붕괴의 시작은 제4차 산업혁명의 발발에서 비롯된다. 제4차 산업혁명은 인공지능 시대를 연다. 인간 노동은 두 가지 요소로 구성되어 있다. 노동에 대한 구상을 하는 지력과 구상을 실행하는 근력이다. 산업혁명은 인간의 근력을 기계력으로 대체했다. 그리고 제4차 산업혁명은 인간의 지력을 인공지능으로 대체하고 있다. 인공지능과 기계력이 합치면 인공지능 로봇이 된다. 인공지능 로봇은 점점 뛰어난 노동자로 진화할 것이다. 그리고 그 변화는 이미 우리가 살고 있는 사회 속에 깊이 침투하고 있다.

아무도 인공지능이 비약적으로 발달할 것을 의심하지 않는다. 인공지능의 발달은 자본주의체제 붕괴를 촉진시킬 것이다. 1929년 시작된 대공황Great Depression을 비롯해서, 역사적으로 자본주의체제는 여러

차례 경제공황을 경험했다. 경제공황이 발생하는 기본구조는 이런 것이었다. 생산기술의 혁신으로 생산력이 급격히 증가했을 때, 구매력이 이를 따라오지 못하면 경제공황이 발생하곤 했다. 즉, 과거 발생했던 경제공황의 원인은 언제나 생산력의 급증이었지, 구매력의 감소가 아니었다.

인공지능의 발달은 중대한 기술혁신이고 생산능력의 비약적인 증대를 의미한다. 동시에 인공지능의 발달은 구매력의 감소를 촉발시킨다. 왜냐하면 인공지능은 인간 노동을 대신하며, 이는 노동자의 소득 감소를 가져오기 때문이다. 이는 생산력과 구매력의 현저한 불균형을 초래한다. 지금까지 구매력의 감소가 경제공황의 원인이 된 적은 없었다. 그런 의미에서 최근 자본주의체제가 겪고 있는 어려움은 초유의 상황이다. 2008년 세계금융위기는 이런 의미에서 이전과는 전혀 다른 자본주의체제의 위기이다.

2008년 9월 15일 미국 투자은행IB 리먼-브러더스가 파산 신청을 했다. 그리고 세계금융위기가 일어났다. 그러나 이미 2007년 서브프라임 모기지subprime mortgage 사태라고 불리는 세계금융위기의 전조가 있었다. 초대형 모기지론 대부업체가 연이어 파산한 것이다. 미국 2위의 서브프라임 모기지 대출회사인 뉴센추리 파이낸셜이 파산했고, 미국 10위권인 아메리칸 홈 모기지 인베스트먼트AHMI사가 파산했다. 이 밖에도 수많은 은행들이 서브프라임 모기지론으로 막대한 손실을 입었다.

2008년 당시 서브프라임 모기지론 디폴트로 인해 금융권 모두가 부실화되어 있었다. 그리하여 리먼-브러더스의 파산이 세계금융위기의 촉매가 된 것이다. 왜 연쇄적인 서브프라임 모기지론 디폴트가 일어났는가? 인공지능이 사업장에 도입되면서 생산과 사무 자동화가 촉진되었고, 그 결과 일자리가 줄어들었다. 일자리가 줄어들면서, 기존 일자리의 고용조건도 악화되었다. 이것은 근로소득의 감소를 가져왔다. 실직한 노동자는 주택대출을 갚을 수 없었다. 즉, 은행의 부실채권이 급격히 증가한 것이다. 또한 실직과 고용조건의 악화로 인해 소비가 위축되었고, 이것은 자본주의체제 위기를 불렀다. 소비 감소로 인한 최초의 자본주의체제 위기가 시작된 것이다.

인공지능의 활용으로 인한 소비 위축이 멈출 수 있는가? 물론 멈출 수 없다. 인공지능의 발달은 더 빠른 속도로 인간 노동을 대체해 나갈 것이다. 일자리가 줄어들면 고용시장에 수요 공급의 균형이 와해된다. 여전히 많은 사람이 직장을 원하는데, 인간 노동에 대한 수요가 가파르게 줄어들면 어떤 일이 벌어질까? 취업희망자들은 취업을 위해 더 격한 경쟁을 치러야 한다. 자본가의 입장에서는 비정규직 고용을 확대하고, 정규직이라고 하더라도 임금과 근무조건을 악화시키게 된다. 이것이 현재 지구촌에서 일어나고 있는 일이다. 그 결과 임금소득은 계속 감소할 것이다.

자본주의체제가 존속하는 한 아무도 이 변화를 막을 수 없다. 좌우를 가리지 않고, 세계 모든 대통령 후보자들은 새로운 일자리 창출과 청년실업문제 해결을 공약으로 내건다. 그러나 그 공약을 실천한 대통령은 없다. 오직 강대국은 약소국의 일자리를 빼앗아서 어느 정도 그 목표를 달성할 수 있을 뿐이다. 현재 트럼프 정부가 강압적으로 시도하고 있는 것이 바로 이것이다. 그러나 전 세계적으로 보면, 일자리의 절대 수가 감소하기에, 강대국이 더 많은 일자리를 강탈하면, 약소국에서는 더욱 급진적으로 일자리 축소가 일어나게 되며, 결국 부익부빈익빈, 세계의 양극화는 더 심화될 수밖에 없다.

2008년 세계금융위기가 발발했을 때, 위기 해결을 위해 세계는 어떤 노력을 기울였는가? 노력의 핵심 목표는 구매력 증가였다. 그 방법은 양적 완화quantitative easing였다. 미국을 위시해서 유럽과 일본 등 전 세계는 어마어마한 돈을 퍼부었다.

2008년 금융위기가 미국 경제를 강타하자 미국 중앙은행FED은 경기부양을 위해 시중채권매입을 통한 양적 완화를 개시했다. FED는 2008년 말 기준금리를 제로 수준으로 낮춘 후 더 이상의 경기 부양 수단이 없자 사상 초유의 양적 완화 카드를 꺼내 들었다. 장기 금리 인하를 유도해 투자와 소비를 활성화하고 얼어붙은 주택경기를 살리기 위해서였다. 양적 완화는 2009년 초에서 2010년 3월까지 1차 양적 완화(QE1), 2010년 4월부터 2011년 6월까지 2차 양적 완화(QE2), 2012년 9월부터 2014년 10월까지 3차 양적 완화(QE3), 이렇게 총 6년간 진행되었으며, 이 기간 동안 풀린 돈은 총 4조 달러에 이른다.^{한경닷컴} ^{사전} EU, 일본, 영국, 중국도 대규모 양적 완화를 단행했다.

만일 평상시에 이렇게 천문학적인 돈을 풀었다면, 엄청난 인플레이션에 직면했을 것이다. 그러나 현실은 이와 정반대로 나타났다. 심각한 디플레이션이 그것이다. 왜 그런 것일까? 이렇게 엄청난 돈을 뿌려도,

구매력이 증가하지 않았기 때문이다.

양적 완화를 통해 자본주의체제 위기는 어느 정도 가라앉았다. 그러나 이것은 근본 치료가 아니라 응급조치에 불과한 것이다. 대공황이 일어났을 때, 루스벨트 대통령은 뉴딜 정책이라고 하는 대규모 토목공사를 일으켰다. 고용이 창출되었고, 이는 구매력의 증가를 초래해서, 대공황을 벗어나 자본주의체제는 다시 활력을 찾을 수 있었다.

달러 등 기축통화국들은 엄청난 양적 완화를 단행했다. 표면적으로 위기는 진정되었지만, 구매력이 회복된 것은 아니다. 단지 이들 정부는 엄청난 채무를 떠안고 체력이 약화되었다. 결국 머지않은 장래에 구매력 부족으로 인해 제2, 제3의 자본주의체제 위기가 찾아올 것이다. 체력이 이미 약화되어 있는 정부들은 힘겹게 응급조치를 재시도하겠지만, 언제까지 그것이 되풀이될 수 있을지 모른다.

2008년 세계금융위기가 리먼-브러더스라고 하는 하나의 은행파산으로 촉발된 것을 우리는 목격했다. 이미 세계는 밀접하게 연결되어 있는 것이다. 아마도 전 세계 국가들 중에서 가장 취약성이 높은 국가부터 파산되기 시작할 것이다. 그리고 연쇄적인 국가부도 사태가 이어질 것이고, 이는 자본주의체제의 종말을 의미할 것이다.

자본주의체제의 몰락은 경제체제의 몰락을 의미하지 않는다. 자본주의체제의 몰락은 현대 경제체제의 몰락을 의미할 뿐이다. 경제체제뿐만 아니라 정치체제, 교육체제, 가족체제 등 모든 현대 시스템들은 몰락할 것이며, 몰락해야만 한다.

문제는 자본주의체제가 몰락할 것이냐 아니냐가 아니다. 문제는 얼마나 순조롭게 현대 자본주의체제가 붕괴된 그 자리에 탈현대 경제체제를 수립하느냐 하는 것이다. 이를 위해서 인류는 자본주의체제 이후의 탈현대 경제체제에 대한 많은 모색과 논의를 진행해야 하며, 이 책은 바로 그런 임무를 수행하고자 한다.

2. 현대 국가 비판

탈현대의 관점에서 볼 때, 우리가 더 이상 입고 있을 수 없는 낡은 옷 중의 하나가 현대 국가이다. 현대 국가는 인류가 탈현대로 나아가는 것을 가로막는 가장 중대한 장애물의 하나이다. 현대 국가란 개인 이기주의가 국가로 확대된 국가 이기주의와 다름없다.

현대 정치의 키워드는 '권력'이다. 현대 국가란 권력을 추구하는 이기적인 개인들의 집합체이다. 현대적인 관점에서 보면, 인간은 고립적인 개체이다. 자신을 둘러싼 세계로부터 분리된 개체로서의 인간이 이기적으로 권력을 추구한다는 것은 정상적인 일이다.

'이기적으로 권력을 추구하는 인간'을 전제로 해서, 18세기 계몽 사상가들은 현대 정치체제를 디자인했다. 3권 분립, 정당 정치 등은 대표적인 결과물이다. 그러므로 탈현대적인 관점에서 보면, 현대 국가는 본질적으로 소외된 집단이다. 현대 말·탈현대 초라는 문명 대전환기에 이르러, 소외된 집단으로서의 현대 국가는 많은 문제를 야기하고 있다.

현대 국가는 자국의 이익만을 추구한다. 각 국가가 자국의 이익만을 추구할 때, 필연적으로 국가 간 분쟁이 심화될 수밖에 없다. 현재 지구촌의 모든 국가들은 다른 국가들과 잠재적인 또는 현재적顯在的인 적대관계 속에 들어가 있다. 특히 이웃해 있는 국가 간에는 분쟁이 더 심하다.

미국과 중국은 현재 세계 2대 강대국이다. 그들이 지금 벌이고 있는 일을 보라. 트럼프는 세계 최강국으로서 미국의 지위를 유지하기 위해 어떤 일도 마다하지 않는다. 관세 부과, 협정 파기, 중국과의 무역 분쟁, 기술전쟁 등 지구촌에 새로운 분쟁을 속속 일으키고 있다. 이런 가운데 그의 지지율은 올라가고 있다고 한다. 시진핑은 '중국제조 2025'와 일대일로, 중국몽中國夢을 외치며 세계 제1 패권국가가 되기 위한 의욕을 불태우고 있다. 강대국들만이 자국의 이익을 추구하는 것이 아니다. 지구촌 모든 국가가 여기에 참여하고 있다.

일찍이 T. 홉스Thomas Hobbes, 1588~1679는 『리바이어던』1994 서두에서 "인간은 인간에게 있어서 늑대이다homo homni lupus"라고 말했으며, 방임상태에서는 "만인의 만인에 대한 투쟁bellum omnium contra omnes"이 일어날 것이라고 말했다. 여기서 인간에 국가를 대입하면, '국가는 국가에게 있어서 늑대이다.' 그리고 '모든 국가의 국가에 대한 투쟁'이 된다. 그리고 이것은 현 세계의 실상이기도 하다.

홉스의 인간과 현대 국가는 전자는 개인이고 후자는 국가이지만, 양자의 공통점은 '이기적으로 무한한 권력을 추구하는 존재'라는 점이다. 그래서 홉스의 진술에서 인간을 국가로 바꾸면, 현실에 부합하는 진술이 성립하는 것이다.

현대 말에 이를수록 모든 국가가 자국의 이익만을 추구하는 현상이 심화되고, 분쟁도 격화되고 있다. 그 결과는 어떤 것일까? 다양한 의미에서 파국적인 결과가 발생하고 있다.

첫째, 국가 간 분쟁이 늘고, 고통스러운 세계가 만들어졌다. 더 이상 우방은 존재하지 않는다. 영국의 유럽연합EU 탈퇴, 즉 브렉시트Brexit는 대표적인 사례이다. 영국은 2016년 6월 23일 EU를 탈퇴할지에 대한 국민투표를 실시했고, 탈퇴를 결정했다.^{한경닷컴사전}

탈퇴를 결정한 주된 이유는 두 가지이다. 하나는 EU 회원국으로서 유로존 위기에 따른 금융 분담금 납부에 대한 부담감이었고, 다른 하나는 유럽 내 난민을 받아들여야 하는 문제였다. 둘 모두 EU 주요 회원국으로서의 당연한 의무였지만, 영국은 이를 받아들이기를 거부하고 EU 탈퇴를 선택한 것이다. 영국의 EU 탈퇴로 유럽 통합의 꿈은 막을 내렸다.

프랑스와 독일은 영국에 대한 강경 제재를 선언했고, 영국과 EU 관계는 악화될 것이다. 남아 있는 회원국의 경우도 잔류의 이유가 탈퇴보다 잔류가 자국의 이익에 부합한다는 것이기 때문에 EU의 불안정성은 훨씬 커졌다. 한때 EU는 세계가 국가로 분리되지 않고 지역적으로 통합을 이루어 가는 모델로 생각되었다. 그러나 브렉시트는 현재와 같이 국가가 자신의 이익만을 추구한다면 국가 간 통합이란 현실적으로 불가능한 것임을 알려 주는 역사적인 사례가 되었다.

브렉시트만이 아니다. 대부분의 인접 국가들은 영토분쟁의 와중에 있다. 독도를 두고 벌어지는 한국과 일본 간의 분쟁, 센카쿠 열도를 두고 벌어지는 일본과 중국 간의 분쟁은 하나의 사례에 불과하다. 이스라엘과 미국 그리고 중동지역 국가들과의 오래된 분쟁, 각국 내에서 일어나는 분리주의 운동의 고조, 남중국해를 중심으로 한 미국과 중국의 분쟁 등 수많은 국가 간 분쟁이 고조되고 있다. 이에 따라서 지구촌은 점점 더 고통스러운 곳으로 바뀌어 가고 있다.

둘째, 자국의 이익만을 추구하는 현대 국가의 존재와 조화로운 다문화 사회는 양립할 수 없다. 전 지구촌이 다문화 사회가 되는 것은 역사의 필연이지만, 현대 국가의 존재로 인해 오늘날 다문화 사회는 점점 더 고통스러운 것이 되어 가고 있다.

현대 국가는 점점 더 이기적으로 변모하고 있고, 이에 따라서 국가 장벽은 높아만 가고 있다. 브렉시트의 주요인 중 하나도 영국은 이민자를 받아들이지 않겠다는 것이었다. 트럼프는 멕시코 국경 장벽 설치와 무슬림 입국의 일시적 제한, 동맹과 관계 파기, 중국의 환율조작국 지정, 미국으로 제조공장 이전 등을 공약했다. 하나같이 자국의 이익만을 배타적으로 추구하는 것이다. 예상을 뒤엎고 그는 대통령에 당선되었다. 미국 국민들이 국수적인 그를 지지한 것이다.

이렇게 모든 국가들이 국수화되는 근본적인 요인의 하나는 자동화의 결과로 일자리가 줄어들고 있기 때문이다. 각 국가는 자국의 일자리를 지켜 내는 데 혈안이 되어 있다. 현시점에서 볼 때, 이민자는 자국민의 일자리를 뺏어 갈 수 있는 위협이다. 그러므로 각 국가는 이민자에 대한 장벽을 더 높이 세우고 있다. 더불어 기존의 이민자에 대한 차별도 심화되고 있다. 고통스러운 다문화 사회가 심화되고 있는 것이다.

셋째, 국가 간의 불평등이 심화되고 있다. 각 국가마다 국내적으로도 불평등이 심각해지고 있지만, 국가 간에도 불평등이 심해지고 있다. 국가 내, 국가 간 불평등 심화의 원인은 동일하다. 자본주의체제에서는 이윤을 자본가와 노동자에게 배분한다. 자동화가 가속화되면서 노동자에게의 배분은 줄어들고, 자본가에의 배분은 늘어나게 된다. 그러므로 자본가와 노동자 간의 불평등이 심화된다. 다수를 차지하고 있는 노동자의 빈곤화 현상이 일어나고, 양극화 현상이 심해지는 것이다.

국가 간에도 동일한 요인이 작용한다. 국가들의 경우에도 자본을 소유하고 있는 국가가 있고, 노동만을 갖고 있는 국가도 있다. 자동화가 진행되면 노동의 가치는 줄어든다. 결국 국가 간 양극화가 심해지게 되는 것이다.

1993년 독일 아디다스는 고임금 문제로 독일 내 공장을 모두 폐쇄하고 중국과 베트남으로 공장을 이전했다. 그로부터 23년 후, 2016년 아디다스는 중국과 베트남 신발생산 공장을 철수하고 다시 본국으로 돌아간다. 그리고 스피드 팩토리speed factory로 명명된 스마트 팩토리를 건설했다. 스피드 팩토리에서는 사람 대신 인공지능 로봇이 원단을 오려 내고, 3D 프린터로 부속을 만들어 꿰매고 부친다. 다른 신발공장처럼 똑같은 소재와 똑같은 디자인의 신발을 계속 찍어 내는 것이 아니라, 홈페이지를 통해 고객이 주문하면 로봇이 원단 직조에서 마감까지 순식간에 해치운다. 신발 스타일, 깔창, 소재, 색깔, 심지어 신발 끈까지 고객 한 명이 원하는 그대로 완전 맞춤형으로 생산된다. 10명이 연간 50만 켤레의 신발을 생산할 수 있다. 기존 공장에서 연간 50만 켤레를 만들려면 공장 노동자가 600여 명이 필요하다.https://blog.naver.com/shim1430/221306721078

2016년 10명이 연간 50만 켤레를 생산할 수 있다면, 2026년에는 어떤 일이 일어날까? 과연 신발공장에만 스마트 팩토리가 건설될까? 물론 더 적은 수의 노동자가 더 많은 신발을 생산할 수 있을 것이다. 그리고 물론 모든 생산 영역, 공장뿐만 아니라 농장까지도 스마트화될 것이고, 사무실도, 자동차도, 도시도, 거리도, 주택도 스마트화될 것이다.

아디다스의 스피드 팩토리는 누구에게 이익을 주고 누구에게 손해를 줄까? 물론 승자는 아디다스 자본가이고 패자는 중국과 베트남 아디다스 공장의 노동자들이다. 국가 내에서 가난한 사람들은 노동력만을 갖고 있듯이, 가난한 국가들은 노동력만을 갖고 있다. 결국 제4차 산업혁명이 진행될수록 빈국과 부국 간의 격차는 벌어져서 국가 간 양극화는 심화될 수밖에 없다.

넷째, 국가의 빈곤화가 심화된다. 정치적으로는 국가 간 장벽이 더 높아지고 있지만, 경제적인 영역에서는 자본의 세계화가 이미 이루어져서 자본의 자유로운 이동이 가능하다. 국민의 다수는 노동자이다. 그런데 자동화의 결과로 노동에 대한 분배가 지속적으로 감소한다. 이것은 두 가지를 동시에 의미하는데, 세수의 감소와 세출의 증가가 그것이다. 청년 실업자들, 중년 실직자들에게 국가 예산 투입이 늘어나고, 평균 수명 증가에 따라 국가 예산의 소요는 증가한다.

노동의 영역에서 세수 감소와 세출 증가가 일어날 때 어디에서 증세를 해야 할 것인가? 물론 자본의 영역이다. 법인세 증가는 세수 증대를 위한 가장 간단명료한 방법이다. 그러나 국가들은 경쟁 상태에 있고, 자본은 법인세가 낮은 곳으로 움직인다. 트럼프가 법인세 50% 인하를 단행한 사례에서 보듯이, 세계 각국은 경쟁적으로 법인세를 인하하고 있다. 그 결과는 세계 모든 국가재정 불균형의 심화, 국가부채의 확대이다. 이미 대부분의 정부는 재정적으로 불건전한 상태에 돌입해 있고, 국가라는 집단이기적인 정체가 존속하는 한, 상황은 더욱 악화될 것이 분명하다.

다섯째, 국가는 환경문제를 악화시킨다. 오늘날 인류가 직면하고 있는 최대 문제는 환경문제일 것이다. 정치는 사회 문제를 해결하고 보다 나은 상태로 사회를 이끌어 가야 할 것이기에, 현대 국가는 환경문제 해결의 주체가 되어야 한다. 그러나 정반대의 상황이 빈번하게 일어난다. 국가의 이익과 환경이 충돌할 때, 이기적인 현대 국가는 국가이익을 선택하곤 한다.

중국 개발의 부산물인 미세먼지는 중국인에게도 그리고 인접국인 한국인에게도 큰 피해를 주고 있다. 그러나 2018년 10월 29일 홍콩의 사우스 차이나 모닝 포스트SCMP는 중국 생태환경부 장관이 미중 무역전쟁으로 인한 경기 둔화로 지난해처럼 석탄 사용을 엄격히 금지하는 것이 힘들다고 말했다고 보도했다.뉴스1, 2018년 10월 29일 석탄 난방과 석탄으로 가동되는 공장은 대기오염의 주범이다.

위의 사례에서 보듯이, 환경문제는 개발이나 경제성장에 밀리기 일
쑤이다. 더군다나 이산화탄소 배출이나 해양오염 등과 같이 그 피해
가 전 지구촌에 미치는 경우, 이기적인 현대 국가들은 이를 후순위로
미루는 일이 빈번하다. 또한 국가 간의 경쟁적인 개발과 경제성장 자
체가 환경문제를 심화시키는 경우가 많다. 결국 이기적인 현대 국가의
존재는 문명과 지구 생태계 전체를 위협하는 환경문제의 심화와 직결
되어 있다.

3. 현대 교육 비판

심훈의 『상록수』2005를 보면, 주인공 동혁과 영신은 변변한 교사도
없지만 농촌 아이들을 계몽해야겠다는 열정에 불타 현대 교육에 열을
올린다. 그러나 지금 교단에 서 있는 많은 선생님들은 버릇없는 학생
들과 예의 없는 학부형에 시달리면서, '내가 지금 여기서 무엇을 하고
있는가?' 하는 의문을 떠올리고 있다.

왜 이런 차이가 발생한 것일까? 그 답은 간단하다. 1920년대의 현대
교육은 새 시대의 요구에 부응하는 것이었다. 그래서 선생님들은 초라
한 교사에서도 벅찬 가슴을 안고 가르쳤다. 하지만 현재의 상황에서
행해지는 현대 교육은 새 시대의 요구에 부응하지 못하는 낡은 교육
이기 때문이다. 가르치는 선생님에게도 배우는 학생에게도 설레는 가

습은 없다.

전현대 교육은 전현대 인간관의 바탕 위에 수립된 교육이었다. 그래서 전현대 교육은 집단에 헌신하는 사람을 배출하고자 했다. 전현대 말·현대 초의 문명 전환기에 이르러, 전현대 교육은 새로운 시대의 요구에 부응할 수 없는 낡은 교육이 되어 버렸다. 그래서 서구의 수도원 교육이건 조선의 유교 교육이건 사라져 버리거나 주 교육기관으로서의 위상을 상실했다. 그리고 현대 교육이 출현했고, 현대기의 보편적인 교육으로 자리 잡았다.

현대 교육은 현대 인간관을 바탕으로 한다. 현대 인간관은 인간을 '분리된 개체(개별 에고)'로 간주한다. 그래서 현대 교육의 목표는 '개별 에고로서의 나'를 더 크고 더 높게 만드는 것이다. 그리하여 '직업 교육', '사고 능력을 키우는 교육', '토론 능력을 배양하는 교육', '발표 능력을 키우는 교육', '지식과 교양을 습득하는 교육', 이런 것들이 현대 교육의 주된 내용을 구성하게 된다.

전현대 교육의 목표가 집단 에고의 육성이라면, 현대 교육의 목표는 개별 에고의 육성이다. 각각의 교육은 전현대기와 현대기의 교육에 대한 시대적인 요청에 부응할 수 있었다. 그러나 전현대와 현대의 전환점에 이르러, 전현대 교육은 새 시대의 요청에 부응할 수 없게 되고, 활력을 상실했다. 마찬가지로 현대와 탈현대의 전환점인 오늘날에 이르러, 현대 교육은 새 시대의 요청에 부응할 수 없게 되고, 활력을 상실하고 있다.

새 시대가 교육에게 요구하는 것은 '에고의 꿈에서 깨어나는 것', 다른 말로 하면 '참나의 자각'이다. 그러나 현대 교육이 할 수 있는 것은 '에고를 강화시키는 것'뿐이다. 그러므로 한때 전현대 교육이 그랬던 것과 마찬가지로 현대 교육은 몰락의 길을 걸어갈 수밖에 없는 운명이다.

외형으로만 보면, 현대 교육은 현대 자본주의체제나 국가 등 여타 현대 시스템들과 마찬가지로 번성을 누리고 있다. 하지만 선생님과 학생, 두 교육 주체 모두가 자신이 왜 여기 있어야 하는지, 가르치고 배우는 내용의 의미가 무엇인가를 알지 못하는 채, 타성에 젖어 있다. 현대 교육은 이미 내부적으로 붕괴과정에 돌입한 것이다. 현대 교육의 모순이 가장 극명하게 드러나는 부문은 직업교육이다.

현대 교육은 여전히 직업교육에 매달리고 있다. 근래에 접어들어 자동화 기술이 급속히 확산되면서, 생산현장에서 인간 노동에 대한 수요가 급속히 감소하고 있다. 직업교육을 받은 취업 희망자는 그대로인데, 기업의 채용규모는 가파르게 줄어들고 있다. 이에 따라서, 직장은 희소자원이 되고, 직업교육을 받은 구직자들 간의 취업 경쟁이 심화되었다.

그 결과 이상한 상황이 벌어지고 있다. 취업이 어려워질수록 취업을 위해서는 직업교육을 필수적으로 받아야만 했기에, 학생들은 취업에 도움이 될 수 있는 실용적인 학과를 선호하게 되었다. 학생들을 유치해야 하는 대학은 이에 편승해서 직업교육을 강화해 나갔다. 철학, 사회학, 물리학, 화학 등 기초학문은 급속히 쇠퇴하고, 대학은 더 이상 학문의 전당이 아니라 취업훈련소로 전락하고 있다. 이리하여 사회가 점점 더 적은 수의 노동자를 필요로 할수록, 현대 교육은 더욱더 노동자를 육성하는 데 매진하게 되는 아이러니한 상황이 발생하고 있는 것이다.

그 결과는 파국이다. 갈수록 교육기관은 직업교육을 받은 사람들을 더 많이 배출하고 있다. 이에 반해서 취업 기회는 줄어들고 있고, 엄청난 취업 경쟁이 생겨났다. 많은 사람들이 직장을 구하지 못하고 실업자가 되고 있다. 높은 경쟁률을 뚫고 취직이 된 사람들도 악화된 조건 속에서 근무해야 한다. 많은 수의 취업 대기자가 있기 때문에, 기업체는 연봉을 낮추고, 근무조건을 악화시키며, 해고를 증가시키고 있다.

한마디로 요약하면, 오늘날 시대변화에 역행하는 낡은 직업교육이 맹위를 떨치고 있는 것이다. 그리고 시대변화에 역행하는 낡은 교육은 과거에도 그런 전철을 밟았듯이 결국 소멸할 수밖에 없다.

4. 현대 가족 비판

현대 가족 역시 위기에 차 있다. 가족이 붕괴되는 것이 아니다. 현대 가족이 붕괴될 것이다. 세 가지 측면에서 현대 가족에 대한 비판을 진행하고자 한다. 본질적인 비판, 현상적인 비판, 그리고 구조적인 비판이 그것이다.

현대 가족에 대한 본질적인 비판 가족은 본질적으로 사랑의 공동체이지만, 탈현대적인 관점에서 보면 현대 가족은 사랑의 공동체가 아니다. 탈현대적인 관점에서 보면, 사랑이란 무엇인가? 사랑은 '참나'가 내뿜는 빛이다. 깊은 이해, 겸손, 용서, 배려, 감사, 관용, 도움 등은 사랑의 여러 가지 얼굴이다. 이것을 '진정한 사랑'이라고 명명하기로 한다. 이것과 다른 사랑은 생물학적인 본능에서 유래하는 사랑이다. 이성애와 모성애가 그것이다. '진정한 사랑'은 생물학적인 본능에서 유래하는 사랑과 공통점도 있지만 차이점도 있다.

양자 간의 공통점은 다음과 같다. 두 가지 사랑 모두가 사랑하는 사람들에게 행복을 준다. 사랑하는 사람에게 헌신한다. 사랑하는 사람에게 민감해진다. 사랑하는 사람에게 도움을 준다. 사랑하는 사람을 부끄러워하지 않는다. 사랑하는 사람의 아픔을 아파한다. 사랑하는 사람에게 아낌없이 준다. 사랑하는 사람에게 무조건적이다. 사랑하는 사람의 잘못이나 부족함을 따뜻하게 품어 준다.

양자 간의 차이점은 다음과 같다. 생물학적인 사랑이 특수한 대상만을 향하는 데 반해, '진정한 사랑'은 모든 대상을 향한다. 생물학적인 사랑이 일시적인 것임에 반해, '진정한 사랑'은 지속적이다. 생물학적인 사랑은 일정한 때가 되면 저절로 할 수 있는 것임에 반해, '진정한 사랑'은 '참나'가 깨어나야만 할 수 있다.

생물학적인 사랑은 '개별 에고'와 결합할 수도 있고, '참나'와 결합할 수도 있다. 생물학적인 사랑이 '개별 에고'와 결합했을 때, 이를 현대 가족이라고 하고, 생물학적인 사랑이 '참나'와 결합했을 때, 이를 탈현대 가족이라고 한다.

그러므로 현대 가족은 '진정한 사랑'의 공동체가 아니다. 현대 가족은 다음과 같은 문제점을 내포하고 있다. 첫째, 가족 간의 사랑이 가족 바깥으로 확산되지 않는다. 각각의 가족은 섬과 같은 존재이며, 폐쇄성을 그 특징으로 한다. 둘째, 가족 간의 사랑이 소유욕이나 지배욕과 결합하기 쉽다. 그래서 배우자나 자녀를 속박하는 경우가 많다. 이 경우, 고통이 생겨난다.

현대 가족에 대한 현상적인 비판 1999년 영화 〈아메리칸 뷰티〉는 현대 가족의 붕괴에 대한 보고서와 같다. 미국의 중산층 가정, 부부와 딸로 구성된 3인 가족이다. 아내와 딸은 남편과 아버지를 경멸한다. 가족원들은 서로에게 무관심하다. 심지어 자기 자신에게도 무관심하다. 가족 내 진정한 대화는 없다. 부동산업자인 아내는 다른 부동산업자와 바람을 피우고, 남편은 딸의 친구를 넘본다. 부부생활은 껍데기만 남아 있다. 부부는 빈번히 다투고, 서로를 증오한다. 딸은 "누가 아빠를 죽여 줬으면 좋겠어"라고 말한다.

주변에서 이혼한 부부를 찾는 것은 쉬운 일이 되었다. 황혼 이혼, 졸혼, 이런 말들이 낯설지 않다. 부모는 자녀가 어떤 생각을 하고 있는지도 모르고, 자녀는 부모가 어떤 근심을 하고 있는지도 모른다. 부부 간의 다툼은 나이가 들수록 심해진다. 늙은 부모를 부양하지 않을 뿐만 아니라 학대하는 사례도 많다. 이 모든 현상들은 현대 가족이 막바지에 다다랐음을 말해 주고 있다.

현대 가족에 대한 구조적인 비판 전현대 대가족제도가 해체되고, 현대 핵가족제도가 전 세계적으로 확산된 근본 원인은 산업혁명이었다. 산업혁명은 농촌 중심 사회를 도시 중심 사회로 바꿔 놓았다. 사람들은 직장에 따라 잦은 이주를 해야 했다. 대가족제도를 유지하는 것이 힘들었고, 소수핵가족이 주류를 이루게 되었다. 가장은 일터에 출근해서 돈을 벌어 오는 패턴이 정착되었다.

그러나 산업혁명이 농촌에 근거지를 둔 다수확대가족을 해체시켰듯이, 제4차 산업혁명은 도시에 근거지를 둔 소수핵가족을 해체시킬 것이다. 제4차 산업혁명은 궁극적으로 '노동 없는 사회'에 도달할 것이고, 이미 그 운동은 시작되었다. 일자리를 잃은 중년이 많아지고 있고, 평균 수명이 높아진 사회에서 노년 부부도 급속히 증가하고 있다. 결국 일자리 자체가 사라진 세계를 우린 맞이할 것이다. 가족이 도시에 거주해야 할 이유도, 직장에 따라 이동해야 할 이유도 사라질 것이다. 이와 더불어, 도시에 거주하는 소수핵가족도 해체될 것이다.

2부

탈현대적인 삶과
사회에 대한 비전

18세기 계몽사상에 부여된 임무는 인류가 살아갈 새로운 사회인 현대 문명을 디자인하는 것이었다. 21세기 사회학에 부여된 임무는 인류가 살아갈 새로운 사회로서의 탈현대 문명을 디자인하는 것이다.

　　산업혁명이 현대 문명의 하드웨어가 되고, 현대 세계관이 소프트웨어가 되어, 현대 정치, 경제, 교육, 가족 등과 같은 현대 사회 시스템들을 구축했다. 제4차 산업혁명이 탈현대 문명의 하드웨어가 되고, 탈현대 세계관이 소프트웨어가 되어, 탈현대 정치, 경제, 교육, 가족 등과 같은 탈현대 사회 시스템들이 구축될 것이다.

　　2부에서 수행할 작업은 바로 이것이다. 탈현대 문명에서의 새로운 삶의 방식, 새로운 사회 구성 원리, 새로운 정치, 새로운 경제, 새로운 교육, 새로운 가족 등을 구상화하는 것이 2부의 내용이 된다.

I.
탈현대적인 삶의 방식

탈현대적인 삶의 형식은 '노동으로부터 해방된 한가로운 삶'이다. 과거 전현대 사회에서는 소수 귀족들은 이런 삶을 누릴 수 있었다. 역사적으로 그들은 두 가지 유형의 삶이 가능했다. 하나는 에고의 차원에서 향락적인 삶을 추구하는 것이었고, 다른 하나는 '수행과 낙도로서의 삶'을 살아가는 것이었다. 수행이란 무엇인가? 수행이란 '에고의 꿈'에서 깨어나기 위해 기울이는 노력이다. 수행이란 '참나'를 자각하기 위해 기울이는 노력이다. 낙도란 무엇인가? 낙도란 '참나'가 깨어나서 활동하는 것이다.

인공지능 시대의 도래는 과거 소수 귀족들만이 누릴 수 있었던 삶의 형식인 '유한有閑적인 삶'이 인류에게 보편화되는 것을 의미한다. 인류는 '향락적인 삶'과 '수행과 낙도로서의 삶' 중에서 어떤 삶을 선택할 것인가? 만일 인류가 현대 세계관으로부터 탈피하지 못한다면 '향락적인 삶'을 택할 것이고, 탈현대 세계관으로의 전환을 이룬다면 '수행과 낙도로서의 삶'을 선택할 것이다.

전자의 선택은 인류 문명의 종말을 가져올 것이고, 후자의 선택은 탈현대 문명으로의 점프를 가능케 할 것이다. 이 장은 인류가 후자를 선택했을 경우 맞이하게 될 멋진 미래 사회를 다루는 것이다.

탈현대 문명에서는 삶과 문명의 목표에 혁명적인 전환이 일어난다. 현대 문명에서 삶의 목표는 에고를 더 크고 높게 만드는 것이었다. 그래서 현대적인 삶의 중심축은 '노동과 소비'에 있었다. 탈현대 문명에서 삶의 목표는 수행을 통해 '참나'를 자각하고, '참나의 활동' 즉 낙도樂道로서의 삶을 살아가는 것이다. 그래서 탈현대적인 삶의 중심축은 '수행과 낙도'가 된다.

수행으로서의 삶과 낙도로서의 삶은 분석적인 의미에서는 둘이지만, 실제로는 하나이다. 수행을 통해 '참나'가 깨어나는 만큼, 낙도로서의 삶을 영위할 수 있기 때문이다. 탈현대적인 삶의 방식이란 '수행과 낙도로서의 삶'이며, 이 장에서는 '수행과 낙도'로서의 탈현대적인 삶의 방식을 서술해 보도록 하겠다.

1. 수행으로서의 삶

수행으로서의 삶은 개인적으로는 '참나'의 자각을 위한 활동이지만, 문명의 차원에서 보면 탈현대 문명을 건설할 수 있는 유일한 방법이다. 수행으로서의 삶은 탈현대인의 삶의 알파요 오메가이다. 수행으로서의 삶은 죽음에 이르기까지 멈추지 않는다. 왜냐하면 수행의 완성이란 존재하지 않기 때문이다. 석가모니나 노자같이 큰 깨우침을 얻은 분들도 죽음에 이를 때까지 수행을 통해 점점 깨달음이 깊어 갔다.

수행이라고 했을 때, 우린 고행을 하고 있는 인도 수행자나 몇 달 동안 꼼짝 않고 앉아서 화두를 잡고 있는 선승들을 떠올릴 수도 있다. 그러나 탈현대인의 수행으로서의 삶은 그렇게 금욕적인 활동이 아니다. 탈현대적인 수행은 일상 속에서 행해지며, 즐거운 것이다. 만일 수행을 하는 도중 즐겁지 않다면, 그건 잘못된 수행일 것이다. 여기에서는 탈현대적인 삶의 방식으로서의 수행이 구체적으로 어떤 것인가에 대해 살펴보도록 하겠다.

1) 에고의 꿈에서 깨어나기 연습

모든 수행의 목표는 '에고의 꿈'에서 깨어나 '참나'를 자각하는 것이다. 탈현대적인 관점에서 보면 에고 자체가 꿈이고 망상이다. 더 정확하게 말하면, 에고 자체가 꿈이고 망상인 것이 아니라, '내가 에고다'라고 하는 '나와 에고의 동일시'가 꿈이고 망상인 것이다.

과거를 거슬러 생각해 보면, 문명의 시작과 더불어 인류는 동물적인 존재 차원에서 집단 에고의 존재 차원으로 놀라운 점프를 해냈다. 문명 이전의 상태에서 자의식이 존재했다면, '나는 동물이다'라고 하는 인식은 자연스러운 것이었을 것이다. 그러나 집단 에고로의 존재 차원의 점프가 이루어지고 나면, 나는 여전히 존재의 낮은 차원에서는 동물로서 존재하지만, '나는 동물이다'라고 하는 '동물로서의 나와의 동일시'는 깨어나야 할 꿈이 되고, 깨뜨려야 할 망상이 된다.

집단 에고로부터 개별 에고로의 존재 차원의 점프가 일어났을 때도 이와 동일한 원리가 작용했다. 집단 중심적이었던 전현대 사회에서, 사람들이 '나는 나의 소속집단의 일원이다'라고 생각했다면, 이것은 자연스러운 일이었다. 그러나 전현대와 현대의 문명 전환기에 이르러, 존재 차원에서 집단 에고로부터 개별 에고로의 점프를 이루어야 할 시점이 오면, '나는 나의 소속집단의 일원이다'라고 하는 '나와 나의 소속집단과의 동일시'는 깨어나야 할 꿈이 되고, 깨뜨려야 할 망상이 된다. 물론 이런 변화 이후에도 존재의 낮은 차원에서는 '나는 동물이기도 하고', '나는 나의 소속집단의 일원'이기도 하다.

지금 인류는 또 한 번의 커다란 존재 차원의 점프를 이루어야만 하는 시점에 도달했다. 에고의 틀 속에서 탈현대를 맞이한다는 것은, 동물의 틀 속에서 문명기를 맞이한다는 것과 마찬가지로 논리적으로 불가능한 일이다. '동물로서의 나'가 사라질 수 없듯이, 에고 자체도 사라질 수 없고 사라져서도 안 된다. 그러나 인류는 '나는 에고이다'라고 하는 에고와의 동일시를 탈피해야만 탈현대 문명으로의 진입이 가능하다. 그래서 '에고의 꿈에서 깨어나기'는 현 인류에게 부과된 어려운 과제이자 이루어 내어야만 하는 중대사가 된 것이다.

어떻게 인류는 '에고의 꿈'에서 깨어날 수 있는가? '에고의 꿈'에서 깨어나는 방법은 생각보다 쉽다. 그것은 '에고에 대한 자각'을 통해서 가능하다. '에고에 대한 자각'이란 무엇인가? 그것은 감정, 생각, 욕망 등과 같은 에고의 활동을 자각하는 것이다.

'나는 에고이다'라고 하는 생각 속에서 살아가는 현대인의 경우, 나는 에고가 일으키는 감정, 생각, 욕망 속에서 살아간다. 예를 들어 '화가 난다'라고 했을 때, 나는 화에 사로잡히며, 화는 나의 주인이 된다.

반면에 에고가 일으키는 생각, 감정, 욕망 등을 자각하면, '화가 난다'라고 했을 때, 나는 '내 안에서 화가 일어났다'는 것을 자각한다. 이런 방식으로 에고의 모든 활동을 자각하기 위한 노력을 기울이는 것이 이 절에서 말하는 '에고의 꿈에서 깨어나기 연습'의 의미이다. 탈현대인은 평생을 통해 '에고의 꿈에서 깨어나기 연습'을 수행한다. 연습이 거듭될수록 에고가 어떤 생각, 감정, 욕망을 일으킬 때, 즉시 우리는 그것을 자각할 수 있다.

그럼, '에고의 꿈에서 깨어나기 연습'의 실제를 알아보도록 하자. '에고의 꿈에서 깨어나기 연습'은 에고의 모든 활동에 대한 자각의 연습이다. 에고의 주 활동 영역은 감정, 생각, 욕망인데, 아래에서 이 각각을 살펴보도록 하겠다.

에고가 느끼는 감정에서 깨어나기 연습   마음속에서는 분노, 증오, 기쁨, 슬픔, 애착, 불안, 우울, 공포, 시기심, 질투, 우월감, 열등감, 좌절감, 성취감, 조급증, 초조함, 어색함, 부끄러움, 자랑스러움, 짜증, 불쾌감, 모욕감, 위축감, 경멸감, 수치심 등 온갖 형태의 감정이 일어난다. 현대인은 어떤 감정이 생겨나건, 일어난 감정이 자신을 지배한다. 탈현대인은 어떤 감정이 생겨나건, 일어난 감정을 자각한다. 예컨대 누군가에 대한 질투심이 일어났다고 하자. 현대인은 질투심에 사로잡힌다. 탈현대인은 '아! 내 마음속에 질투심이 생겨났구나.' 하고 자각한다.

현대인에게 '질투심은 나'이지만, 탈현대인에게 '질투심은 나를 찾아온 손님'이다. 질투심은 '나라고 하는 바다 위에 생겨난 하나의 파도'와 같은 것이다. 질투심은 '나라고 하는 하늘 아래 생겨난 하나의 구름'과 같은 것이다. 질투심을 자각하는 순간, 어떤 일이 일어날까? 나와 질투심 사이에 자각 이전에는 없었던 스페이스(공간)가 생겨난다. 내 마음속엔 여전히 질투심이 있지만, 질투심은 예전처럼 나를 사로잡지 못한다. '질투심으로부터의 자유'가 생겨나는 것이다.

에고의 생각에서 깨어나기 연습 마음속에는 수많은 생각이 일어난다. '내가 이런 사람이야'라고 하는 생각, 자신을 하찮게 여기는 생각, 비겁한 생각, 돈 생각, 치졸한 생각, 야비한 생각, 더러운 생각, 미래를 근심하는 생각, 과거를 후회하는 생각, 얼토당토않은 공상, 자질구레한 생각, 비난 받으면 어쩌나 하는 생각, 손해와 이익을 따지는 생각 등…. 현대인은 일어난 생각과 자신을 동일시한다. 그래서 어떤 생각이 일어나건 그는 그 생각에 함몰된다. 탈현대인은 어떤 생각이건 그것은 끊임없이 생겨났다가 사라지는 구름과 같이 부질없는 것임을 알고 있다. 그래서 탈현대인은 일어난 생각을 자각한다.

예를 들어 '나는 노벨상 수상자이고, 그래서 대단한 사람이야!'라고 하는 생각이 떠올랐다고 하자. 현대인은 '나는 대단한 사람'이라는 생각의 노예가 된다. 탈현대인은 이런 생각을 자각한다. 자각은 '생각과 나' 사이에 공간을 만든다. 생각에 대한 자각이 거듭될수록 공간은 커지게 되고, 그만큼 나는 대단한 사람이란 생각으로부터 자유로워진다.

에고의 욕망에서 깨어나기 연습 마음속에서는 수많은 욕망이 일어난다. 인정받고 싶은 욕망, 쾌락을 얻고자 하는 욕망, 권력을 쟁취하고자 하는 욕망, 멋진 차를 소유하고픈 욕망, 호화로운 해외여행에 대한 욕망, 과시하고자 하는 욕망, 성공과 승리에 대한 욕망, 명예를 얻고자 하는 욕망, 높은 지위에 오르고자 하는 욕망 등…. 어떤 욕망이 일어나면, 현대인은 일어난 욕망의 노예가 된다. 탈현대인은 일어난 욕망을 자각한다.

예를 들어 '음란한 영상물을 보고 싶다'는 욕망이 생겨났다고 하자. 현대인은 이 욕망에 사로잡혀 욕망을 추구한다. 탈현대인은 욕망 또한 감정이나 생각과 마찬가지로 우리 자신이 아니라 우릴 스쳐 지나가는 것임을 안다. 그는 이 욕망을 자각한다. 자각은 '욕망과 나' 사이에 공간을 만든다. 욕망에 대한 자각이 거듭될수록 공간은 커지고, 그만큼 나는 욕망으로부터 자유로워진다.

2) 에고를 사랑하기 연습

에고의 생각, 감정, 욕망 등을 자각하고 나면, 그 이후의 수행은 '자각된 에고를 사랑'하는 것이다. 자각된 에고에 대한 사랑은 여러 가지 형태를 띤다. 용서, 격려, 환영, 비웃음 짓기, 따뜻하게 품어 주기 등은 에고에 대한 사랑의 여러 형태들이다.

용서 에고의 감정, 생각, 욕망을 자각하고 나면, 이어지는 수행은 자각된 에고가 일으키는 비루한 또는 비도덕적인 감정, 생각, 욕망 등을 용서하는 것이다. 깊이 들여다보면, 에고는 그런 감정, 생각, 욕망을 갖고자 해서 가진 것이 아님을 알 수 있다. 에고는 어쩔 수 없이 그런 감정, 생각, 욕망을 갖게 된 것이다. 그러므로 그런 에고의 활동에 대한 온당한 태도는 그것을 용서하는 것이다.

예를 들어, '내가 누구를 싫어하는 마음'을 갖게 되었다고 하자. 누구를 싫어하는 것은 상대편은 물론이고 나 자신에게도 유쾌한 일이 아니다. 그러므로 누구를 싫어하고 싶어서 싫어하는 사람은 아무도 없다. 그러므로 '누구를 싫어하는 나'에 대한 온당한 태도는 '누구를 싫어하는 나'를 용서하는 것이다.

만일 '누구를 싫어하는 나'를 없애려고 한다면, 그 감정은 억압의 결과로 더 큰 에너지를 얻게 될 것이다. 그러나 어떤 감정이 용서받고, 허용되면, 그 감정에 실리는 에너지는 약화된다. 반면에, 에고의 활동을 용서할 수 있는 능력은 커지게 된다. '누구를 싫어하는 나'가 에고인 반면에, '누구를 싫어하는 나'를 '용서하는 나'는 '참나'이다. 용서의 연습을 통해 에고는 힘을 상실하고, '참나'는 깨어나 활동하게 되는 것이다.

'누구를 싫어하는 나'를 용서하는 연습을 지속하면, 이와 같이 '용서할 수 있는 능력'이 커진다. 용서할 수 있는 능력이 커지면, 나의 에고의 활동을 용서할 수 있을 뿐만 아니라 너의 에고의 활동을 용서할 수 있는 힘도 똑같이 커진다. 예컨대 '상대편이 나를 싫어할 때', 예전보다 나는 '나를 싫어하는 그'를 쉽게 용서할 수 있다. 이럴 경우 용서는 나에게도 나를 싫어하는 너에게도 좋은 효과를 가져온다.

환영　환영은 불쾌한 감정, 생각, 욕망이 자각되었을 때 하면 좋은 수행 방법이다. 환영의 수행은 환영하고 싶지 않은 감정, 생각, 욕망을 환영하는 방법이다. 예를 들어, '울적한 마음'이 생겨났다고 하자. 에고로서의 나는 '울적한 마음'에서 벗어났으면 한다. 그러나 벗어나려고 하면 할수록 '울적한 마음'은 더 집요하게 나를 사로잡는다.

환영의 수행이란 울적한 마음이 생겨났을 때 '울적한 마음아, 어서 와, 반갑다'라고 말하는 것이다. 그리고 '나의 오랜 친구 울적한 마음아, 내 안에 오래 머물러 줘'라고 말한다. 이런 반응에 '울적한 마음'은 당황한다. 울적한 마음은 어떤 이를 찾았을 때나 박대만 받았는데, 이런 환영이 생경스럽다. 따뜻한 환영을 받은 '울적한 마음'은 녹아서 사라진다.

환영의 수행은 '울적한 마음'을 없애는 것이 목적이 아니다. 수행의 결과로 '울적한 마음'이 사라질 뿐이다. 환영의 수행의 목적은 '참나'를 깨어나게 하는 것이다. '울적한 마음'이 생겨났을 때, '울적한 마음'에 사로잡히는 내가 에고이다. 그리고 '울적한 마음'을 따뜻하게 맞이할 수 있는 사람이 '참나'이다. 이리하여 환영의 수행은 '참나'를 깨어나게 하고, '참나'가 깨어나면 '울적한 마음'은 더 이상 힘을 발휘할 수 없게 되는 것이다.

격려 격려는 '초라한 나', '힘겨운 나'를 자각했을 때, 좋은 수행방법이다. 생명활동 자체가 힘겨운 것이기 때문에, 삶은 누구에게나 힘겹다. 나 자신의 마음을 들여다보면 '힘겨워하는 나'를 쉽게 발견할 수 있다. 이때 힘겨워하는 나에게 '힘내!', '파이팅!'이라고 말해 주는 것이 격려 수행이다.

이것은 쉬우면서도 효과적인 수행방법이다. 하루를 끝낸 나에게 '오늘도 수고 많았어!', 하루를 시작하는 나에게 '오늘도 파이팅!', 이렇게 말해 주면 된다. 나에 대한 격려 수행을 지속적으로 행하면, '격려할 수 있는 능력'이 커진다. 그래서 나에 대해서뿐만 아니라 너에 대해서도 우린 격려할 수 있게 된다. 힘겨운 이들에게 하는 격려가 바로 '참나'의 태양이 내뿜는 빛인 사랑이다. 우리의 격려와 사랑을 받은 이들은 자신의 힘겨운 삶을 살아갈 용기를 얻는다.

비웃음 짓기 비웃음 짓기 수행은 '으쓱하는 나', '뽐내는 나'에 대한 좋은 수행방법이다. 에고에게는 작은 일이 없다. '노벨상 수상자로 선정!' 이런 소식엔 하늘로 날아오를 것 같지만, '누군가로부터 받은 비난의 한마디'에도 마음은 땅속으로 꺼져 든다. 그래서 에고의 삶을 살아가는 현대인은 좋은 일이건 나쁜 일이건 심각성에 사로잡힌다. 반면, '참나'에게는 큰 일이 없다. 심각한 일도 없다.

비웃음 짓기 수행이란 심각함에 사로잡혀 있는 에고에 비웃음을 보내는 수행이다. 특히 '서울대 합격', '사시 패스', '전면 장학금 수령', '미스 코리아 1등', '노벨상 수상자로 선정' 등과 같이 에고에게 좋은 일이 있을 때 으스대는 나에게 비웃음을 보내면 우린 에고의 꿈에서 깨어날 수 있다. 필자는 박사학위 취득 후 7년 반이 지나 겨우 교수가 되었다. 그때 복도에서 필자를 만난 사람들은, 필자가 목에 기브스를 하고 있는 줄 알았을 것이다. 만일 그 당시 필자가 마음공부법을 알았다면, 즉각 비웃음 짓기 수행을 실시했을 것이고, 필자에겐 좋은 치료제가 되었을 것이다.

3) 받아들이기 연습

받아들이기 연습은 받아들이기 힘든 상황을 받아들이는 연습이다. 받아들이기 힘든 상황이란 에고가 훼손되는 상황이다. 그러므로 에고의 삶을 살아가는 현대인은 흔히 받아들이기 힘든 상황에 마주치면 저항한다. 저항은 고통을 낳는다.

그러나 수행의 관점에서 보면, 에고가 훼손되는 상황은 '참나'가 깨어나기 좋은 상황이다. 에고가 부서진 틈으로 '참나'의 빛이 새어 나올 수 있기 때문이다. 받아들이기 연습은 에고가 훼손되는 상황을 '참나'가 깨어나는 계기로 삼는 수행방법이다. 모욕을 받았을 때, 미움이나 비난을 받았을 때, 늙음과 죽음, 질병, 경제적인 파산, 경쟁에서의 패배, 자신의 추한 외모, 육체적인 불구, 부족한 재능 등 많은 경우에 받아들이기 연습을 할 수 있다.

받아들이기 연습을 하고자 할 때, 우리가 좋은 스승으로 삼을 수 있는 것은 자연이다. 왜냐하면 자연은 자신에게 어떤 나쁜 일이 일어나도 일어난 상황에 저항하지 않기 때문이다. 이를 『주역』에서는 순천

順天이라 하고 『노자』에서는 대순大順이라 했는데, 이는 모두 자연을 법받아서, 저항하지 말고 받아들이기 수행을 통해 도道와 합치하는 삶에 도달하라는 가르침이다.

에고를 훼손하는 일을 받아들일 경우, 우리는 일어난 일을 통해서 영원한 시간과 무한한 공간과의 접촉이 이루어지게 된다. 이때 에고는 활동을 멈추고, 반대로 '참나'가 깨어나 활동하게 된다. 그 결과는 에고가 받아들이기 힘든 상황 속에서 '참나'가 느끼는 평화이다. 받아들이기 연습의 몇 가지 사례를 살펴보도록 하자.

모욕을 받아들이기 현대와 같은 약육강식의 사회에서는 자신보다 강자로부터 모욕을 받는 경험을 피하기 어렵다. 누군가로부터 모욕을 당하는 것은 에고에 큰 상처를 주기 때문에, 에고의 삶을 살아가는 현대인은 모욕당하는 경험으로 인해 고통을 겪는다. 모욕을 받아들이기 연습은 모욕을 받아 훼손되는 에고를 복구하려는 노력을 기울이지 않고 그냥 가만히 바라보는 것이다.

F. M. 도스토옙스키Fyodor Mikhailovich Dostoevskii, 1821~1881의 소설 『카라마조프가의 형제들』2018에서 퇴역 대위 스네기료프는 광장에서 표돌의 장남 드미트리에게 수염을 잡힌 채 끌려 다니는 수모를 겪는다. 사랑하는 아빠가 모욕당하는 장면을 목격한 스네기료프의 아들 일류셰치카는 충격으로 병들어 결국 숨지고 만다.

모욕을 받았을 때, 어떻게 에고를 복구하려는 노력 없이 에고가 무너져 내리는 것을 가만히 지켜보는 것이 가능할까? 그것은 모욕을 받아 상처 입은 에고가 '가짜 나임假我'을 알고 있기 때문이다. '가짜 나' 인 에고가 무너져 내릴 때, '참나'의 태양은 에고의 구름이 찢어진 사이로 빛을 비출 수 있기 때문이다. 그러므로 모욕을 당하는 것은 에고에게는 큰 상처가 되지만, 동시에 '참나'가 깨어나 활동할 수 있는 좋은 기회가 된다. 모욕을 당한 경험을 '참나'가 깨어나 활동하는 기회로 활용하는 것이 바로 '모욕을 받아들이기 수행'이다.

미움과 비난을 받아들이기 누군가로부터 미움이나 비난을 받는 것도 에고로서의 내가 겪어야 하는 고통의 하나이다. 미움을 받았을 때, 이것에 반발하면 고통이 더 커진다. 그렇다고 해서 미움을 받지 않으려고 노력하면, 우린 끊임없이 상대편의 눈치를 살펴야 하고, 삶의 칼자루를 상대편에게 내주어야만 한다. 미움과 비난을 받아들이기 수행은 미움이나 비난을 받았을 때 이것을 꿀꺽 삼켜 버리는 수행방법이다.

필자는 자라면서 미움을 많이 받았다. 위로 여섯 명의 누나를 둔 집에 장남으로 태어난 필자는 많은 위함을 받으면서 자랐다. 그 결과 필자에겐 자연스럽게 거만한 태가 형성되었고, 학교에 다니면서 아이들은 이런 나에게 심한 거부감을 느꼈을 것이다. 그래서 '원조 왕따'라고 할 만한 학창 시절을 보냈다. 정도는 약해졌지만, 나에 대한 미움은 지금까지도 계속되고 있다.

필자는 이런 주위의 미움에 늘 당황스러웠다. '난 상대편에게 악의가 없는데, 상대편은 왜 날 미워하는 것일까?' 하는 의문이 들었다. 그러나 10년 전쯤 김기태 선생님에게 마음공부를 배우면서 나는 깨닫게 되었다. 세상 어느 누구도 미워할 이유가 없는 사람을 미워하지 않는다는 사실을…. 나에게는 상대편이 싫어할 만한 점이 충분하게 있다는 것을….

이런 자각은 필자에게 큰 도움이 되었다. '나는 상대편이 미워할 만하구나'라는 사실을 자각하게 되자, 상대편이 나를 미워할 때 미움을 받아들이기가 쉬워졌다. 그래서 그때마다 반발하지 않고, 나에게 주어지는 미움을 꿀꺽 삼켰다. 이것은 좋은 변화를 가져왔다. 미움을 받는 것이 예전보다 쉬워졌다는 실용적인 변화와 더불어 필자는 예전보다는 미움을 덜 받는 사람으로 바뀐 것 같다.

늙음과 죽음을 받아들이기 노화와 죽음을 받아들이기 수행은 특히 중년기 이후의 사람들에게 좋은 수행방법이다. 우리는 누구나 늙고 죽는다는 것을 알고 있다. 그러나 대부분의 현대인은 늙음과 죽음에 반발한다. 그 결과는 불행이다. 그래서 대부분의 현대 노인들은 많이 불행하다.

우리의 선택은 늙느냐 늙지 않느냐 또는 죽느냐 죽지 않느냐 하는 것이 아니다. 우리의 선택은 늙음과 죽음을 받아들이느냐 받아들이지 않느냐 하는 것이다. 받아들이지 않으면, 우린 고통스럽게 늙어 가고 비참하게 죽어 갈 것이다.

늙음을 받아들이면 어떤 일이 벌어질까? 늙음을 받아들이더라도 늙음에 따른 나쁜 점들은 그대로 발생한다. 건강 악화, 기억력 감퇴,

가까운 사람들의 죽음, 외모의 훼손, 이빨이 빠짐, 소화불량, 잦은 병 치레 등…. 그러나 이런 나쁜 일들이 나를 불행하게 하는 정도는 감소한다. 그리고 늙음이 가져오는 좋은 점들을 누릴 수 있다. 가까운 사람들의 소중함을 알게 되고, 감사하는 마음이 커진다. 자연의 아름다움을 느낄 수 있는 능력이 커진다. 타인의 잘못에 너그러워진다. 마음이 낮아진다.

죽음을 받아들이면 어떻게 될까? 물론 죽음을 받아들여도 우린 죽는다. 그러나 죽음이 주는 두려움과 고통은 감소한다. 우린 평화롭고 장엄하게 죽음을 맞이할 수 있다. 그때까지 주어진 삶과 내가 누렸던 모든 것에 감사하며 죽음을 맞을 수 있다.

질병 질병은 받아들이기 연습의 좋은 대상이 될 수 있다. 필자의 경우 암 선고를 받은 적이 있는데, 편안한 에고의 삶을 살아가던 필자에겐 수행을 위한 좋은 기회가 되었다. 극초기에 발견된 혈액암이어서 쉽게 완치가 되긴 했지만, 암 진단을 받기까지 그리고 치료과정에서 수행의 기회가 있었다.

흔히 큰 질병에 걸린 사람이 처음보이는 반응은 '아니 내가 왜?'이다. 이럴 경우 질병으로 큰 고통을 받을 뿐만 아니라 이런 반발이 병을 더 악화시키는 경우도 많다. 필자의 경우는 병 자체도 대단치 않았지만, 받아들이기 수행법을 먼저 알고 있었기 때문에 진단과 치료의 과정이 쉽기도 했지만 질병을 계기로 삼아 에고를 벗어나는 데도 도움이 되었다.

암인지 아닌지 진료실 밖에서 1시간 정도 대기했다. 초조했다. 초조함을 자각했다. 그러고 나서 초조해하는 나를 따뜻하게 품어 주었다. 다시 초조해졌고, 위의 과정을 반복했다. 진찰실에 들어가 초기 혈액암이라는 판정을 받았다. 초기라는 단서가 붙었지만 죽음이 현실적으로 느껴졌다. 죽음을 느껴본 것은 큰 도움이 되었다. 삶과 가까운 사람들의 소중함을 깊이 느낄 수 있었다.

진단을 받고 나서, 준비해 두었던 대로, 질병에 순응하려고 노력했다. 워낙 초기라 질병은 완치되었고, 필자는 이번 경험을 통해서 약간의 성장이 이루어진 것 같다. 무엇보다도 무상無常의 자각 속에서 일상에 임할 수 있게 된 것이 큰 소득인 것 같다. 암이란 질병이 나에게 다가왔지만, 받아들이기 수행을 통해, 나는 많은 것을 얻을 수 있었다.

2. 낙도로서의 삶

수행으로서의 삶과 더불어, 탈현대적인 삶은 낙도로서의 삶이다. 낙도로서의 삶이란 '참나'가 주체가 되어 살아가는 삶이다. 낙도로서의 삶이란 '도道'와 하나가 되어 즐기는 삶이다. 탈현대인은 더 이상 결핍감이 아니라 내적인 충만함이 행위의 동기가 되며, 지금 이 순간에 깊이 머물고 일상의 작은 것 속에서 기쁨을 누린다. '참나'가 삶의 주인공이 되면, 우리는 모든 것과 깊이 접촉하고, 이를 즐길 수 있다. 낙도로서의 삶의 실제를 몇 가지 서술해 본다.

1) 관계 속에서의 즐거움

낙도란 사랑의 즐거움을 누리는 것이다. 에고가 할 수 없는 것이 사랑이듯이, '참나'의 태양이 내뿜는 빛이 사랑이다. 그래서 탈현대인이 맺는 관계는 사랑의 관계이다. 그들은 상호 간에 존경, 감사, 겸손, 헌신한다. 그들은 사랑해서 행복하고, 사랑받아서 행복하다.

부부생활의 즐거움 부부생활의 즐거움을 누릴 수 있는 전제는 부부가 '사랑할 수 있는 능력'을 갖는 것이다. '참나'가 깨어나 활동하는 탈현대인은 배우자를 사랑할 수 있다. 그래서 부부생활은 기쁨의 원천이 된다.

탈현대인은 배우자를 자신의 소유라고 생각하지 않는다. 그래서 상대편을 속박하려 하지 않는다. 사랑이 숨 쉴 수 있는 공기는 자유이다. 사랑이 자랄 수 있는 자양분은 자유이다. 탈현대의 부부는 서로를 자유롭게 한다. 그래서 탈현대의 부부는 함께함 속에서 자유롭고 행복하다.

탈현대인은 배우자에게 깊은 관심을 기울인다. 그는 배우자가 무엇을 좋아하는지 무엇을 싫어하는지를 잘 안다. 그래서 배우자가 좋아하는 것을 함께 즐기고 싫어하는 것을 하지 않는다. 배우자의 헤어스타일이 바뀌었는지, 화장과 의상이 어떤지를 금방 알아차린다. 그는 배우자가 지금 근심이 있는지 행복한지를 잘 안다. 그래서 배우자의 근심을 함께 근심하고 기쁨을 함께 누린다.

탈현대인은 배우자가 갖고 있는 자신과 다른 특징을 존중한다. 혼자 있는 것을 좋아하는 배우자에게 다른 사람들과 어울리는 자리를 자주 만들지 않는다. 배우자가 개를 무서워하면 개와 접촉하지 않도록 배려한다. 멜로드라마를 좋아하는 아내와는 멜로드라마를 함께 본다. 서로에 대한 존중과 배려 속에 부부생활의 기쁨이 커진다.

탈현대인은 배우자의 소중함을 깊이 자각하고 있으며, 상대편의 존재에 늘 감사한다. 그들은 언제나 자신이나 상대편이 없어질 수 있다는 무상無常의 자각 속에서 함께한다. 그래서 그들의 사랑은 더 강렬하다.

아내는 남편이 좋아하는 음식을 준비하며 행복하다. 자신이 만든 음식을 맛있게 먹는 남편의 모습을 바라보며 기뻐한다. 남편은 설거지를 하며 즐겁다. 두 사람은 아름다운 산책로를 함께 걸으며 행복을 느낀다. 비 오는 날이면 집 앞 커피숍에서 따뜻한 커피를 함께 마시며 행복하고, 추운 날에는 단팥죽을 함께 먹으며 행복하다. 장을 함께 보면서 행복하고, 영화관에서도 둘이 손을 꼭 잡고 영화를 보며 행복하다. 아름다운 음악을 들으면서, 지는 가을 잎을 보며 행복하다. 두런두런 얘기를 나누며 행복하고, 지난 여행의 추억을 함께 떠올리며 행복하다. 부부생활의 즐거움은 끝이 없다.

부자관계의 즐거움 탈현대 사회에서 부모와 자녀는 함께하는 즐거움을 누린다. 부모는 자녀를 깊이 사랑하고, 자녀들은 부모님을 깊이 존경하며 효도한다. 부모는 자녀를 사랑하니 행복하고, 자녀의 존경과 효도를 받으니 행복하다. 자녀는 부모를 존경하고 효도하니 행복하고, 부모의 사랑을 받으니 행복하다.

부모는 자녀를 자유롭게 한다. 자녀에게 깊은 관심을 기울이고, 자녀의 말을 깊이 들어 준다. 부모는 자녀가 필요로 하는 도움을 준다. 자녀가 잘못을 범했을 때도 너그럽게 용서하며, 그 잘못이 자녀의 성장에 귀한 양분이 되리라는 것을 알려 준다.

자녀는 부모님을 세상에서 제일 깊이 존경한다. '커서 부모님같이 훌륭한 사람이 되어야지.' 하고 다짐한다. 자녀는 자신에게 있었던 일들을 부모님께 들려드린다. 부모님이 늙어 기운이 없어지면, 부모님이 어릴 적 자신을 돌봐 주셨듯이 정성을 다해 부모님을 보살펴 드린다.

부모와 자녀는 많은 것을 함께 하며 즐긴다. 함께 산책을 즐기고, 많은 이야기를 함께 나눈다. 달빛이 아름다운 밤에는 함께 술을 마신다. 아름다운 음악을 함께 듣고, 함께 텃밭을 가꾼다. 그들은 삶을 함께하며, 상대편의 존재에 깊이 감사하고 행복해한다.

벗과 함께하는 즐거움 공자는 이렇게 말했다. '벗이 있어 먼 곳에서 찾아오니 기쁘지 아니한가!' 벗과 함께하는 즐거움은 동서고금을 막론하고 삶의 큰 기쁨일 것이다. 탈현대인도 벗과 함께하는 즐거움을 누린다.

필자의 삶에서도 벗과 함께하는 즐거움이 크다. 1997년 '동양사상과 탈현대 연구회'를 결성하고, 지금까지 이십 년이 넘는 세월 동안 우린 만나 함께 공부하고, 담소를 나누며, 맛난 음식을 함께 하며 많은 웃음을 웃는다. 우리 다섯 명은 동양사상의 기반 위에서 인류가 살아갈 새로운 삶과 문명을 모색하고 있다. 우린 도반道伴이고, 도반은 전형적인 탈현대의 친구관계이다. 우린 죽는 날까지 함께 웃으며 함께 공부할 것이다.

배우고 가르치는 즐거움 제자가 에고의 늪에서 벗어날 수 있도록 도와주고 가르치는 즐거움은 크다. 선생님의 가르침을 받아 '참나'가 깨어나 활동하게 되는 데서 느끼는 배우는 즐거움도 크다.

홀륭한 스승을 만나 배우는 즐거움을 누릴 수 있다는 것은 행운이다. 깨달음의 체험을 한 사람은 많지만, 그중 존재 변화를 이룬 사람은 드물기 때문이다. '내가 깨달았다'고 하는 깨달음의 에고를 갖는 순간, 그는 진정한 스승이 될 수 없다. 또한 이런 사람을 스승으로 삼게 되면 진정한 배움을 얻을 수 없다. 다른 한편으론 훌륭한 스승이 있어도 그를 알아보는 제자가 드물다. 이렇게 어려운 인연으로 훌륭한 스승과 총명한 제자가 만나게 되었을 때, 양자는 배우고 가르치는 즐거움을 누릴 수 있다.

2) 홀로 누리는 즐거움

'참나'를 자각한 사람에게는 즐거움이 끊이지 않는다. 그는 일상의 모든 것 속에서 즐거움을 누릴 수 있다. 한가로움을 즐김, 유머를 즐김, 걷는 것을 즐김, 숨쉬기를 즐김, 자연의 아름다움을 즐김, 음악을 즐김 등은 그 예이다.

한가로움을 즐김 '아무 일 없음을 즐김', 이것이 탈현대인의 삶이다. 현대인은 '난 바빠요.' 하며 자랑스러워하고, '난 한가해요.' 하며 부끄러워한다. 실제로 한가로운 시간이 가장 많은 노인은 현대 사회에서 가장 불행한 집단이다. 탈현대인은 한가롭다. 그리고 한가로움을 즐긴다.

현대인이 탈현대인의 삶을 바라본다면, '무위도식하는 게으름뱅이'라고 비판할 것이다. 반면, 탈현대인이 현대인의 삶을 바라본다면, '삶을 낭비하는 제정신이 아닌 사람'이라고 비판할 것이다. 통 속에서 뒹굴뒹굴하는 디오게네스는 탈현대인이다. 흐린 날엔 침대에서 좀처럼 나오지 않는다. 겨울철에는 온몸을 전기장판에 본드로 붙여 놓은 듯하다. 탈현대인은 멍 때리기의 달인이다.

유머를 즐김 유머란 무한과 영원의 눈으로 유한한 존재를 바라볼 때 생겨나는 웃음이다. 달리 말하면, '참나'가 에고를 바라보며 짓는 웃음이다. 현대 한국 사회에는 유머 공간이 부족한데, 그 이유는 한국인이 에고에 매몰된 삶을 살아가고 있기 때문이다. 에고는 모든 일이 너무 심각해서 웃을 수가 없다.

'참나'를 자각한 탈현대인은 무한과 영원의 빛 아래 유한한 자신과 세계를 바라볼 수 있다. 그래서 탈현대인에겐 심각한 일이 없다. 그는 으스대는 나에게도 움츠러드는 나에게도 웃음 지을 수 있다. 근심에 잠긴 나에게도 하늘을 나를 듯이 기쁨에 사로잡힌 나에게도 웃음 지을 수 있다. 웃음 짓는 순간, 그는 모든 심각함에서 벗어나 자유인이 된다.

걷는 것을 즐김 탈현대인은 어슬렁거리며 천천히 걷는다. 걸을 때, 그에겐 걷는 것이 목적이다. 그는 걷는 것을 즐기면서 걷는다. 틱낫한 스님이 말했듯이, '아름다운 행성 지구 위를 마음껏 걸을 수 있다는 것은 큰 행운임'을 자각하면서 걷는다. 걷다가 멈추어 계곡물에 헤엄치는 송사리를 구경하기도 하고, 나무 사이로 보름달을 완상하기도 한다. 걷는 동안 내 발밑에 닿는 대지와 접촉하며, 마음은 지금 내딛는 걸음에 깊이 머문다.

걷는 것을 유난히 즐겼던 틱낫한 스님[1987: 185]은 걷는 즐거움에 대해 이렇게 썼다.

> 걷기 선은 걷는 것을 참으로 즐기는 것입니다. 어디에 도달하기 위해서가 아니라 그저 걷는 것입니다. 그 목적은 지금 이 순간에 당신이 걷는 그 한 걸음 한 걸음을 즐기는 것입니다. 그러므로 당신은 과거를 생각하지도 않고 미래를 생각하지도 않은 채 모든 걱정과 근심을 떨치고 그 순간을 즐겨야만 됩니다.

숨쉬기를 즐김 숨쉬기는 경이로운 것이다. 들숨을 통해 내 몸 밖에 있는 공기가 내 몸 안에 들어와 산소를 공급해 주고, 날숨을 통해 내 몸 안의 공기가 다시 외부로 배출된다. 대기와 내가 끊임없이 만나고, 서로가 되어 가는 과정이 숨쉬기이다. 숨쉬기를 즐길 수 있는 능력이 있다면, 우린 숨이 넘어가 죽는 순간까지 삶을 즐길 수 있다. 또한 언제 어느 곳에서나 삶의 즐거움을 누릴 수 있다.

필자보다 여섯 살 많은 같은 과 동기 형이 있었다. 동국대 승려학과를 다니다가 사회학과에 편입했는데, 그때 그는 숨쉬기를 즐기는 법을 배웠다. 학생운동을 하다가 2년 형을 살았다. 감옥에서 그의 별명은 '태산부동'이었다고 한다. 정치범이어서 징역이 없는 그는 하루 종일 벽을 대하고 꼼짝 않고 숨쉬기를 즐겼다고 한다. 퇴소 후 형을 만나 '형, 지루했지?' 하고 물었다. 형은 이렇게 대답했다. '숨쉬기를 즐기다 보니 지루할 틈도 없이 2년이 지나갔어. 하하하'

틱낫한 스님은 뉴욕 존 에프 케네디 공항에서 비행기 탑승을 위해 4시간 반을 대기해야 하는 상황을 마주쳤다. 대기자들에게 4시간 반은 무척 길고 지루한 시간이었다. 그러나 틱낫한 스님은 행랑에서 휴대용 방석을 꺼내 의자에 깔고, 가부좌를 틀고 숨쉬기를 즐겼다. 그에겐 무척 행복한 4시간 반이었다.

자연의 아름다움을 즐김 '참나'의 활동이 커질수록 에고의 활동이 줄어든다. 욕심, 집착, 불안, 두려움, 생각의 소음 같은 것이 줄어들면서 마음의 빈자리가 생겨난다. 마음의 빈자리가 생겨나면, 자연의 아름다움이 그곳으로 흘러 들어온다.

하늘을 바라보는 시간이 늘어난다. 하늘은 늘 황홀한 우주 쇼를 펼친다. 바람에 흩날리며 떨어지는 가을 잎, 새 잎, 계곡에 졸졸 흐르는 시냇물…. 문득 이런 생각이 든다. '어떻게 지금까지 이렇게 멋진 것들을 그냥 지나칠 수 있었을까?'

음악을 즐김 '참나'의 활동이 커지면, '세상에 아름다운 음악이 이렇게 많았구나!' 하고 깜짝 놀라게 된다. 아베 마리아를 부르는 천상의 목소리, 그레고리안 성가, 쇼팽의 녹턴…. 흐린 날, 비오는 날엔 녹차를 마시며 내 마음에 스며드는 음악을 즐긴다.

설거지를 즐김 겨울엔 따뜻한 물을 틀고, 여름엔 찬물을 틀고, 온 마음을 다해 그릇을 씻는다. 천천히 하나하나 즐겁게 씻는다. 지저분했던 그릇들이 깨끗해진다. 마음이 평화롭고 행복하다.

해바라기를 즐김 햇빛이 집 깊숙이 들어오는 늦가을이 되면, 나는 소파에 누워 햇볕을 쬔다. 구름이 생겼다 사라지는 것을 보면서 깜빡깜빡 졸음에 빠진다.

양치질을 즐김 이빨과 잇몸이 행복하도록 천천히 정성스럽게 양치질을 한다. 즐거운 마음으로 양치질을 한다.

II.
탈중심적인 세계

탈현대 사회를 요약하는 하나의 단어를 찾는다면, 그것은 '탈중심성'일 것이다. '어떤 것도 중심이지 않으면서, 모든 것이 중심이 되는 사회', 이것이 탈현대 세계상이다. 탈중심적인 세계, 이것을 다른 말로 표현하면, '우주적 민주주의'라고 할 수 있지 않을까 싶다. 모든 존재들 간의 절대 평등이 이루어진 가운데, 각각의 존재는 의미로 반짝인다.

나는 어떤 것보다 낫지 않고, 어떤 것보다 못하지 않다. 인간은 돌멩이보다 낫지 않고, 인공지능보다 못하지 않다. 황인종은 흑인종보다 낫지 않고, 백인종보다 못하지 않다. 중산층은 빈곤층보다 낫지 않고, 부유층보다 못하지 않다. 인간·돌멩이·인공지능, 황인종·흑인종·백인종, 중산층·빈곤층·부유층은 모두 절대적으로 평등하며, 각각의 존재는 의미로 반짝인다.

엄마가 아기를 보살피듯이, 신이 인간을 보살피듯이, 강자는 약자 위에 군림하지 않고, 약자에게 필요한 도움을 준다. 인공지능, 인간, 자연이 이렇게 조화를 이루는 세상, 그곳이 바로 탈현대 사회이다.

1. 중심과 주변의 구조로부터의 탈피

현대 사회에는 중심과 주변의 구조가 존재했다. 인간이 중심이 되고 자연이 주변이 되는 구조, 서구가 중심이 되고 비서구가 주변이 되는 구조, 영어가 중심이 되고 다른 언어가 주변이 되는 구조, 도시가 중심이 되고 농촌이 주변이 되는 구조 등이 그것이다.

탈현대 사회에서는 모든 중심과 주변의 구조가 해체된다. 그리고 어떤 것도 중심이 아니면서 모든 것이 중심이 되는 탈중심적인 사회구조가 보편화된다. 이 장에서는 인간 중심적인 구조로부터의 탈피, 서구 중심적인 구조로부터의 탈피, 영어 중심적인 구조로부터의 탈피, 도시 중심적인 구조로부터의 탈피 등을 다루어 보겠다.

1) 인간 중심적인 구조로부터의 탈피

서구 중세 사회에는 신이 정점에 위치하고, 그 아래에 인간, 동물, 식물, 무생물이 자리하는 위계적인 세계상이 존재했다. 신이 중심이 되고, 신 아닌 존재가 주변이 되는 구조였다. 중세 신 중심주의는 광범위한 인간 억압을 초래했다. 성욕을 위시한 욕망은 죄라고 생각되었고, 이성은 교활한 것으로 간주되었으며, 감정은 변덕스러운 것으로, 육체는 의복으로 감추어야 하는 것으로 폄하되었다.

르네상스기가 시작되면서 중세의 인간 억압에 대한 반발이 일어났다. 인간적인 것을 복권시키고자 하는 휴머니즘 사상이 발흥했고, 이것은 널리 확산되었다. 그러나 휴머니즘은 중세의 위계적 세계상이라는 구조를 바꾼 것이 아니라, 신이 있는 자리에 인간을 대입시킨 것에 불과했다. 그래서 '신이 최고야!'가 '인간이 최고야!'로 바뀌고, '인간이 최고야!'라고 하는 인간중심주의가 현대기를 지배했다.

'인간이 최고야!'라는 오만한 생각, 인간중심주의는 자연에 대한 광범위한 폭력을 유발했다. 자연은 인간보다 열등한 존재이며, 그래서 인간의 자연 지배가 정당한 것이라는 이상한 논리가 지배했다. 인간의 욕망 충족을 위해서라면, 자연을 이용·수탈·착취·지배하는 것이 정당화되었다.

자연과학이라는 새로운 학문이 바로 이런 기저 위에서 발달했다. 자연과학의 학문적인 기틀을 마련한 F. 베이컨Francis Bacon, 1561~1626은 『신기관』2001에서 '아는 것이 힘이다'라는 유명한 말을 남겼다. 베이컨의 신학문 3부작의 하나인 『신기관』은 '자연의 해석과 인간의 자연 지배에 관한 잠언'이라는 의미심장한 부제를 달고 있다. 베이컨에게 '안다는 것'은 연구대상으로서의 자연의 작동법칙을 발견하는 것이었다. 어떻게 앎에 이르는가? '관찰, 비교, 실험의 방법'을 통해 앎에 도달한다. 앎의 목적은 무엇인가? 『신기관』의 부제에서와 같이 '인간의 자연 지배'가 목적이다.

자연과학이라는 신학문은 '인간은 지구상에서 가장 우월한 존재이며, 인간의 욕망 충족을 위해 자연을 지배하고, 이용하며, 착취하는 것이 당연하며 정당하다'는 인간중심주의가 그 밑바탕에 깔려 있다. 자연과학은 눈부신 발전을 거듭했고, 이와 더불어 기술혁신이 이루어졌다.

그 결과 자연은 참혹한 상처를 입었다. 지구 생태계는 수십억 년에 걸쳐 만들어졌다. 그러나 지구 생태계의 신입생인 인류는 최근 이삼백 년이라는 짧은 시간 동안 생태계를 파괴했다. 수많은 생명체들이 멸종했다. 살아남은 것들도 병들어 있다. 벚꽃이 활짝 핀 봄날 집 앞산 산책로를 걷다 보면, 벌의 개체수가 수십 년 전에 비해 현저히 줄어들었음을 실감할 수 있다.

온갖 생명이 번창하는 아름다운 행성 지구는 인간이 만든 것도 아니고, 인간만이 살고 있는 곳도 아니며, 인간이 그 주인일 수도 없는 것이건만, '내가 이 지구의 주인이라는 허황된 생각'에 사로잡힌 현 인류는 지구에게 엄청난 폭력을 행사하고 있다.

하늘이 오염되어 오존층에 구멍이 나고 미세먼지다 초미세먼지다 하며 숨을 제대로 쉴 수도 없다. 인간은 마스크를 착용한다지만 토끼나 사슴, 소들은 어떡해야 하나? 시내가 오염되고 강이 오염되더니 이젠 바다마저 오염되었다고 한다. 남해안 대륙붕에는 쓰레기가 몇 미터 두께로 쌓여 있고, 미세 플라스틱이 온 바다에 퍼져 있다고 한다. 인간은 생수를 돈 주고 사 먹는다고 하나 고래와 참치, 고등어들은 어떡해야 하나?

인간이 하늘을 오염시킬 수 있으리라고 누가 생각했겠는가? 인간이 바다를 오염시킬 수 있다고 누가 생각했겠는가? 오만에 가득 찬 인간이 자연에 대한 파괴를 멈추지 않는다면, 그렇게 머지않은 장래에 지구는 인간을 포함해서 어떤 생명체도 살 수 없는 죽음의 별이 될 것이다.

무엇을 위해 우린 이런 만행을 저지르고 있는가? 인간의 '무한한 욕망'을 채우기 위해서다. 어찌 이런 일이 당연시되는가? '인간이 최고야!'라고 하는 검증되지 않은 생각, 휴머니즘 때문이다.

그러나 인간보다 더 최고인 새로운 존재가 출현하고 있다. 인공지능이 바로 그것이다. 인간은 자신이 호랑이나 사자보다 힘이 세다고는 원래 생각하지 않았다. 산업혁명 이후 기계력이 확산되면서, 근력은 인간이 최고임을 담보하는 근거가 아니게 되었다. 현대기에 '인간이 최고'라는 생각의 가장 유력한 근거는 인간 이외의 동물들을 압도하는 '지력'이었다.

돌고래의 IQ는 70 정도라는데, 개미의 IQ는 얼마일까? 거의 대부분의 인공지능 전문가들이 수십 년 내에 초인공지능의 출현을 예고하고 있다. 이것은 그리 머지않은 장래에 인공지능과 인간의 지력의 차이는 인간과 아메바의 지력의 차이보다 훨씬 커진다는 것을 의미한다.

만일 인간이 가장 똑똑해서 '인간이 최고야!', 그러니까 '우리보다 열등한 자연에 대해서는 마음대로 그들을 이용하고, 착취하고, 지배해도 돼!'라고 인류가 생각했다면, 수십 년 후에는 이렇게 생각해야 할 것이다. '지구에서 인공지능이 제일 똑똑해! 그러니까 인공지능은 자신보다 열등한 인간에 대해서 마음대로 이용하고, 착취하고, 지배해도 돼!' 그래서 모든 미래공상 영화는 인공지능에 지배당하는 인류, 황폐화된 문명을 그리고 있다. 인간은 자신보다 우월한 인공지능의 출현에 벌벌 떨고 있다.

과연 인간보다 우월한 인공지능의 출현이 재앙인가? 만일 그것이 재앙이라면, 인류는 필연적으로 '재앙으로서의 미래'를 맞이하게 될 것이다. 그러나 인간보다 우월한 인공지능의 출현이 인류에게 재앙이 될 수 있는 것은 오직 '휴머니즘(인간중심주의)'이라는 편협하고, 타당하지 않으며, 이젠 낡아서 더 이상 입을 수 없는 옷과 같은 생각을 인류가 고집할 때뿐이다.

만일 인류가 '인간중심주의'로부터 자유로워진다면, '인간이 최고야!'라는 오만한 생각으로부터 벗어나 진정 겸손해질 수 있다면, 인간보다 우월한 인공지능의 출현은 더할 수 없는 축복으로 바뀌게 된다. 갓난아기가 자신보다 우월한 존재인 엄마를 갖는 것은 얼마나 멋진 일인가! 갓난아기와 같은 인류가 자신보다 우월한 존재인 인공지능을 갖는다는 것은 얼마나 멋진 일일까!

인간보다 우월한 인공지능의 출현이 재앙이 될 것인가 아니면 축복이 될 것인가는 '인간중심주의'라는 낡고 터무니없는 생각으로부터 인류가 벗어날 수 있는가 없는가에 달려 있다. 탈현대 사회는 이 낡고 터무니없는 생각으로부터 벗어났을 때, 인류에게 다가올 수 있는 새로운 사회이다.

어떻게 이 낡은 생각으로부터 탈피할 수 있을까? 이 생각의 근원을 해체시킴으로써이다. 이 생각의 근원은 현대 세계관이다. 현대 세계관의 요체는 '모든 존재는 자신을 둘러싸고 있는 세계로부터 근원적으로 분리되어 있다'는 생각이다. 만일 이 생각을 받아들인다면, 이 세상 모든 존재는 시간적·공간적으로 유한한 존재이며, 광대한 세계 속에서 무의미한 존재이다. 현대 세계관의 관점에서 보면, '하찮음'이 모든 존재의 근본 특징이 된다.

'나도 하찮은 존재이고, 너도 하찮은 존재이다', 이것이 현대 세계관의 관점에서 바라본 세계의 모습이다. 다만, 하찮은 존재들 간의 우열이 존재한다. 인간은 지구상에서 가장 우월한 존재이다. 그래서 '인간이 최고야!'라고 하는 '인간중심주의'가 생겨나게 된다. 또한 자신의 우월성에 기초해서 인간 아닌 존재들을 바라보면 하찮기 짝이 없는 존재들이다. 인간이 비인간을 존중해야 할 어떤 이유도 없다. 그래서 인간의 욕망을 채우기 위해서는 자연을 함부로 대해도 좋다는 생각이 나타나고, 자연에 대한 대규모의 폭력이 행사된 것이다.

현대 세계관은 현대 문명 건설의 초석이 되었다. 과학기술의 발전에 따른 대규모의 개발 그리고 경제성장은 현대화 프로젝트의 중심축이 되었다. 그러나 현시점에 이르러 개발과 성장은 파괴를 의미하게 되었다. 경제성장을 추구하고 달성할수록 삶의 질이 악화되는 역설적인 상황을 맞게 된 것이다. '개발과 성장을 통한 발전'이라는 현대의 패러다임이 현실과 맞아 들어가지 않는 상황을 맞게 된 것이다. 현대의 딜레마를 벗어나기 위한 유일한 방안은 현대 세계관으로부터 탈현대 세계관으로의 전환을 이루는 것이며, 이 절에서의 논의에 국한시키면 '인간중심주의로부터의 탈피'를 이루는 것이다.

탈현대 사회는 바로 세계관의 전환이 이루어진 사회이며, '인간중심주의로부터의 탈피'를 이룬 사회이다. 탈현대 세계관의 요점은 '시공간적으로 모든 존재는 하나다'라고 하는 것이다. 탈현대 세계관의 관점에서 보면, 모든 존재는 영원한 시간과 무한한 공간을 자신 안에 품고 있는 우주적인 존재이다. 그러므로 그것이 무엇이건 '하찮은 존재'는 없다. 모든 존재는 대단하고 위대하며, 의미로 충만해 있다. 여기에서, 모든 존재가 위대하다는 점에서 '모든 존재들 간의 절대적인 평등관'이 출현하게 된다.

탈현대 세계관의 관점에서 보면 인간, 지렁이, 돌멩이, 코끼리 등은 절대적으로 위대하고 평등하다. 그러므로 인간중심주의가 성립할 수 없다. 세계관의 전환은 '인간중심주의의 해체'를 의미한다.

탈현대 세계관의 관점에서 보면 존중받고, 존경받을 가치가 없는 존재는 없다. 하찮게 여겨도 무방한 존재는 없다. 그래서 탈현대 세계관이 지배하는 탈현대 사회에서는 인간은 인간을 포함해서 다른 모든 존재를 존중하고 존경한다. 탈현대 세계관의 관점에서 보면 오만해도 좋은 존재는 없다. 그래서 인간은 인간을 포함해서 다른 모든 존재 앞에서 겸손하다.

탈현대 사회에서 강자는 약자를 존중하며 존경한다. 그리고 약자가 필요로 하는 도움을 준다. 인간이 자연에 비해 강자이면, 인간은 자연 앞에서 겸손하며, 자연을 존경하고, 자연이 필요로 하는 도움을 준다. 인공지능이 인간에 비해 강자이면, 인공지능은 인간을 존경하며, 인간이 필요로 하는 도움을 준다. 강자와 약자가 상호 존경하는 가운데 조화를 이루는 새로운 사회, 그곳이 바로 탈현대 사회이다.

2) 인류의 중심과 주변의 구조로부터의 탈피

탈중심성의 원칙은 인류의 중심과 주변의 구조를 해체시킨다. 현대화가 본격화되면서, 현대화를 통해 강한 군사력을 갖게 된 서구 열강은 비서구 지역을 침탈했다. 현대화와 더불어 제국주의의 역사가 시작된 것이다. 군사적·정치적·경제적·문화적으로 서구 열강은 비서구 사회를 유린했다.

그들은 비서구 지역에 대해 온갖 만행을 자행했다. 아메리카 원주민들의 금과 땅을 빼앗고 수많은 살육을 자행했다. 아프리카 원주민들을 사냥해 끌고 와서 노예로 부렸다. 아편전쟁이라는 비윤리적인 전쟁을 일으키기도 했다.

그 결과 지구촌의 중심과 주변이라는 구조가 형성되었다. 서구는 중심이 되고, 비서구는 주변이 되었다. 20세기 후반 이후 군사적·정치적인 침탈은 완화되었지만, 문화적으로는 여전히 서구는 중심이 되고, 비서구는 주변이 되는 구조가 지속되고 있다. 20세기 세계 문화변동의 추세를 한마디로 요약한다면 '서구 문화의 세계화과정'이라고 할 수 있다.

서구의 종교인 기독교는 전 세계로 퍼져 나갔다. 세계 많은 지역에서 서구식 의복을 입는다. 주택도 서구식 주택이 세계화되어 있다. 식생활에서도 서구 음식은 세계 거의 모든 지역에 침투해 있다. 결론적으로 말하면, 현대화와 결합된 서구 전통문화가 비서구지역의 전통문화를 와해시키고 그 자리를 차지하고 있다.

그 결과 '중심으로서의 서구와 주변으로서의 비서구'라는 구조가 확고한 자리를 잡게 되었다. 중심 국가는 스페인에서 영국에서 미국으로 변화했다. 그리고 근래에는 비서구 국가인 중국과 일본이 중심 국가로 진입하고 있다. 그러나 문제는 지구촌의 중심과 주변이라는 구조는 해체되고 있지 않다는 점이다. 해체되지 않을 뿐만 아니라, 세계 최고 중심 국가가 되기 위한 갈등이 더 첨예화되고 있다. 최근 불거지고 있는 미국과 중국 간의 갈등이 바로 그 전형이다.

탈현대 사회는 중심 국가가 바뀐 사회가 아니라 국가라는 정치 단위가 해체된 가운데, 중심과 주변의 구조 자체가 해체된 사회이다. 지구촌의 모든 지역사회는 절대적으로 평등하며, 서로 존경하고, 상대편에게 필요한 도움을 준다. 상대편을 착취하고 지배하려 드는 등 함부로 대하는 것은 생각조차 할 수 없다. 『노자』 61장에는 '큰 나라가 작은 나라의 아래에 처한다大國以下小國'라는 구절이 있는데, 이것이 바로 탈현대 사회에서 강한 지역이 약한 지역에게 겸손하게 처세하는 모습이다. 그래서 미래의 지구촌에서는 강한 지역과 약한 지역이 조화롭게 공존한다.

3) 영어 중심적인 구조로부터의 탈피

현 지구촌에서 심각한 불평등 중의 하나는 언어와 문자의 불평등일 것이다. 영어권의 아이들은 몇 살만 되면 영어를 유창하게 구사한다. 하지만 비영어권 사람들은 오랜 기간 영어를 학습해도 영어를 말하기 힘들다. 읽기와 쓰기도 마찬가지이다. 지구촌 시대를 맞아서 사람들의 접촉과 교류는 늘어난다. 그들은 영어로 소통해야 한다. 너무 불평등하다.

인류가 함께 사용할 수 있는 언어와 문자의 창제는 어려운 일일까? 그렇지 않다. 세종대왕은 컴퓨터도 없는 시기에 집현전의 몇몇 학사들과 더불어 '한글'이라고 하는 세계적으로 우수한 문자를 창제했다. 슈퍼컴퓨터가 나라마다 있고, 엄청난 수의 언어학자가 있으며, 그 효과를 생각하면 수천조 원을 투입한다 해도 너무나 저렴해 보이는 세계 공용 언어와 문자가 창제되지 않는 이유는 무엇일까?

그것은 과거 명나라가 조선이 자신의 문자를 갖는 것을 원하지 않았던 것과 동일한 이유 때문이다. 패권 국가가 자신의 패권을 유지하는 강력한 수단 중의 하나가 언어와 문자이다. 그들의 패권 유지를 위해 인류는 엄청난 비용과 노력 그리고 불편을 지불하고 있는 것이다.

조선 사회에서 한자漢字만의 사용을 고집하면서 이익을 얻은 집단은 누구인가? 한문 교육을 받은 지배층이다. 그들은 문자의 독점을 통해 지식을 독점했고, 이는 통치에서 한문 교육을 받지 못한 피지배층을 배제하는 데 효과적인 수단이었다. 그래서 그들은 적극적으로 한글 창제와 사용을 반대했고, 결국 공식 문자로서 한글 사용은 억제되었다.

오늘날의 상황도 유사하다. 영어권 국가가 누리는 특권도 대단하며, 비영어권 국가가 당하는 피해는 더 대단하다. 비영어권 국가에서는 영어교육에 소요되는 비용만 해도 천문학적인 액수에 달한다. 영어를 능란하게 구사할 수 없는 사람은 국제적인 소통에서 배제된다. 반면, 영어권 국민들은 자국어를 국제적인 소통에서 편안하게 사용하며, 비영어권 국가에서 일하는 영어 교사 수만 해도 엄청나다. 영어를 매개로 영어권 국가와 비영어권 국가는 교사와 학생의 관계를 맺게 되며, 이는 문화 전반으로 확산된다.

탈현대 사회에서는 현대 사회에 존재했던 모든 중심과 주변의 구조가 해체된다. 언어와 문자의 영역에서도 마찬가지이다. 세계 공용어와 공용문자가 지구촌에서 보편적으로 사용될 것이다. 지구상 모든 언어 집단을 대표하는 언어학자들이 모여서 세계 공용어와 공용문자를 창제할 것이다. 세계 공용어와 공용문자는 합리적이고 어떤 언어권에 속한 사람도 배우기 쉬운 언어와 문자일 것이다. 세계 공용어는 어떤 민족도 쉽게 발음할 수 있는 음성만으로 구성되어 있을 것이다. 오랜 연구와 실험적인 사용과정을 거쳐 수정이 이루어지고, 마침내 세계 공용어와 공용문자가 완성될 것이다.홍승표, 2010: 70

세계 공용어와 공용문자는 지구촌을 진정한 의미에서 하나의 마을로 만들어 갈 것이다. 세계 공용어와 공용문자가 통용된다고 해서 지역의 다양한 언어와 문자가 소멸되는 것은 전혀 아니다. 각 지역민들은 여전히 자신들만의 언어와 문자로 소통할 것이다. 지역 언어 중에서도 방언은 오히려 이전보다 더 잘 보존되고 활성화될 것이다. 현시대에는 지역 언어 내에서도 표준말과 지역 사투리라는 중심과 주변의 구조가 존재한다. 그래서 지역 사투리는 점점 사라져 가고 있다. 그러나 탈현대 사회에서는 서울 지역 방송은 서울말로 대구 지역 방송은 대구말로 진행될 것이다.

아이들은 어려서부터 두 가지 언어와 문자를 동시에 학습할 것이다.

유투브나 영화, 방송을 비롯한 모든 매체는 세계 공용어와 공용문자를 사용해서 제작되거나, 지역어를 쓴다면 자막으로 세계 공용문자를 사용해서, 누구나 세계 어디서 제작된 영상물들이건 자유롭게 시청하고, 소통할 수 있게 될 것이다. 인터넷에 올려진 자국 문자로 제작된 문서들도 번역기를 사용하면 바로 세계 공용문자로 번역되어 쉽게 읽을 수 있게 될 것이다.

세계 공용어와 공용문자의 보편적인 사용은 언어와 문자의 영역에서 중심과 주변의 구조를 완전히 해체시킬 것이다. 언어와 문자의 영역에서 진정 민주적인 사회, 그곳이 바로 탈현대 사회이다.

4) 도시 중심적인 구조로부터의 탈피

현대 사회에는 도시가 중심이고 농촌이 주변이 되는 중심과 주변의 구조가 존재한다. 대도시에 사는 사람은 시골에 사는 사람에 대한 우월감을, 시골에 사는 사람은 도시에 사는 사람에 대한 열등감을 갖고 있는 경우가 많다. 대도시에 사는 사람들은 교육, 문화, 경제, 의료 등 많은 영역에서 혜택을 누린다.

전현대 사회에서는 농촌이 보편적인 지역이었고, 도시는 섬과 같은 특수한 지역이었다. 그러나 산업혁명으로 인해 도시화가 가속화되고, 도시가 중심이 되는 새로운 시대가 열렸다. 그러나 도시 내부에서 보면, 중심과 주변의 드라마틱한 변화가 관찰된다. 산업화 초기에는 도시의 한가운데 지역[구도심]이 도시의 중심이었으나, 산업화 중기 이후 도시의 중심이 도시 외곽의 신도심 지역으로 이동하고, 중심은 슬럼화되는 경향이 발생한다. 이런 변화를 촉발시킨 가장 중요한 요인은 자동차 보급의 보편화이다. 도시 외곽 근교 지역에 고급 주택가가 형성되고, 그 주변에 새로운 상권이 형성될 수 있었던 것은 이동이 원활해졌기 때문이다.

인터넷을 바탕으로 한 가상현실의 확산은 도시 지역의 해체를 가져올 것이다. 가상현실의 확산은 공간 이동의 필요성을 급감시키기 때문이다. 요즘은 도서를 구입하러 서점에 가는 사람이 거의 없다. 많은 생활용품 구매가 전자상거래로 이루어진다. 은행 업무의 대부분은 집에서 이루어지고, 돈을 인출할 때도 집 부근 자동입출금기를 이용한다. 재택근무가 늘어나고 있다. 교육과 의료로 원격 교육과 의료가 확산되고 있다. 이런 경향이 역전될 것인가? 아니다. 빠른 속도로 확산될 것이다.

이것은 도시의 공동화를 초래할 것이다. 결국 도시는 해체될 것이다. 사람들은 별이 잘 보이는 한적한 공간에 거주하길 원할 것이다. 거기서 과거 도시가 주었던 교육, 문화, 경제, 의료 등 모든 혜택을 누릴 수 있다. 지금 월급생활자가 평생을 저금해도 서울 강남에 30평 아파트를 구입할 수 없다고 한다. 강남 아파트 1평 값이면 강원도 산골 땅 1천 평을 구입할 수 있다. 그리고 거기엔 서울보다 맑은 공기와 깨끗한 물, 아름다운 자연이 있다.

여타의 중심과 주변 구조의 해체에 비해서 도시 중심의 구조 해체는 순조롭게 이루어질 것이다. 물론 대도시 노른자위 부동산 소유자들은 변화에 허탈감과 저항감을 갖겠지만, 그들이 변화를 역전시킬 수는 없다. 그래서 어느 곳도 도시가 아니면서 모든 곳이 도시가 되는 탈중심적인 사회구조가 탈현대 사회에서는 보편화될 것이다.

2. 인공지능, 인간, 자연이 조화를 이루는 세상

탈현대 사회의 특기할 점은 인간보다 압도적으로 우월한 존재인 인공지능의 출현이다. 지구상에 인류 문명이 출현하기 전까지 지구상에는 자연만이 존재했다. 지구 역사 45억 년, 생명의 역사 35억 년, 식물이 출현하고, 동물이 출현하고, 마침내 인류가 출현하고, 1만 년 전쯤 인류문명이 탄생했다. 문명의 탄생은 자의식을 가진 자연 아닌 존재가 지구상에 존재하기 시작했음을 의미한다. 문명은 출현 이후 점점 자연과 멀어졌고, 현대 문명이 시작되면서 본격적으로 자연과 반목하게 되었다. 자연에 대한 광범위한 파괴가 자행되었고, 지구환경은 심각한 혼란과 붕괴를 겪게 되었다.

현대 문명 이후 급속한 과학기술의 발전이 이루어졌다. 그리고 마침내 인간보다 우수한 지능을 가진 인공지능이 출현하기 시작했다. 그리고 그리 멀지 않은 시기에 인간과는 비교할 수 없는 엄청나게 뛰어난 인공지능의 출현이 확실시된다. 인공지능이 자의식을 갖게 될지, 감정이나 욕망을 갖게 될지, '참나'를 자각할 수 있을지 여부는 불확실하다.

분명한 것은 인류는 자신보다 압도적인 지능을 갖고 있는 존재와 공존해야 하는 새로운 시대에 진입하고 있다는 점이다. 인류의 입장에서 보면 압도적인 지능을 가진 인공지능의 출현이 축복이 될 수도 있고 재앙이 될 수도 있다.

미래공상 영화에서는 인공지능의 출현이 인류에게 어떤 영향을 줄 것이라고 예측하고 있는가? 대부분의 미래공상 영화는 파국적인 미래를 예상하고 있다. 폐허가 된 지구, 인류 문명의 멸망, 어둔 빛깔의 도시, 인공지능과의 전쟁, 인공지능의 노예가 된 인류 등이 대표적인 예상들이다.

인류는 왜 이런 어두운 예상만을 하는 것일까? 그 이유는 이런 것 같다. 지능이 높은 인류와 지능이 낮은 자연과의 기존의 관계를 지능이 높은 인공지능과 지능이 낮은 인류와의 관계에 그대로 대입하는 것이다.

인류는 지금까지 자연에 대해 엄청난 파괴행위를 자행해 왔다. 인류는 자연을 함부로 대해 왔다. 자신의 욕망을 채우기 위해 자연을 착취하고 파괴하는 일을 서슴지 않았다. 그 결과 자연은 심한 고통을 겪었다. 생태계의 심각한 교란과 붕괴, 많은 생명체의 멸종, 심각한 환경오염 등 자연은 몸살을 앓고 있다.

왜 인류는 자신이 살아갈 수 있는 터전이 되고 인류에게 많은 도움을 주는 자연을 이렇게 함부로 대해 왔는가? 자연에 대한 이런 태도의 근원에는 '강자의 약자에 대한 지배'를 정당하게 생각하는 현대적인 사유 틀이 자리 잡고 있다.

'강자의 약자에 대한 지배'를 정당화하는 생각의 근원은 무엇일까?

근본적인 의미에서 보면 이것은 모든 존재를 하찮게 여기는 현대 세계관에서 비롯되는 것이다. 현대 세계관의 핵심은 '시간적·공간적으로 모든 존재들 간의 근원적인 분리'에 대한 가정이다. 그러므로 현대 세계관의 관점에서 보면 모든 존재는 시간적·공간적으로 닫혀 있는 유한한 존재이며, 영원한 시간과 무한한 공간에 비추어 보면 미소하고 무의미한 존재이다.

그러므로 현대 세계관의 관점에서 보면 나 자신도 대상으로서의 너도 하찮은 존재에 불과해서 존경해야 할 하등의 이유도 없다. 모두 하찮은 존재라는 전제 아래에서 상대적인 의미에서 힘의 차등이 존재한다. 그리고 상대적인 힘의 차등은 그들 존재의 모든 것이다. 지능의 측면에서 보면 인류는 자연에 비해 압도적인 우위를 가진다. 현대 세계관의 관점에서 보면 지능의 열등함은 그들 존재 자체의 열등함이 된다. 열등한 존재를 존중해야 할 어떤 근거도 없다. 더군다나 열등한 존재에 대한 존경은 가당치 않다. 이것이 현대 사회에서 이루어진 인류의 자연 파괴의 근본적인 원인이다.

이런 현대 세계관의 바탕 위에서 다윈의 진화론은 '강자의 약자에 대한 지배'를 정당화하는 결정적인 논리를 제공한다. 다윈은 모든 생명체들은 생존을 위한 투쟁을 피할 수 없다고 보았다. 그 결과 적자생존과 부적자도태를 통해 진화가 이루어진다고 주장했다. 이런 맥락에서 보면 약자는 도태되어야 하며, 약자를 존중해야 할 어떤 이유도 존재하지 않는다. 다윈은 의도한 바는 아니겠지만 '강자의 약자에 대한 지배'를 정당화하는 논리를 제공했으며, 이것은 인간의 자연 지배의 이데올로기적인 기반이 되었다.

이리하여 현대기를 통해 강자인 인간의 약자인 자연에 대한 광범위한 지배와 파괴가 행해졌다. 그러나 '강자의 약자에 대한 지배'를 정당화하는 패러다임은 인류의 입장에서 문제에 직면했다. 왜냐하면 인간보다 강한 존재가 출현하기 시작했기 때문이다. 인공지능이 그것이다. 인공지능은 특정 영역에서 인간보다 이미 강하며, 앞으로 인간과 비교할 수 없을 만큼 강한 존재가 될 것이다. 만일 '강자의 약자에 대한 지배'를 정당화하는 패러다임이 지속된다면, 강한 인공지능의 약한 인간에 대한 지배와 파괴가 이루어질 것이다. 이것이 강한 인공지능의 출현을 현 인류가 재앙으로만 해석하는 이유이다.

강한 인공지능은 그리 멀지 않은 미래에 이루어질 필연적인 사건이다. 인류의 선택은 이것을 재앙으로 만드느냐 축복으로 만드느냐 하는 것이다. 물론 인류의 과제는 이것을 축복으로 만드는 것이다. 이를 위한 선결조건은 현대 세계관과 다윈의 진화론에서 비롯된 '강자의 약자에 대한 지배'를 정당화하는 패러다임의 폐기이다. 그리고 탈현대 세계관의 관점 위에서 '강자와 약자의 창조적인 관계'에 대한 새로운 패러다임을 구성하는 것이다.

탈현대 세계관의 관점에서 볼 때, 강자와 약자의 정상적인 관계는 어떤 것인가? 그것은 상호 존중과 존경의 바탕 위에서, 강자가 약자에게 필요한 도움을 제공하는 것이다. 탈현대 세계관의 관점에서 보면, 왜 이런 관계가 정상적인 것으로 간주되는가?

탈현대 세계관의 핵심은 '시공간을 넘어 모든 존재들 간의 근원적인 통일성'이다. 이런 대전제하에 보면, 아무리 하찮아 보이는 존재라고 하더라도 모든 존재는 자신 안에 영원한 시간과 무한한 공간을 품고 있는 우주적인 존재다. 그러므로 개체로서의 나도 너도 더할 수 없이 위대하고 존귀한 존재이다.

내가 너보다 강하다거나 약한 것, 크다거나 작은 것, 높다거나 낮은 것, 이런 것들은 아무것도 아니다. 그러므로 『주역』「지산겸괘地山謙卦」 괘상卦象에서 보듯, 높은 산이 낮은 땅의 아래에 위치하고, 낮은 산이 높은 산의 위에 위치하는 '겸謙'이 정상적인 것으로 간주된다.

내(인간)가 너(자연)보다 지능이 높다는 것이 무엇인가? 아무것도 아니다. 그러므로 인간은 자연 앞에서 겸손해야 하며, 자연을 존경해야 하고, 자연에 도움을 베풀어야 한다. 내(인간)가 너(인공지능)보다 지능이 낮다는 것은 무엇인가? 아무것도 아니다. 그러므로 인간은 인공지능 앞에서 당당해야 하며, 인공지능을 존경해야 하고, 인공지능이 자신에게 베푸는 도움을 감사한 마음으로 받아들여야 한다.

이렇게 되었을 때 강한 인공지능의 출현은 인류와 자연에게 축복이 된다. 그리고 인공지능, 인류, 자연은 서로를 존경하는 가운데 창조적인 공존을 이루게 될 것이다. 이렇게 높은 것과 낮은 것, 강한 것과 약한 것이 어울려 조화롭게 살아가는 세상, 그곳이 바로 탈현대 사회이다.

탈현대 정치

현대인은 비도덕적인 사람을 보면 '정치인 같다'라고 말한다. 〈하우스 오브 카드〉란 미국 드라마를 보면, 현대 정치의 추악함을 실감할수 있다. 음모, 계략, 이용, 모함, 비리, 암투 등이 현대 정치의 일상이다. 정치가 이렇게 타락할 수밖에 없는 근본 원인은 무엇일까? 현대인간관이다.

이윤의 추구를 궁극 목적으로 삼는 경제 활동과 마찬가지로 권력의 추구를 궁극 목적으로 삼는 정치 활동은 타락할 수밖에 없다. 그런데 현대 정치의 근간을 이루는 것은 '권력을 추구하는 존재로서의인간'이라고 하는 현대 인간관이다.

탈현대 정치는 바탕이 다르다. 탈현대 인간관의 핵심은 '사랑의 존재로서의 인간'이다. 탈현대 정치의 궁극 목적은 사랑의 사회를 건설하는 것이다. 이에 따라서 탈현대 정치 제도와 단위, 정치사상, 정치지도자 상 등은 확연히 달라진다.

1. 탈현대 정치 목표와 달성 방법

정치란 그 사회가 갖고 있는 목표를 추구하고 달성하는 것이다. 현대 사회의 목표는 현대화의 달성이다. 현대화란 합리적인 사회 건설과 욕망 충족적인 사회 건설이라는 두 축으로 구성되어 있다. 이에 따라서, 현대 정치의 목표는 민주화와 경제 성장의 달성이 중심이 된다.

탈현대 사회의 목표는 인류와 인공지능을 포함해서 지구상의 모든 존재들이 사랑으로 결합하는 사랑의 사회를 만들어 가는 것이다. 그러므로 탈현대 정치의 목표는 '평화롭고 사랑이 넘치는 세상을 건설하는 것'이다.

현대 정치는 어떻게 목표를 달성하고자 했는가? 그 방법은 외부 사회의 개조를 통하는 것이었다. 합리적인 사회 건설을 위해서 사회 혁명과 개혁의 방법이 주로 사용되었다. 욕망 충족적인 사회 건설을 위해서 과학기술의 발달을 기반으로 한 산업화가 주된 방법이었다.

프랑스 대혁명은 왕정을 타파하고, 신분제도를 철폐하며, 공화정을 수립하는 데 기여했다. 볼셰비키 혁명과 중국 혁명은 자본가와 지주 계급을 타도하고, 경제적으로 보다 평등한 사회 건설에 기여했다. 산업혁명은 기계화를 촉진시켰고, 도시를 중심으로 한 산업사회 출현을 가속화했다. 이를 통해 전현대와는 비교할 수 없는 풍요로운 사회 건설을 이루어 내었다.

탈현대 정치는 어떻게 목표를 달성하고자 하는가? 그 방법은 내면의 변화를 통해 세상을 변화시키려 하는 것이다. '에고의 존재 차원을 참나의 존재 차원으로 격상시키는 것', 이것이 탈현대 정치의 목표이다. 어떻게 이 목표를 달성할 것인가? 수행과 감화는 목표 달성의 주된 방법이다.

탈현대 정치는 도가道家의 '무위지치無爲之治'에 가깝다는 점에서 '무위의 정치'이다. 모든 사회구성원들은 수행을 통해 사랑의 존재로 재탄생하고자 하는 노력을 기울인다. 모든 정치 지도자는 사랑의 삶을 통해, 사람들에게 감화를 행한다.

2. 탈현대 정치 단위와 제도

외관으로 보았을 때, 탈현대 정치의 괄목할 변화는 현대 국가의 소멸과 세계정부의 출현이 될 것이다. 오늘날에 이르러 현대 국가는 새로운 시대와 조화를 이룰 수 없는 낡은 정치 단위가 되었다.

현대 정치의 밑바닥에는 무엇이 있는가? 현대 인간관이 있다. '무제한의 욕망(권력)을 추구하는 이기적인 존재'가 있다. 홉스와 N. 마키아벨리Niccolò Machiavelli, 1469~1527가 발견한 인간이 바로 그런 인간, 현대인이다. 홉스가 발견한 인간은 현대 정치학의 초석이 되었을 뿐 아니라 현대 정치의 기반이 되기도 했다.

현대인과 현대 국가는 모두 이기적인 존재이다. 다만 개인이냐 국가냐의 차이가 있을 뿐이다. '권력의 추구'는 자연스러운 현상으로 간주되었다. 18세기 계몽 사상가들은 권력을 추구하는 인간이란 전제 위에서 현대 국가를 설계했다. 삼권분립이라고 하는 권력의 균형과 견제 장치는 그 대표적인 산물이다.

그러나 탈현대적인 관점에서 보면, '권력의 추구'는 자연스러운 현상이 아니라 병적인 현상이다. 권력은 누구에게 가치를 가지는가? 무력감을 갖고 있는 사람에게 권력은 가치를 갖는다. 무자비하게 권력을 추구한 역사적인 인물을 회고해 보면, 모두 심한 콤플렉스를 갖고 있는 병든 인간이다. 히틀러나 스탈린은 그 대표적인 사례가 되겠다. 주변을 살펴봐도 권력욕, 감투욕이 심한 사람들은 한결같이 심한 콤플렉스를 갖고 있는 사람들이다. 반면에 정신건강이 좋은 사람일수록 권력은 가치를 갖지 않는다.

탈현대적인 관점에서 보면, 현대는 비정상적인 인간을 정상적인 인간으로 간주한다. 현대 인간관의 관점에서 보면, 인간은 자신의 피부 안쪽에 그리고 짧은 생애에 갇혀 있는 유한한 존재이다. 세상은 떡 주무르듯 자신의 운명을 희롱할 수 있지만, 자신은 세상에 어떤 유의미한 영향도 미칠 수 없다. 그러므로 현대 인간관을 수용하면, 무력감은 피할 수 없는 원초적인 심리가 된다. 그러므로 현대 인간관을 받아들이는 현대인은 권력을 추구하게 된다.

현대 정치는 바로 이런 현대 인간관의 바탕 위에 설계되고 운영되는 것이다. 만일 현대 정치의 기반이 되는 현대 인간관이 더 이상 수용되지 않는다면 현대 정치는 유지될 수 없는 것이다. 그러므로 탈현대 세계관을 받아들이는 탈현대 사회가 되면, 현대 국가를 포함한 현대 정치가 붕괴되는 것은 자명한 일이다. 또한 집단 이기체로서의 현대 국가는 이미 다양한 실제적인 문제에 봉착해 있다.

현대 사회가 고립적인 인간을 인간으로 간주했듯이, 국가 역시 고립적인 존재로 인식되고 있다. 그래서 현대 국가는 각각 자국의 부강을 추구한다. 이때 상대 국가는 자국의 욕망 충족을 위해 이용·지배·착취해야 할 수단과 도구일 따름이다. 각각의 국가가 자신의 욕망만을 추구했을 때 국가 간 분쟁은 격화될 수밖에 없다. 실제로 오늘날의 지구촌은 항구적인 분쟁 상태에 처해 있다.홍승표, 2010: 197

지구상의 모든 국가들이 자국만의 부강을 무제한적으로 추구할 때, 그 한 가지 결과는 무엇이겠는가? 지구 환경문제의 심화이다. 2017년 6월 중국에 이어 온실가스 배출 2위 국가인 미국은 파리기후변화협정 탈퇴를 선언했다. 2017년 WHO는 대기오염 때문에 매년 700만 명의 사람들이 죽어 가고 있다며 대기오염은 '새로운 담배와 같다'고 경고했다. 그러나 중국은 불투명한 경제전망 때문에 2018년 겨울에는 난방과 공장 가동을 위해서라면 석탄이든 뭐든 때도록 놔둘 것이라고 발표했다.New Daily, 2018년 10월 30일

물리적인 의미에서는 세계는 이미 지구촌이라고 불릴 만큼 인적·물적 교류가 확대되고, 다문화 사회는 되돌릴 수 없는 역사 운동의 방향이 되었다. 그러나 부강한 국가일수록 경쟁적으로 국가 장벽을 높이 쌓아 올리고 있다. 약소국가 국민들의 강대국가로의 이주는 날이 갈수록 어려워지고 있다. 또 난민을 받아들이지 말자는 국민 여론들도 날이 갈수록 높아지고 있다.

그 결과 탈현대 사회에서는 현대 정치도 현대 국가도 더 이상 존재

하지 않는다. 현대 국가가 사라진 자리에 세계정부가 들어설 것이다. 탈현대 정치는 작은 마을에서부터 세계정부에 이르기까지 각각의 정치단위가 동심원적으로 확대된 형태를 가질 것이다. 각각의 정치 단위는 고도의 자율성을 가지며, 동시에 수평적·수직적으로 긴밀하게 상호소통하고, 교류하며, 협조하게 될 것이다.

탈현대 사회가 도래하면 누구든 자신이 원하는 지역에서 거주할 수 있게 될 것이다. 지역 간·인종 간·민족 간·종교 간·문화 간 차별은 존재하지 않을 것이다. 인간의 욕망 충족보다는 자연이 건강함을 유지할 수 있는 배려가 앞설 것이다. 그래서 인간도 건강한 자연 속에서 행복한 삶을 누릴 수 있을 것이다. 세계정부는 파괴된 지구생태계와 환경 복구를 위해 많은 노력을 기울일 것이다.

인류적인 차원에서 직접 민주주의가 행해지지만, 다수결의 원칙이 절대적인 의사결정방식이 되진 않을 것이다. 토론을 통해 사태에 대한 보다 깊이 있는 이해를 도모하고, 지혜로운 지구촌 어른들의 말씀을 경청할 것이다. 법률은 존재하지만 범법자는 거의 없으며, 범법자에 대해서도 처벌이 아니라 치료와 교화에 주력할 것이다.

삶에 대한 이해가 깊으며, 사랑의 존재로 재탄생한 존경받는 어른들의 집합체인 원로회의가 모든 정치단위에서 정치의 중심에 있게 될 것이다. 정치를 수행하기 위한 별도의 건물은 존재하지 않으며, 가상공간에서 모든 정치적인 논의가 이루어질 것이다.홍승표. 2010: 205

3. 탈현대 정치사상

현대 정치사상이 현대 인간관을 바탕으로 하고 있듯, 탈현대 정치
사상은 탈현대 인간관을 바탕으로 한다. 탈현대 정치사상의 인간관적
인 기초는 사랑의 존재로서의 인간이다. 절대 평등사상, 새로운 자유
사상, 새로운 평화사상, 겸謙 사상, 사랑의 사회사상 등은 탈현대 정치
사상의 중요 내용물이라고 할 수 있겠는데, 이 각각을 아래에서 서술
해 보도록 하겠다.

1) 절대 평등사상

현대 정치사상에도 평등사상이 있다. 현대 평등사상은 전현대 사회
의 신분이나 성별에 따른 불평등을 철폐하고 보다 살기 좋은 세상 건
설에 기여했다. 그러나 현대 정치사상은 현대 세계관에 바탕을 두고
있기 때문에, 현대 평등사상은 불평등을 전제로 한 평등사상이라고
하는 근원적인 한계가 있다. 그래서 현대 사회에서 평등을 이루기 위
해서는 투쟁을 해야만 했고, 투쟁의 과정에서 그리고 결과로 많은 후
유증이 생겨났다. 또한 많은 대가를 치르고 쟁취한 평등이 새로운 형
태의 불평등으로 쉽게 회귀하기도 했다. 중국의 문화혁명은 현대 평등
사상의 이런 한계를 적나라하게 보여 주는 역사적인 사건이었다.

현대 평등사상의 문제점은 여기에 그치지 않는다. '어느 범위까지
평등할 수 있는가?' 하는 질문을 던졌을 때, 근본적으로 불평등한 세
계상에 바탕을 갖고 있는 현대 정치사상은 평등의 범위를 확장하는

데 태생적인 한계를 갖고 있다. 현대 세계관의 핵심은 '시공간적으로 모든 존재들 간의 근원적인 분리'에 대한 가정이다. 모든 존재들은 시공간적으로 분리된 개체로 인식된다. 그러므로 현대 세계관의 관점을 취하는 한 각 개체들은 저마다 갖고 있는 특징이나 능력 등에 따라 차등화가 이루어질 수밖에 없다.

자연물 내에도 동물, 식물, 무생물 간에는 차등이 존재하지만, 인간과 자연 간에는 넘어설 수 없는 간극이 있다. 그러므로 현대 평등사상은 인간의 범위를 넘어 자연으로까지 외연이 확대될 수 없다. 인간 내에서도 인종·민족·성별·빈부·종교 등에 따른 차등이 존재한다. 계몽사상가인 C. 몽테스키외Charles De Montesquieu, 1689~1755의 대표작인 『법의 정신』2006을 보면 완전한 존재이신 하느님이 저렇게 납작한 코의 흑인을 인간으로 만들었을 리 없다며 흑인은 인간이 아니고, 그러므로 노예제도는 폐지되어서는 안 됨을 역설하고 있다.

탈현대 평등사상은 현대 평등사상과는 근본적으로 다르다. 탈현대 평등사상의 세계관적인 기초는 탈현대 세계관이다. 탈현대 세계관의 관점에서 보면, 이 세상 모든 존재는 그것이 아무리 미물이라고 하더라도 대우주의 도道를 그 자신 안에 담고 있는 우주적인 존재이다. 거기에는 하찮은 존재도 없고, 다른 존재에 비해 대단한 존재도 없다. 그러므로 인간, 인공지능, 자연만물을 포함해서 이 세상 모든 존재들은 절대적으로 평등하다. 탈현대 정치사상에서 말하는 평등은 불평등을 극복하고 쟁취해야 할 목표가 아니라 깨우쳐야 할 모든 존재들 간의 자연스러운 관계인 것이다.

탈현대인은 자신 안에 '참나'를 자각한 사람이며, 자신 안에 '참나'를 자각한 순간, 다른 모든 존재들 안의 '참나'를 각성한다. 탈현대인은 이 세상 모든 존재가 절대적으로 평등함을 알고 있다. 그래서 새로운 유토피아인은 자신과 상대편에 대한 깊은 존경심을 갖고 있으며, 자신과 상대편을 공경하는 마음을 갖고 대한다. 이리하여 절대 평등관은 탈현대 사회내의 다양한 집단들 간에 그리고 인간·인공지능·자연 간에 평화로운 사회질서를 구축하는 기초가 된다.홍승표, 2010: 198-9

2) 새로운 자유사상

현대 정치사상에서 자유는 '무엇으로부터의 자유', 즉 외적인 속박으로부터의 자유를 의미한다. 그러므로 자유는 자유를 속박하는 압제자들과의 투쟁을 통해 쟁취하는 것이었다. 현대 정치사는 자유를 위한 투쟁의 역사였다고 해도 과언이 아니다.

미국의 관문이라 할 수 있는 뉴욕항에 들어서면 〈자유의 여신상〉이 우릴 반긴다. 현대가 시작되면서 자유를 위한 투쟁은 본격적으로 시작되었다. 종교의 자유, 언론의 자유, 집회결사의 자유, 거주이전의 자유 등 이 하나하나를 쟁취하기 위해 전 세계 민중은 수많은 희생을 치르면서 독재자들과 투쟁했다.

현대 초기, 현대적인 자유는 목적적인 것이었다. 왜냐하면 당시 사회에는 수많은 외적인 속박들이 존재하고 있었기 때문이다. 하지만 탈현대 사회에 이르면 현대기에 쟁취한 '무엇으로부터의 자유'는 당연한 것으로 간주되고, 탈현대적인 자유의 전제가 되지만, 더 이상 추구의 대상이 되진 않는다. 탈현대적인 자유란 무엇인가? 총칭해서 말한다면, 그것은 '분리된 자아의 감옥으로부터의 자유'이다. 장자莊子의 소요유逍遙遊에 나타난 자유가 바로 탈현대적인 자유의 의미이다. 탈현대적인 자유의 의미를 몇 가지 상술하면 다음과 같다.

욕망으로부터의 자유 현대인은 다양한 '욕망의 감옥'에 갇혀 있다. 게임 중독, 쇼핑 중독, TV 중독, 일 중독, 여행 중독 등 많은 중독 증세를 보인다. 그러나 탈현대인에게는 갖고 싶은 것이 없다. 되고 싶은 것도 없다. 하고 싶은 것도 없다. 가고 싶은 곳도 없다. 왜냐하면 탈현대인은 아무것도 부족한 것이 없기 때문이다.

김기태 선생님에게 수업을 듣던 어느 날 한 사람이 이런 말을 했다. 전 세계 곳곳을 수년간 가족이 함께 여행하는 프로그램을 보았는데, 너무 부러운 마음이 들었다고. 선생님께서는 이렇게 대답하셨다. "전 가고 싶은 곳이 없습니다."

알렉산더와 디오게네스의 만남은 유명한 것인데, 거기서 알렉산더는 전형적인 현대인이고 디오게네스는 탈현대인이다. 알렉산더는 많은 나라를 정복하고 많은 것을 가졌지만 그는 여전히 배가 고프다. 그는 가난한 사람이다. 디오게네스는 가진 것이 많지 않지만 그에게는 부족한 것이 없다. 그는 부자이다.

현대인은 왜 욕망으로부터 자유로울 수 없을까? 현대인은 자신을 늘 부족한 존재라고 생각하기 때문이다. 현대 인간관에서 비롯되는 존재론적인 무의미감으로부터 현대인은 자유로울 수 없다. 그래서 결핍감은 현대인의 근본 심리가 되고, 강박적으로 욕망을 추구할 수밖에 없다.

탈현대인은 어떻게 욕망으로부터 자유로울까? 탈현대인은 자신 안에 내재해 있는 무한한 공간과 영원한 시간을 자각하고 있다. 온 우주가 자기 안에 존재하고 있음을 알고 있다. 그는 더 이상 바깥에서 구할 것이 없다. 그의 내면은 의미로 충만해 있다. 그러므로 그는 모든 욕망으로부터 자유를 누린다.

감정으로부터의 자유　현대인은 다양한 '감정의 감옥'에 갇혀 있다. 화, 우울, 짜증, 환희, 증오심, 시기심, 질투심 등 어떤 감정이 올라오건 현대인은 곧바로 그 감정에 사로잡히고, 노예가 된다. 탈현대인은 어떤 감정이 올라와도 그 감정을 자각하며 감정으로부터의 자유를 누린다.

요즘 주위에서 우울증이란 말을 자주 듣는다. 필자가 젊었던 시절에는 잘 듣지 못했던 말이다. 노년 우울증, 중년 우울증, 청년 우울증 등 모든 세대가 우울증에 시달리고 있는 것 같다. 왜 그런 것일까? 현대인은 '분리된 개체로서의 나(에고)'를 나라고 여긴다. 그러므로 에고가 훼손되는 경험을 하면, 우울함을 느낄 수밖에 없다. 오늘날 에고에 기반을 둔 현대 문명이 급속히 붕괴하고 있다. 이에 따라서 전 인류적인 차원에서 에고가 훼손되는 경험이 증가하고 있다. 그 결과 우울증 환자가 급증하고 있는 것이다.

어떤 감정이 올라오건, 현대인은 감정과 자신을 동일시한다. 이 때문에 현대인은 어떤 감정으로부터도 자유로울 수 없다. 현대인은 화가 나면 화의 노예가 되고, 기쁨을 느끼면 기쁨의 노예가 된다. 그것이 화이건 기쁨이건 감정의 노예가 되면, 고통을 겪는다. 그래서 현대적인 삶은 고통스럽다.

탈현대인은 어떻게 감정으로부터 자유로울까? 탈현대인에게 감정은 주인이 아니고 자신을 찾아온 손님이다. 내가 여관이라고 하면 감정은 나를 찾아온 나그네이다. 내가 하늘이라고 하면 감정은 나를 찾아온 구름이다. 내가 바다라고 하면 감정은 잠시 일었다 사라지는 파도이다. 어떤 감정이 일어나건, 그는 자신을 찾아온 손님으로 감정을 맞아들인다. 그는 그것이 내 안에 잠시 머물다 떠날 손님임을 알기에 반갑게 맞이하고 떠날 때가 되면 보내 준다. 감정은 끊임없이 생겨나지만 그는 감정에 물들지 않는다.

생각으로부터의 자유 현대인은 이런저런 생각에 사로잡힌다. 탈현대인은 생각으로부터의 자유를 누린다. R. 데카르트René Descartes, 1596~1650는 "나는 생각한다. 고로 나는 존재한다"라고 말했다. 틱낫한Thich Nhat Hanh, 釋一行 스님은 "나는 생각한다. 고로 나는 존재하지 않는다"라고 말했다. 데카르트와 틱낫한 스님은 어떻게 이런 상반된 진술을 하고 있는 것일까?

그것은 '존재함'에 대한 양자 간의 견해차에서 비롯된 것이다. '존재한다'는 것은 무엇일까? 현대적인 관점에서 보면, '존재함'이란 에고가 존재함을 뜻한다. 이때 생각은 존재함의 주요 양상이 된다. 탈현대적인 관점에서 보면, '존재함'이란 '참나'가 존재함을 뜻한다. 이때 생각은 존재함의 부재가 되고, 생각이 끊어진 상태에서 우린 진정으로 존재하게 된다. 그래서 데카르트와 틱낫한 스님은 '생각함과 존재함'에 대한 상반된 서술을 한 것이다.

우월감이란 '내가 대단한 존재'라는 생각이고, 열등감이란 '내가 하찮은 존재'라는 생각이다. 현대인은 우월감 또는 열등감을 갖고 있고, 이런 생각에 사로잡힌다. 탈현대인은 자신이 다른 존재들과 마찬가지로 대단한 존재라고 생각하지만, 자신의 대단함의 근거가 부자라거나 똑똑하다거나 잘생겼다는 이유가 결코 아니다. 마찬가지로 자신이 가난하다거나 똑똑하지 않다거나 못생겼다는 이유로 자신을 하찮은 존재라고 생각하지 않는다. 그래서 탈현대인은 우월감이나 열등감으로부터 자유롭다.

자신의 머릿속에 어떤 끔찍한 생각이 떠올라도, 아주 야비한 생각이 떠올라도, 아주 악한 생각이 떠올라도, 아주 추잡한 생각이 떠올라도, 아주 잡스러운 생각이 떠올라도, 탈현대인은 그것을 대단하게 여기지 않는다. 모든 생각은 내가 아니라 내 안에 잠시 생겨났다 사라지는 것에 불과한 것이기에, 오면 왔는가 하고 가면 가는구나 하고 여길 뿐이다. 어떤 생각도 탈현대인을 사로잡지 못한다.

3) 새로운 평화사상

문명이 생긴 이래 인류는 늘 평화로운 세상을 희구해 왔다. 하지만 현실은 그렇지 못한 경우가 많았다. 전쟁이 없던 시대는 무척 드물었던 듯하다. 특히 현대 사회는 더욱 평화와는 거리가 먼 사회인 것 같다. 현대 사회학에서도 갈등이론은 중요한 사회학 이론이지만, 평화이론은 존재하지 않는다. 현대가 평화로울 수 없는 사회인 근본적인 이유는 인간이 '욕망을 추구하는 존재'라고 생각했기 때문이다.

'욕망을 추구하는 존재로서의 인간'은 현대 인간관의 한 전형이다. 인간이 욕망을 추구할 때, 추구되는 욕망의 대상은 희소자원이다. 모든 행위 주체가 욕망을 추구할 때 필연적으로 경쟁이나 갈등이 발생하고 심화된다. 그러므로 현대 사회에서 평화란 잠정적이고 불안정한 상태이다. 그것은 평화라기보다는 서로 적대하는 가운데 갈등을 멈추고 있는 휴전에 가까운 것이다. 그러므로 구호에 그치지 않는 진정한 평화사상은 현대 사회에서 발전하지 못했고, 현실 사회에서 항구적인 평화의 기반을 조성할 수도 없었다.

탈현대 사회는 평화로운 사회이다. 탈현대 사회에서의 평화의 초석은 평화로운 마음이다. 평화로움은 어떻게 가능한가? '모든 형상은 무상無常한 것이다'라는 것을 자각함으로써 평화로움은 가능하다. 그것이 어떤 형상이든 형상에 사로잡히면, 모든 형상은 무상한 것이기에 자신이 집착하고 있는 대상을 상실할 두려움으로부터 자유로울 수 없다. 예컨대, 생명에 대한 집착, 교수직에 대한 집착, 가족에 대한 집착 등 어떤 형상에 대한 집착이건 마찬가지이다. '자신이 집착하고 있는 형상을 잃어버릴 것에 대한 두려움', 이것이 에고의 마음, 현대인의 마음이다. 현대인이 생각하는 평화로움은 연못 표면의 평화로움이다. 현대인은 연못 표면이 그림같이 잔잔해야만 평화로울 수 있다. 그래서 바람이 조금만 불어와도 현대인의 평화는 깨진다.

반면에 탈현대인은 '모든 형상은 무상한 것임'을 자각하고 있다. 현대인이 자신의 실체라고 믿는 에고 자체가 하나의 망상임을 자각하고 있다. 그러므로 탈현대인에게는 어떤 형상에 대해서건 집착이 없으며, 형상의 붕괴에 대한 두려움이 없다. 비유하자면, 현대인이 자신을 연못 표면이라고 생각한다면, 탈현대인은 자신을 연못 바닥이라고 생각한다. 바람이 불어와 연못 표면이 요동쳐도 연못 바닥은 고요하다. 여기에서 현대인은 이해할 수 없는 탈현대인의 불가사의한 평화가 생겨난다. 곧 사자의 먹이가 될 기독교인들의 마음이 평화로운 것을 로마인들은 이해할 수 없었다. 형상이 급격히 붕괴되고, 죽음을 앞둔 긴박한 순간에도 탈현대인의 평화는 흔들리지 않는다.

현대 사회에서도 현대기를 살아가는 탈현대인을 통해서 이런 탈현대적인 평화를 볼 수 있다. 이태석 신부님은 한국에서의 휴가 기간 우연히 받은 건강검진에서 간암 말기라는 판정을 받는다. 그리고 며칠 후 톤즈 지역 어린이 돕기를 위한 자선음악회에 출연해서 밝은 얼굴로 노래를 부른다. 어떻게 그럴 수 있었을까? 힘든 항암 치료를 받는 동안에도 신도들 앞에서 우스갯소리를 하며 밝은 표정으로 〈립스틱 짙게 바르고〉를 노래한다. 어떻게 그럴 수 있었을까?

필자의 마음공부의 스승 김기태 선생님은 어머니와 아내, 두 자녀를 둔 경제적으로 가난한 분이시다. 어느 날 수업을 하러 온 선생님의 표정이 유난히 밝아 보여서, "선생님, 오늘 뭐 좋은 일이 있으셨습니까?"하고 물어보았다. 선생님은 이렇게 답하셨다. "오늘 교장선생님이 불러서 가 뵈었는데, 기간제 교사직 연장이 안 되니 이번 달까지만 근무하라는 통보를 받았습니다." 이런 통보를 받고 나서도 김기태 선생님의 표정은 어떻게 그렇게 밝을 수 있었을까?

4) 겸(謙) 사상

오만과 무례라는 전염병이 지구촌을 휩쓸고 있다. 프랑스 퐁피두 공항을 통해 십여 년 전 유럽을 방문했을 때, 필자는 언제 어떻게 출입국 심사대를 통과했는지 기억이 나지 않았다. 그러나 2016년 프랑크푸르트 공항 출입국 심사대를 통과하는데, 딱딱한 표정의 직원들이 짐가방을 구석구석 뒤지고, 필자는 손을 번쩍 치켜든 자세로 빙글 몸을 돌려야 했고, 직원은 아무렇지 않게 내 몸을 수색했다. 테러에 대한 공포가 유럽인들을 짓누르고 있었다. 한진 일가가 직원들에게 행한 기상천외한 횡포를 시청하면서 끔찍하다는 생각이 들었다. 어느 고급 아파트 주민들은 늙은 경비원들에게 90도 인사를 강요한다고 한다. 알고 지내는 교사가 학부형들의 극성에 교직생활이 너무 힘들다고 푸념한다. 한국의 혼혈아들은 심한 집단 따돌림 때문에 고등학교 진학을 포기하는 경우가 많다고 한다.

차별, 테러와 보복공격, 다양한 갑질 등 지구촌 전체가 서로가 서로에게 상처를 주며, 고통스러운 세상을 만들어 가고 있다. 왜일까? '나와 너'를 하찮게 여기는 현대 세계관이 그 근본 원인이다. 나는 너무도 하찮은 존재여서, 개인도 집단도 자신을 대단한 존재로 만들려는 필사적인 노력을 기울인다. 그 결과 높은 곳에 오른 개인이나 집단은 자신을 대단한 존재로 여기는 오만에 사로잡혀서, 자신들이 하찮게 여기는 낮은 곳에 있는 사람들에게 무례하게 대한다.

그러나 탈현대 세계관의 관점에서 보면, 모든 존재는 지극히 존귀하다. 모든 존재는 우주적인 위대함과 아름다움으로 빛난다. 그래서 탈현대 사회에서 사람들은 자신과 상대편을 깊이 공경하는 마음을 갖고 대할 것이다. 높은 곳에 있는 존재는 자신을 낮추며 낮은 곳에 있는 존재에게 예의를 갖추어 대할 것이다. 낮은 곳에 있는 존재는 자신을 높이며 높은 곳에 있는 존재에 대해 당당할 것이다. 상호 존경과 배려 속에 그들은 따뜻한 세상을 만들어 갈 것이다.

4. 탈현대 정치 지도자 상

특정 사회가 어떤 정치 지도자를 배출하는가 하는 것은 특정 사회가 지향하는 목표가 무엇인가와 직접적으로 연관되어 있다. 만일 경제적으로 풍요한 사회를 목표로 삼는다면, 기업가형 정치 지도자가 이런 목표 달성에 적합한 정치 지도자가 될 것이다. 만일 정치적으로 민주적인 사회를 목표로 삼는다면, 사회운동에 헌신해 온 정치 지도자가 이런 목표 달성에 적임자가 될 것이다. 현대 정치에서 우파와 좌파를 나눌 때, 우파는 정책의 우선순위를 경제성장에 두고, 좌파는 민주화에 두는 것이 일반적이다.

탈현대 사회는 현대 사회보다 경제적으로 더 풍요로운 사회이며, 정치적으로 더 민주적인 사회이다. 그러나 풍요나 민주는 탈현대 사회의 자연스러운 기초일 뿐 더 이상 목표가 아니다. 탈현대 사회가 지향하는 목표는 무엇일까? '사랑의 사회'에 도달하는 것이다. 그러므로 탈현대 정치 지도자는 사랑의 사회 건설에 기여할 수 있는 사람이어야 할 것이다. 유가에서는 이런 사람을 성인聖人, 도가에서는 도인道人, 불가에서는 부처라고 호칭했다. 이런 사람들의 공통점은 '참나'를 자각하고, 존재 변화를 이룬 사람들이라는 점이다. 이들이 갖고 있는 특징을 서술해 보면 다음과 같다.

깊은 이해 탈현대 정치 지도자는 지혜의 눈을 갖고 있다. 그는 모든 존재의 가장 깊은 층에 자리 잡고 있는 아름다운 모습을 볼 수 있다. 왜냐하면 '참나'를 자각하고, '참나'의 존재가 된 그에게는 탐욕이나 분노 등 에고의 작용에 의한 왜곡이 없고, 모든 존재를 사랑의 눈으로 볼 수 있기 때문이다.

현대 사회에서도 아기 엄마는 자신의 아기에 대한 깊은 이해에 도달할 수 있다. 남녀 간에도 깊이 사랑하는 연인들은 상대편에 대한 깊은 이해에 도달할 수 있다. 드라마 〈나의 아저씨〉를 보면, 자신이 그렇게 괜찮은 사람이 아니라는 동훈의 말에 지안은 이렇게 말한다. "괜찮은 사람이에요. 엄청! 좋은 사람이에요. 엄청!" 세상 사람들이 자신의 연인이 파렴치하고 악한 사람이라고 욕해도 그는 그 사람이 상처 입은 가엾은 사람임을 안다. 그리고 그의 마음 깊은 곳에 흐르고 있는 따뜻한 강을 느낄 수 있다.

현대 사회는 사랑이 메마른 사회이다. 그래서 생물학적인 본능에 바탕을 둔 이성애와 모성애라고 하는 두 가지 종류의 사랑만을 발견할 수 있다. 그 결과 현대 사회에서는 깊이 사랑하는 모자관계에서나 연인관계에서만 이런 깊은 이해가 나타나지만, 탈현대 사회에서는 모든 관계에서 이런 깊은 이해가 나타난다. 탈현대 정치 지도자의 경우는 더욱 그러하다. 정치 지도자의 깊은 이해는 세상의 상처를 치유하며, 현명한 판단으로 연결된다.

관대함 탈현대 정치 지도자는 관대하다. 깊은 이해는 상대편에 대한 너그러움과 용서로 직결된다. 관대함은 진정한 힘의 결과물이다. 프랑스를 상징하는 단어가 톨레랑스tolérance였다. 프랑스 요리가 세계 3대 요리의 하나라고 하는데, 프랑스를 여행하며 먹어 본 음식 중에는 프랑스 고유음식이 거의 없었다. 아프리카, 중동, 아시아 등의 지역 음식이 프랑스로 유입되어, 프랑스 고유 음식과 융합된 것이 오늘날 프랑스 요리가 된 것이었다. 프랑스에서 식사를 하면서 필자는 프랑스의 힘을 느낄 수 있었다.

그러나 언제부터인가 프랑스는 관용의 힘을 상실했다. 프랑스 정부는 공립학교 내에서 이슬람 히잡 착용을 금지하는 법을 제정하고, 2004년 9월부터 시행에 들어갔다. 그 뉴스를 들으면서 필자는 프랑스인들에게 무력감이 고조되었음을 알 수 있었다. 2015년 11월 13일 프랑스 파리에서 수니파 극단주의 무장단체 이슬람국가(IS)가 공연장과 축구 경기장 등 일상 공간의 민간인들을 대상으로 무차별 살상을 가하는 극악한 테러를 저질렀고, 130명이 사망했다. 테러를 자행한 사람들 다수는 프랑스 시민권자였다. 왜 파리에서 IS 테러가 일어났을까?

세계 자본주의체제의 붕괴과정에서 전 세계적으로 불관용이 증가하고 있다. 전 세계적으로 무력감이 고조되고 있는 것이다. 탈현대 지도자는 진정한 힘을 갖고 있다. 에고로서의 자기 인식은 존재론적인 무력감을 양산한다. 반면에, '참나'로서의 자기 인식은 진정한 힘의 의식을 산출한다. 탈현대 정치 지도자는 '참나'로서의 자신을 자각하고 '참나'로의 존재 변화를 이룬 사람이다. 그러므로 그는 상대편의 어떤 허물에 대해서도 너그럽게 용서해 줄 수 있다.

겸손함 탈현대 정치 지도자는 겸손하다. 어떤 지위나 명예도 그를 오만에 빠뜨릴 수 없다. 프란치스코 교황을 떠올리면, 탈현대 정치 지도자의 모습을 그릴 수 있다. 프란치스코 교황은 가톨릭교회에서 가장 높은 자리에까지 올랐다. 하지만 그는 겸손하다. 가난한 사람, 병든 사람, 억울한 사람들과 늘 함께한다. 그는 다른 사람들의 말에 귀 기울인다. 다른 종교에 대해서도 깊은 이해와 존경을 표한다. 2015년 7월 볼리비아를 방문했을 때, 볼리비아 최초의 원주민 출신 에보 모랄레스 대통령 앞에서 프란치스코 교황은 오백 년 전 가톨릭교회가 아메리카 원주민들에 행한 만행과 범죄에 대해 용서를 빌었다. 이것이 진정한 강자의 모습이고, 탈현대 정치 지도자의 겸손한 모습이다.

『주역』「문언전文言傳」에 보면, "높은 자리에 있어도 교만하지 아니하며, 낮은 자리에 있어도 근심하지 않는다居上位而不驕, 在下位而不憂"라는 구절이 나온다. 또한 공자의 애제자 자공子貢은 "가난하지만 아첨하지 않고, 부유하지만 교만하지 않는다貧而無諂, 富而無驕"라고 했다. 모두 높은 곳에 위치해서 겸손함을 말한 것이다. 어떻게 탈현대 정치 지도자는 겸손할 수 있는가? 그는 높은 것도 낮은 것도 아무것도 아니라는 것을 알고 있기 때문이다. 자신과 상대편은 모두 한없이 높은 존재이긴 하지만, 그 높음의 근거가 세속적인 지위나 권력이 아님을 분명히 알고 있기 때문이다.

도움을 베풂 탈현대 정치 지도자는 도움을 필요로 하는 사람들에게 도움을 베푼다. 그가 베푸는 도움의 핵심은 상대편이 자신의 '참나'를 깨칠 수 있게 도와주는 것이다. 상대편을 존경하는 것, 존중하는 것, 격려하는 것, 위로하는 것, 사랑하는 것, 이 모든 것이 도움을 베푸는 것이다.

이태석 신부님은 톤즈 지역에서 훌륭한 탈현대적인 지도자였다고 말할 수 있다. 그는 교육을 필요로 하는 아이들을 위해 학교를 세워 가르쳤고, 아픈 사람들에게는 인술을 베풀었다. 한센병 환자들을 찾아가서 그들의 친구가 되어 주었다. 아이들을 깊이 사랑했고, 실의에 빠진 사람들을 위로하고 격려했다. 탈현대 정치 지도자는 이렇게 상대편이 필요로 하는 도움을 베풀어 줄 수 있는 사람이다.

일상생활 탈현대 정치 지도자의 일상생활은 보통 사람들과 같다. 그가 입고 있는 옷도, 그가 살고 있는 집도, 그가 먹는 음식도 평범하다. 그가 사는 집에는 높은 담장도 없고, 집을 지키는 경호원들도 없다. 아무도 그를 해치고자 하지 않기 때문에 그는 자신을 보호할 필요가 없다. 길에서 우연히 탈현대의 최고 정치 지도자를 만난다면, 우리는 그가 높은 직위에 있는 사람이라는 것을 전혀 눈치채지 못할 것이다.

IV.
탈현대 경제

　현대로부터 탈현대로의 전환이 이루어지면서 경제 영역에는 극적인 변화가 일어날 것이다. 이런 변화를 야기하는 근원은 제4차 산업혁명으로 명명된 신기술 혁명이며, 그 중심에는 인공지능의 비약적인 발달이 있다.

　인공지능의 발달은 경제에 대한 관념 자체를 송두리째 바꿔 놓을 것이다. 인공지능이 발달하면 거의 무비용으로 무한생산이 가능해질 것이다. 이것은 재화나 용역이 더 이상 희소가치가 아니게 됨을 의미한다. 변화의 또 하나의 축은 경제에 대한 관념 변화이다. 생산과 소비 활동은 목적의 영역에서 수단의 영역으로 새롭게 자리매김될 것이다.

　새로운 기술적 하부구조와 경제에 대한 새로운 관념은 경제 영역에서 혁명적인 변화를 초래할 것이다. 자본주의 시스템의 몰락과 공유경제의 부상, 노동 없는 사회와 기본소득의 보편화, 적정 생산과 적정 소비라고 하는 새로운 경제 원칙 등이 그것이다.

1. 제4차 산업혁명과 한계비용 제로 사회

리프킨은 『한계비용 제로 사회』2014에서 최근 기술혁신의 귀결점은 단위 생산당 비용이 영에 근접하는 사회가 될 것이라고 말했다. 모든 재화와 서비스가 잠재적으로 무료가 되는 사회로 나아가고 있다는 것이다. 이는 경제적인 희소가치가 사라지는 사회의 도래를 의미하며, 인류 전체가 풍요로운 삶을 누릴 수 있는 사회로의 진입을 뜻한다.

한계비용 제로 사회로 나아가는 징후들은 이미 많은 영역에서 나타나고 있다. 과거엔 많은 가정에서 구독료를 내고 신문을 구독했다. 그러나 오늘날엔 포털 사이트를 이용하면 수많은 종류의 신문을 언제나 얼마든지 무료로 구독할 수 있다. 유튜브 등을 이용해서 다양한 영상물들을 무료로 이용할 수도 있다. 과거엔 외국에 나가 국제통화를 하면 비용이 많이 들었다. 오늘날엔 카카오 영상통화를 이용하면 무료로 이용이 가능하다. 많은 SNS 서비스들은 무료이기도 하고, 효율적이고 신속한 의사소통을 가능케 한다.

탈현대 사회는 탈중심적인 사회가 될 것이라고 말했는데, 그것은 에너지의 생산에서도 그럴 것이다. 현대 사회에서는 중앙에 발전소가 있고, 발전소에서 생산된 전기를 기업이나 가정 등에서 공급받는다. 그러나 탈현대 사회에서는 가정이나 마을 단위로 자신들이 필요로 하는 전기를 직접 생산해 사용할 것이다. 태양열이나 풍력 등은 가장 대중적인 발전 방법이 될 것이다. 일단 시설이 만들어지면 전기료가 무료인 사회가 될 것이다.

재화의 생산 영역에서도 탈중심화가 가속화될 것이다. 3D 프린터는 중요한 역할을 수행할 것이다. 생산의 탈중심화와 관련해서 리프킨 2014: 155은 "생산의 민주화는 수직적으로 통합된 2차 산업혁명의 중앙집권식 제조 관행을 근본적으로 파괴한다"고 말했다. 3D 프린터가 보편적으로 공급되면 오픈 소스 소프트웨어를 이용해서 가정 내에서의 생산이 보편화될 것이다.

지금도 시계, 신발, 휴대전화 케이스, 자동차 부속품, 가구, 자동차, 주택, 인공장기 등 3D 프린터로 생산할 수 있는 것이 많다. 미래의 각 가정에서는 오픈 소스 설계도를 이용해서 대부분의 생활용품을 자급할 수 있을 것이다. 시간이 갈수록 비용도 거의 무료에 근접해 갈 것이다. 〈스타트랙〉에 나왔던 리플리케이터Replicator는 우주 어디에나 있는 아원자입자를 재배열해서 승무원들이 필요로 하는 어떤 물품이라도 찍어 낼 수 있는데, 이것이 미래 각 가정에 존재할 3D 프린터의 모습을 잘 보여 준다고 본다.

재화뿐만 아니라 용역의 측면에서도 한계비용 제로 사회에 근접해 갈 것이다. 각 가정에는 인공지능 로봇이 있을 것인데, 인공지능 로봇은 무료 용역의 제공에 큰 기여를 할 것이다. 설거지, 청소, 빨래와 같은 가사업무를 담당하는 것은 물론이고, 간호사의 역할도 수행할 것이며, 비서로서도 활용될 것이다. 또한 필요한 각종 정보를 제공해 주고, 아이들에게 교사의 역할도 담당할 것이다. 육아에도 큰 도움을 주고, 마사지 같은 서비스도 제공할 것이다. 이 모든 것은 무료로 제공될 것이다.

이렇게 시간이 갈수록, 모든 재화와 용역은 무료에 근접해 갈 것이다. 이것은 경제적인 영역에서 희소가치가 사라진다는 것을 의미한다. 경제적인 재화와 용역은 무한자원으로 바뀌고, 인간은 필요에 따라 얼마든지 재화와 용역을 소비하는 시대가 도래할 것이다.

2. 자본주의체제의 붕괴

자본주의체제는 붕괴될 것이다. 자본주의의 본질은 '돈이 최고야!'라는 생각이다. 이것은 현대 사회에서는 통할 수 있는 생각이었을지 모르지만, 탈현대 사회에서는 전혀 통할 수 없는 어처구니없는 생각이다. 어찌 돈이 최고가 될 수 있단 말인가! 훗날 탈현대인들은 자본주의가 지배했던 현대 사회를 야만적인 암흑시대로 기억할 것이다.

소비는 자본주의체제를 작동케 하는 두 개의 바퀴 중 하나이다. 그러므로 자본주의체제는 사람들이 더 이상 소비를 추구하지 않을 때 종식될 수밖에 없다. 탈현대인은 필요에 따른 소비를 할 뿐 소비를 추구하지 않는다. 그래서 탈현대 사회로의 전환과정에서 자본주의체제는 붕괴할 것이다.

위에서 논의한 한계비용 제로 사회에 가까워지면 자본주의체제는 소멸할 수밖에 없다. 왜냐하면 재화와 용역이 무한자원이 되어서, 더 이상 교환가치를 갖지 못할 것이기 때문이다. 교환가치를 갖지 않은 재화나 용역을 생산할 사람도 기업도 없다. 그러므로 자본주의체제는 소멸할 것이다.

그러나 역사 속에서 자본주의체제를 붕괴시키는 직접적인 원인은 노동의 종말이 될 것이다. 자동화 기술이 발달할수록 생산 현장에서 인간 노동에 대한 필요는 감소하게 된다. 인공지능 로봇이 보편화되면, 공장에도, 농장에도, 사무실에도, 재판장에도, 병원에도, 그 어느 곳에서도 인간 노동이 필요치 않은 시대가 올 것이다. 이미 현 지구촌에서 인간 노동의 축소는 빠른 속도로 진행되고 있다.

자본주의체제가 유지되기 위해서는 확대 생산과 확대 소비가 끊임없이 이루어져야 한다. 그런데 노동에 대한 사회적인 수요 축소는 구매력의 감소를 수반한다. 생산과 소비 간의 구조적인 불균형이 생겨나는 것이다. 이것은 자본주의체제의 위기를 촉발시킨다. 2008년 세계금융위기가 이전의 경제공황과의 다른 점이 바로 이것이다.

2008년 이전에 일어났던 경제공황은 구매력의 감소보다는 생산력의 급증에 의해 촉발되는 경우가 많았다. 그러나 2008년 세계금융위기를 촉발시킨 직접적인 원인은 고용 축소에 따른 구매력의 감소였다. 고용 축소는 두 가지 의미에서 구매력 감소를 초래한다. 한 가지는 고용 축소의 결과로 실업률이 증가하고 이는 구매력 감소를 야기한다. 다른 한 가지는 고용이 축소되면, 일자리를 차지하기 위한 경쟁이 심화된다. 일자리의 수요 공급에 불균형이 커지는 것이다. 이는 노동조건의 악화, 비정규직 증가를 가져오며, 소득 감소로 인한 구매력 하락의 원인이 된다.

인간 노동의 축소가 가속화되는 사회에서 구매력을 높이기 위해서는 노동하지 않는 사람들에게 기본소득을 제공하는 방법밖에 없다. 그러나 고립적인 현대 국가의 존재 때문에 이것은 불가능하다. 현대 국가들은 다른 국가들과 경쟁 상태에 놓여 있기 때문에 법인세를 높이는 데 한계가 있다. 오히려 트럼프 집권 후 보여 주는 행보에서와 같이 각국 정부들은 법인세를 낮추는 추세이다. 그러므로 국가의 빈곤화가 진행되고, 체력이 약해진 정부는 국민들에게 충분한 기본소득을 제공할 수 없다.

인간 노동의 축소는 노동의 종말이 오는 순간까지 계속될 것이다. 그 과정에서 자본주의체제에는 수차례의 위기가 발생할 것이고, 겨우 봉합될 것이다. 그러나 위기는 점점 커지고, 수습력은 약화되어, 결국 자본주의체제는 붕괴할 것이다. 자본주의체제 붕괴의 결과로 일시적인 혼란이 일어나겠지만, 이것은 새로운 탈현대 경제 시스템 구축으로 이어질 것이다.

3. 탈현대 경제의 이모저모

자본주의체제라고 하는 현대 경제 시스템이 붕괴된 그 자리에 탈현대 경제 시스템이 들어설 것이다. 탈현대 경제의 가장 큰 변화는 경제는 더 이상 목적의 영역이 아니라는 점이다. 재화나 용역이 무한자원이 되면서 경제가 갖는 의미는 극적으로 축소될 것이다. 탈현대 경제는 사회 다른 영역과 마찬가지로 탈중심적인 특징을 갖게 될 것이다. 탈현대 경제는 생산과 소비에서 극대화가 아니라 적정을 추구할 것이다.

1) 시녀로서의 경제

탈현대 사회는 현대 사회를 비롯해서 역사상 어느 사회보다 경제적으로 풍요로운 사회일 것이다. 그러나 탈현대인과 탈현대 사회는 경제적인 풍요를 추구하지 않는다. 탈현대 사회에서 경제는 목적의 영역에서 물러나 수단의 영역으로 자리매김된다.

현대가 바라본 인간에 대한 강력한 관점의 하나는 '인간은 무한한 욕망을 추구하는 존재'라는 생각이다. 이것은 현대가 인간을 얼마나 비하했는가를 보여 주는 단적인 예이다. 현대 자본주의체제가 성립할 수 있었던 인간관적인 기초가 바로 '욕망 추구자로서의 인간'이다. 인간이 더 이상 욕망을 추구하지 않는다면, 자본주의체제는 존립할 수 없다. 탈현대인 역시 욕망을 갖고 있다. 하지만 탈현대인은 욕망을 추구하지는 않는다. 그러므로 탈현대 사회에서 자본주의체제는 사라질 것이다.

탈현대 사회에서는 많은 돈을 버는 것이 더 이상 삶의 목적이 될 수 없다. 탈현대인은 많은 돈을 벌기 위해서 자신의 소중한 삶을 낭비하지 않는다. 탈현대인은 욕망의 노예 상태에서 해방된 자유인이며, 이때 욕망에는 돈, 소비, 소유 등이 모두 포함된다.

그러나 탈현대 사회는 경제적으로 풍족한 사회이다. 탈현대 사회의 풍족함은 제4차 산업혁명이라고 하는 기술혁신의 귀결이다. 인공지능 로봇은 인간이 필요로 하는 모든 것을 생산할 수 있다. 인간이 필요로 하는 모든 재화와 용역은 무한자원이 될 것이다. 그러므로 아무도 경제적인 욕망을 추구하지 않지만, 누구나 경제적으로 풍요로운 삶을 누리게 될 것이다.

2) 경제의 탈중심성

탈중심성은 탈현대 사회의 보편적인 특징이다. 탈현대 사회에서는 경제 영역에서도 어느 것도 중심이 아니면서 모든 것이 중심이 되는 탈중심적인 구조가 일반화될 것이다.

현대 사회에서 공장은 생산의 중심지였다. 공장이 중심에 있고, 소비자들이 주변에 위치하는 중심과 주변의 구조가 존재한다. 탈현대 사회에서는 별도의 공장은 사라지고, 대부분의 생산 활동은 가정 내에서 이루어지게 될 것이다. 각 가정에 비치된 3D 프린터는 이런 분산된 생산을 가능케 하는 중요한 요인이 될 것이다.

현대 사회에서 은행은 금융의 중심지였다. 은행이 중심에 있고, 고객들이 주변에 위치하는 중심과 주변의 구조가 존재했다. 탈현대 사회에서는 별도의 은행은 사라지고, 각각의 개인이 은행이 될 것이다. 블록체인 기술은 이런 금융의 탈중심화에 중요한 역할을 할 것이다.

용역의 영역에도 동일한 변동이 일어날 것이다. 현대 사회에는 학교, 병원, 백화점 등이 중심에 있고, 이를 이용하는 사람들이 주변에 위치하는 중심과 주변의 구조가 존재한다. 탈현대 사회에서는 별도의 학교, 병원, 백화점 등은 모두 사라지고, 각 개인은 자신의 집에서 필요한 서비스를 받게 될 것이다. 원격 교육, 원격 의료, 원격 구매 등이 보편화될 것이다.

3) 경제 운용 원리

현대 사회에서는 더 많이 생산하고 소비하는 경제성장을 추구했다. 그러나 탈현대 사회는 필요에 따라 적정량만을 생산하고 소비하는 사회가 될 것이다.

적정 생산 탈현대 사회에서는 필요에 따른 적정량만을 생산하며, 친환경적인 방식으로만 생산할 것이다. 물론 이윤을 목적으로 하는 생산은 탈현대 사회에는 존재하지 않을 것이다.

현대 사회에 만연했던 부적절한 생산은 탈현대 사회에서는 존재하지 않을 것이다. 폭력성이 높거나 음란한 프로그램은 더 이상 생산되지 않을 것이다. 이런 것들이 금지되었기 때문이 아니라 탈현대인은 이런 프로그램에 대한 욕망을 갖고 있지 않기 때문이다. 자동차, 시계, 가방, 의류 등의 영역에서 명품 생산도 중지될 것이다. 탈현대인에게는 과시적인 욕구가 없기 때문이다. 무기 생산은 완전히 중지될 것이다. 탈현대인에게는 파괴적인 욕망이 없기 때문이다.

농작물의 재배에는 유기농법이 보편화되며, 살충제나 제초제의 사용은 중지될 것이다. 대기오염을 유발하는 모든 생산은 중지될 것이다. 자동차의 경우 태양열, 수소, 전기를 이용하는 자동차가 보편화될 것이다. 석탄을 이용한 발전이나 난방은 완전히 중단될 것이다.

탈현대 사회에서는 현대 사회에서 붕괴된 환경을 회복하는 기술 발달에 힘을 기울일 것이다. 붕괴된 생태계를 회복하기 위해 전 인류가 힘을 쏟을 것이다. 대기오염, 지구온난화, 오존층 파괴 등 대기를 회복시키기 위해 많은 노력을 기울일 것이다. 강물과 해양오염 등 악화된 수질을 개선하기 위해 모든 노력을 다할 것이다. 산업폐기물, 생활쓰레기 등 현대 사회에서 축적된 많은 쓰레기들을 안전하게 분해하고 처리하는 기술개발을 위해 노력할 것이다. 이 모든 환경 회복을 위한 작업에서 인간보다 엄청 높은 인공지능은 인간의 지력으로는 해결할 수 없었던 많은 환경 문제들을 해결하고 환경을 복구하는 데 크게 기여할 것이다.

탈현대 사회에서는 인공지능 로봇이 모든 생산 활동의 주체가 될 것이다. 인간은 더 이상 생산 노동을 하지 않을 것이다. 공장은 사라지고, 각 가정이나 마을에서 모든 생산 활동이 이루어질 것이다.

적정 소비　탈현대인은 소비를 추구하지 않을 것이다. 필요에 따라 적정한 소비를 할 뿐이다. 탈현대 사회에는 과시적인 소비나 사치품의 소비가 사라질 것이다. 헤어스타일, 의상, 식품 등 모든 소비생활에는 각자의 개성이 담겨 있을 것이다.

탈현대 사회에는 유행이 사라질 것이다. 유행은 기업이 자신의 상품 판매를 촉진하기 위한 수단의 하나이다. 새로운 의상을 소개하는 자리를 패션쇼라고 부르고, 의상을 입는 모델을 패션모델이라고 부르는 것 등은 유행이 얼마나 현대적인 삶과 의식에 깊이 파고들었는가를 잘 보여 주는 사례이다. 탈현대인은 오래된 의상을 입는 것을 좋아하고, 때론 대물림을 해서 입기도 할 것이다.

탈현대 사회에서는 친환경적인 소비가 이루어질 것이다. 탈현대인은 자신과 환경에 유해하지 않은 제품을 소비할 것이다. 먹거리는 친환경적인 방법으로 직접 생산한 것을 소비할 것이다. 텃밭에서 함께 하는 가족노동은 삶의 기쁨의 원천이 될 것이다.

V.
탈현대 교육

조선 사회에서 성균관은 꿈의 교육기관이었다. 하지만 오늘날 살아 있는 교육의 장으로서의 성균관은 존재하지 않는다. 교육이란 무엇인가? 개인적인 차원에서 보면, 교육이란 인간다운 인간이 되기 위한 과정이다. 사회적인 차원에서 보면, 교육이란 그 사회가 필요로 하는 인재를 양성하는 것이다. 그러므로 인간관과 시대가 바뀌면, 교육도 변화할 수밖에 없다. 탈현대 교육이란 탈현대라는 시대적인 상황에서 탈현대 인간관을 바탕으로 한 새로운 교육이다.

현대는 열심히 일할 노동자, 이성적인 시민을 필요로 했다. 그래서 현대의 학교에서는 직업교육, 시민교육을 수행했다. 탈현대는 어떤 사람을 필요로 할까? 겸손하고, 관대하고, 상대편을 잘 배려하고 존경하는 사람, 마음이 따뜻한 사람을 필요로 한다. 그래서 탈현대의 학교에서는 '사랑의 교육'을 행한다.

현대 인간관의 관점에서 볼 때 인간다운 인간이란 어떤 사람인가? 에고의 차원에서 더 높은 곳까지 올라간 사람이 인간다운 인간의 의미이다. 그래서 현대의 학교에서는 에고의 차원에서 더 높은 곳에 올라갈 수 있는 능력을 배양하고자 한다. 탈현대 인간관의 관점에서 볼 때 인간다운 인간이란 어떤 사람인가? '참나'를 자각하고, 활성화시킨 사람이다. 그래서 탈현대의 학교에서는 '참나'를 자각할 수 있도록 도움을 준다.

탈현대 교육의 핵심은 사랑의 교육이다. 이 장에서는 현대 교육의 붕괴, 탈현대 교육의 내용, 탈현대 교육의 이모저모 등에 대해 서술하도록 하겠다.

1. 현대 교육의 붕괴

현대 교육도 한때는 새로운 것이었다. 현대 교육이 시작될 무렵, 가르치는 선생님에게도 배우는 학생들에게도 설렘이 있었다. 그들에게는 낡은 시대를 끝맺음하고 새 시대를 열어 가고자 하는 열망이 있었다. 그러나 더 좋은 건물에서 더 정비된 교육과정으로 진행되는 오늘날 현대 교육의 장을 돌아보면, 거기엔 무관심, 무기력만이 가득하다. 선생님들은 자신이 가르치는 것이 과연 학생들과 세상에 도움이 될지 확신하지 못한다. 학생들은 자신이 이곳에서 무엇을 배워야 하는지 왜 배워야 하는지 알지 못하는 멍한 눈초리로 앉아 있다. 현대 교육이 붕괴되고 있는 것이다.

오늘날에 이르러 현대 교육은 새 시대의 요구에 부응할 수 없는 낡은 교육으로 전락했다. 현대 교육은 결국 새로운 탈현대 교육에게 자신의 자리를 물려주게 될 것이다. 새로운 시대는 교육 영역에 '분리된 자아'의 껍질을 깨고 '사랑의 존재'로의 재탄생을 이루기 위한 새로운 인간 교육을 요구한다. 하지만 현대 교육은 시대에 맞는 교육으로 자기 변화에 실패하고, 결국 붕괴될 것이다. 전현대 교육이 현대라는 새로운 시대를 맞아 자기 변화에 실패했던 것과 같은 이치이다.

현대 교육의 핵심은 무엇인가? 현대 교육의 핵심은 '분리된 자아'로서의 나를 더 크게 만드는 데 기여하는 교육이다. 다시 말하자면, 희소자원을 쟁취할 수 있는 경쟁력을 키워 주는 것이 현대 교육의 목표이다. 그래서 취업할 수 있는 능력을 키워 주는 직업교육이 현대 교육의 중심을 차지하고 있는 것이다.

그런데 자동화 기술이 발달하고, 향후 인공지능 로봇이 확산되면서 인간 노동은 결국 사라지게 될 것이다. 이미 생산현장에서 인간 노동에 대한 수요 감소가 빠른 속도로 일어나고 있다. 현대 노동관을 갖고 있고, 직업교육을 받은 취업 희망자는 그대로인데, 기업의 채용규모는 급속히 줄어들고 있다. 이에 따라서, 직장은 희소자원이 되고, 직업교육을 받은 구직자들 간의 취업 경쟁이 심화되고 있다. 필자가 대학을 다녔던 1970년대 후반 대학생들은 아무도 취업 걱정을 하지 않았다. 졸업 때가 되면, 그냥 자신이 원하는 직장에 쉽게 취업할 수 있었다. 당시 대학생들이 준비한 공무원 시험은 거의 5급 공무원 시험이었다. 하지만 지금은 9급 공무원이 되는 것도 아주 힘들다.

그 결과 이상한 상황이 벌어지고 있다. 취업이 어려워질수록 대학은 학문의 전당이기를 멈추고, 취업훈련소와 같은 곳으로 변하고 있다. 학생들은 취업에 도움이 될 수 있는 실용적인 학과를 선호하고, 대학 당국은 기초학문 분야를 축소하고 있다. 사회는 점점 더 적은 수의 노동자를 필요로 하는데, 현대 교육은 점점 더 노동자 양성에 매진하는 웃지 못할 상황이 전개되고 있는 것이다.

현대라는 새 시대의 요구에 부응하지 못했던 성균관을 포함한 조선시대 유교교육은 결국 붕괴되었다. 새 시대의 요구에 부응하지 못하는 현대 교육은 어떻게 될 것인가? 붕괴될 것이다. 그리고 현대 교육이 무너진 그 자리에 탈현대 교육이 수립될 것이다.

2. 탈현대 교육 내용

탈현대 교육 목표는 피교육자들 내면에 존재하는 '참나'의 자각을 통해 자신과 세계를 사랑할 수 있는 능력을 가진 사람을 육성하는 것이다. 그러므로 탈현대 교육 내용은 사랑의 능력을 배양하는 교육이다. 탈현대 교육에서 사랑의 능력을 배양하는 교육은 다양한 형태로 이루어질 것이다. 그중 몇 가지를 살펴보도록 하겠다.

1) 나는 누구인가
탈현대 교육은 '나는 누구인가?'라는 질문으로 시작한다. '나는 누구인가?'라는 질문에 대한 대답은 삶과 문명의 목적을 결정짓는 중요한 것이다. 탈현대 교육에서 '나는 누구인가?'에 대한 대답을 가르치는 것은 탈현대 인간관에 대한 교육 영역이다.

'나는 누구인가?'라는 질문에 현대 교육은 이렇게 대답한다. '인간이란 자신을 둘러싸고 있는 시간과 공간으로부터 분리·고립된 개체'라고. 그래서 인간은 시공간적으로 유한하고, 무의미하며, 무력한 존재라고. 이것은 결국 존재론적인 무의미감, 무력감, 불안감을 떨쳐 버리기 위한 강박적인 노력을 낳게 되고, 현대적인 삶과 문명의 형태를 결정 짓는 근본적인 요인이 되었다.

'나는 누구인가?'라는 질문에 탈현대 교육은 이렇게 대답한다. '인간이란 영원한 시간과 무한한 공간을 자신 안에 품고 있는 우주적인 존재'라고. 그래서 모든 인간은 더할 수 없이 아름답고 위대한 존재라고. 탈현대적인 관점에서 보면, 인간은 자신에게 인기, 외모, 직업, 학력, 소유와 소비 등을 붙여야만 의미가 있을 정도로 하찮은 존재가 아니다. 모든 인간은 위대한 존재이며, 그렇기 때문에 인종이나 민족, 빈부 등에 상관없이 절대적으로 평등한 존재이다.

탈현대 교육에서 선생님은 학생들에게 각각의 인간은 더할 수 없이 아름답고 위대한 존재임을 일깨워 준다. 이 세상에 하찮은 인간은 있을 수 없음을 알려 준다. 각자 속에 살고 있는 '참나'가 깨어나 활동하게 될 때, 우리들 각자는 사랑의 삶을 살아갈 수 있음을 가르쳐 준다.

2) 경이로운 세상에 대한 교육

탈현대 교육은 '이 세상이 얼마나 경이로운 곳인가'를 교육할 것이다. 탈현대적인 관점에서 보면, 모든 존재는 경이롭다. 선생님은 학생들에게 모든 존재가 품고 있는 경이로움을 일깨워 주고자 한다. 탈현대적인 관점에서 보면, 한 알의 모래알 속에도 무한한 우주가 내재해 있고, 찰나와 같은 순간에도 까마득한 과거로부터 아득한 미래에 이르기까지의 영원한 시간이 그 안에 담겨 있다. 그래서 선생님은 이 세상 모든 존재는 위대하고 절대적으로 평등하다는 것을 학생들에게 가르칠 것이다.

선생님은 학생들에게 세계의 경이로움을 설명한다. '나'는 '네'가 되어 가고, '너'는 '내'가 되어 가며, 지금 이 순간 바로 '나'는 '너'이고, '너'는 '나'인, 상즉相卽, mutual identity · 상입相入, mutual penetration하는 세계의 오묘한 모습을 설명해 준다. 이 과정에서, 선생님은 학생들이 이 세상 모든 존재들을 절대 평등의 관점에서 바라볼 수 있는 능력을 키울 수 있도록 도와줄 것이다.

탈현대 세계관의 관점에서 바라보면, 이 세상 모든 존재는 경이로움으로 빛난다. 선생님은 학생들이 자신을 둘러싸고 있는 일상적인 것들, 예를 들자면 엄마, 아빠, 나무, 풀잎, 하늘, 산, 친구, 나의 몸 등 모든 것에서 경이로움을 느낄 수 있는 능력을 키울 수 있도록 도울 것이다.

존재의 경이로움에 대한 탈현대 교육의 출발점은 우리 자신이다. 음식물을 소화시켜서 온몸에 영양분을 공급하는 위장 활동의 놀라움에 대해서, 이 세상의 모든 색깔과 모양을 볼 수 있는 눈의 놀라움에 대해서, 대기를 들이마셔 산소를 섭취하고 이산화탄소를 배출하는 호흡

활동의 놀라움에 대해서, 아름다운 행성 지구 위를 마음대로 걸을 수 있는 경이로움에 대해서, 생각할 수 있다는 것에 대한 놀라움에 대해서, 감정을 느낄 수 있다는 것에 대한 놀라움에 대해서, 그리고 무엇보다도 누군가를 사랑할 수 있다는 것에 대한 놀라움에 대해서, 선생님은 학생들에게 하나하나 설명해 줄 것이다.

자신을 둘러싸고 있는 사람들의 경이로움에 대해서도 존재의 경이로움에 대한 교육이 행해질 것이다. 나를 극진히 사랑해 주시는 어머니와 아버지 그리고 할머니와 할아버지의 존재의 경이로움에 대해서, 내가 사랑하는 연인의 존재의 경이로움에 대해서, 나의 친구들, 마을 사람들, 지구촌의 수많은 민족과 사회, 문화의 존재의 경이로움에 대해서, 이 모든 것들의 존재가 얼마나 경이로운 것인가를, 선생님은 학생들에게 하나하나 설명해 줄 것이다.

자연의 경이로움을 학생들에게 가르치는 것도 존재의 경이로움에 대한 교육의 하나가 될 것이다. 밤하늘 아름답게 떠 있는 초승달, 우리들 피부에 와 닿는 감미로운 바람, 뭉게구름이 피어 있는 하늘, 파란 하늘 아래 날아다니는 잠자리, 봄날 흩날리는 꽃잎, 내 친구 야옹이 등 아름다운 행성 지구는 매순간 우리들에게 자신의 신비를 활짝 열어 보인다. 선생님은 학생들이 자연이 연출하는 경이를 느낄 수 있도록 도움을 줄 것이다.

존재의 경이로움에 대한 교육은 아이들의 마음을 부드럽고 사랑스럽게 만들어 준다. 그들은 이제 이 세상 모든 존재의 경이로움을 매순간 느낄 수 있다. 그 생생한 느낌 속에서 그들은 평화롭고 행복한

일상을 영위할 것이다.홍승표, 2010: 168

3) 나와 너의 관계는 무엇인가

탈현대 교육은 '나와 너의 관계는 무엇인가?'에 대한 교육을 행할 것이다. 현대 세계관의 관점에서 보면, 나와 너는 아무런 관계도 없다. 네가 나에게 어떤 의미를 갖는 것은 오직 네가 나의 욕망을 채우는 데 도움이 될 경우에 한정된다. 현대 관계관은 인간과 인간·집단과 집단·인간과 자연 등 모든 관계에 영향을 미쳤고, 파괴적인 결과를 초래했다.

탈현대 세계관의 관점에서 보면, 내 안에 네가 있고, 네 안에 내가 있다. 너와 나는 근원적으로 하나이다. 그러므로 나와 너는 서로를 아껴 주고 사랑해야 한다. 정상적이고 창조적인 나와 너의 관계는 사랑의 관계인 것이다. 사랑의 관계는 서로를 풍요롭게 한다.

탈현대 교육에서 선생님은 학생에게 자신과 다른 인종, 민족, 종교, 문화를 가진 사람을 어떻게 대해야 하는가를 가르칠 것이다. 왜 자신과 다른 사람들을 존중하고 존경해야 하는가를 가르칠 것이다. 지구촌 이웃이 어려움에 빠졌을 때, 왜 도움을 베풀어야 하는가를 가르칠 것이다.

탈현대 교육에서 선생님은 학생에게 자연에 대한 사랑을 가르칠 것이다. 자연에 대한 외경심을 키울 수 있도록 도울 것이다. 자연이 학생들에게 훌륭한 스승이 될 수 있음을 일깨워 줄 것이다. 자연이 곤경에 처했을 때, 자연에 도움을 베풀어야 함을 가르칠 것이다.

탈현대 교육에서 선생님은 학생에게 가까운 인간관계에서 사랑하는 방법을 가르칠 것이다. 가까운 관계일수록 예의를 지키고, 존경심을 키워 나가야 함을 가르칠 것이다. 가까운 사람들의 존재에 감사함을 느낄 수 있는 능력을 키워 줄 것이다.

4) 자각의 힘을 키우는 교육

자각의 힘을 키우는 교육은 탈현대 교육의 출발점이다. 현대인은 에고가 떠올리는 생각, 감정, 욕망의 노예로 살았고, 그래서 고통에서 벗어날 수가 없었다. 현대인은 스스로 고통스러울 뿐만 아니라 주변 사람들도 고통스럽게 만들었다.

탈현대인은 자신이 에고가 아니라 '참나'임을 안다. 자신이 생겼다 사라지는 구름이 아니라 하늘임을 안다. 파도가 아니라 바다임을 안다. 그래서 어떤 생각, 감정, 욕망이 떠올라도 거기에 사로잡히지 않으며, 이를 자각한다. 자각은 에고로부터의 자유를 가져온다.

탈현대 교육에서는 자각의 힘을 키우는 교육을 행할 것이다. '에고로부터 벗어나서 참나에 이르는 것'이 탈현대 교육의 목표이기 때문에, 자각의 능력을 키우는 교육은 탈현대 교육의 핵심이 될 것이다. 탈현대 교육에서 선생님은 학생에게 떠오르는 생각을 자각할 수 있도록 도움을 줄 것이다.

생각에 대한 자각 우린 흔히 '생각한다'고 생각하지만, 실제로 많은 경우는 생각이 일어난다. 근심스러운 생각, 치사한 생각, 악한 생각, 황당한 생각 등 특히 잠 못 이루는 밤에는 온갖 생각들이 두서없이 떠오른다. 탈현대 교육에서 선생님은 학생들에게 생각이 떠오르는 순간 생각을 자각하라고 가르칠 것이다. 내가 하늘이라면, 생각은 나의 하늘 아래 생겼다 사라지는 구름과 같은 것이어서, 어떤 생각이건 별 것이 아님을 가르칠 것이다. 문제는 생각에 사로잡히는 것인데, 생각이 떠오르는 순간 그것을 자각하면, 우린 생각으로부터의 자유를 누릴 수 있음을 가르칠 것이다.

감정에 대한 자각   분노, 기쁨, 시기, 불안, 질투, 공포, 환희, 우울 등 우리 마음속엔 온갖 감정이 떠오른다. 현대인은 어떤 감정이 생겨나면, 그 감정의 노예가 되어 고통받는다. 감정을 표출하거나 억압함으로써 고통은 더 커진다. 탈현대인은 감정이 내가 아니라 나를 찾아온 손님임을 안다. 그래서 어떤 감정이 생겨나면, 그 감정을 자각한다. 탈현대 교육에서 선생님은 학생에게 자신의 마음속에 생겨난 감정을 자각하는 연습을 시킬 것이다. 자각하는 순간 그 감정이 갖고 있는 에너지는 많이 줄어들며, 줄어든 만큼 학생들은 생겨난 감정으로부터의 자유를 누릴 수 있을 것이다.

욕망에 대한 자각   성욕, 소유욕, 권력욕, 공격욕, 파괴욕 등 우리 마음속엔 온갖 욕망이 꿈틀댄다. 현대인은 어떤 욕망이 생겨나면, 그 욕망의 노예가 되어 고통받는다. 욕망에 중독되거나 억압함으로써 고통은 더 커진다. 탈현대인은 욕망이 내가 아니라 나를 찾아온 손님임을 안다. 그래서 어떤 감정이 생겨나면, 그 욕망을 자각한다. 탈현대 교육에서 선생님은 학생에게 자신의 마음속에 생겨난 욕망을 자각하는 연습을 시킬 것이다. 자각하는 순간 그 욕망이 갖고 있는 에너지는 많이 줄어들며, 줄어든 만큼 학생들은 생겨난 욕망으로부터의 자유를 누릴 수 있게 될 것이다.

5) 감사 능력을 키우는 교육

감사 능력 배양 교육은 탈현대 교육 중에서 가장 쉽고 효과도 큰 교육이다. 탈현대 교육에서 선생님은 학생들이 감사할 수 있는 능력을 키울 수 있도록 도울 것이다. 현대인의 경우, 전반적으로 감사 능력이 약하지만, 그래도 복권 당첨, 일류대학 합격, 부자의 꿈을 이룸 등과 같이 기쁜 일이 있을 때는 감사할 수 있었다. 탈현대 교육에서 감사 능력 배양 교육은 특히 현대인이 감사하지 않던 것 또는 감사할 수 없었던 것에 감사할 수 있는 능력을 키우는 데 역점을 둘 것이다.

감사하지 않던 것에 대한 감사 아침에 잠에서 깨어났을 때, 새롭게 선물 받은 하루에 대한 감사를 느끼는 연습을 한다. 저녁에 잠자리에 들 때, 무사하게 지낸 하루에 대한 감사를 느끼는 연습을 한다. 자신이 받은 생명에 대한 감사를 느끼는 연습을 한다. 엄마와 아빠의 존재에 대한 감사를 느끼는 연습을 한다. 언제나 원하면 아름다운 음악을 들을 수 있음에 감사를 느끼는 연습을 한다. 식사를 하면서, 농부에게 감사하는 연습을 한다. 샤워를 하면서, 따뜻한 물에게 감사하는 연습을 한다. 호흡하는 신선한 공기에 감사하는 연습을 한다.

감사할 수 없었던 것에 대한 감사 누군가 나를 미워할 때 감사를 느끼는 연습을 한다. 미움은 나의 에고를 부숴 주는 고마운 역할을 하기 때문이다. 노자는 "큰 환란을 자신의 몸처럼 귀하게 여기라貴大患若身"라고 말했다. 노자는 왜 환란을 귀하게 여기라고 말하는 것일까? 그것은 모든 환란이 에고가 겪는 환란이기 때문이다. 환란은 에고에 흠집을 내기 때문에, 에고로부터 자유로워지려는 탈현대적인 노력에 도움을 준다.

에고의 삶을 사는 현대인은 말기 암 진단, 사업부도, 시험 불합격, 조기 퇴직, 늙음과 죽음 등과 같은 환란에 감사할 수 없다. 왜냐하면 환란은 에고로서의 나에게 상처를 주기 때문이다. 그러나 탈현대적인 관점에서 보면, 모든 환란은 에고로부터 벗어나 '참나'를 자각하는 데 도움을 줄 수 있다. 그래서 탈현대 교육에서 학생들은 에고가 감사할 수 없는 환란을 감사하는 연습을 한다.

6) 미소 짓기 교육

자신과 세상을 향해 '따뜻하고 아름다운 미소를 짓는 연습'은 '참나'를 깨어나 활동하게 하는 효과적인 탈현대 교육이다. 미소 짓기 연습의 대상은 무엇일까? 나의 에고가 만들어 내는 모든 생각, 감정, 욕망 등이 그 대상이 된다. 미소 짓는 주체는 누구일까? '참나'이다. 그러므로 미소 짓기 연습은 사랑의 존재로서의 '참나'를 깨어나게 하는 좋은 교육이 된다.

미소 짓기 연습에서 말하는 미소란 무엇인가? 그것은 영원한 시간과 무한한 공간의 관점에서 에고가 일으키는 생각, 감정, 욕망 등을 바라볼 때 생겨나는 웃음이다. '참나'의 눈으로 보면, 에고가 일으키는 생각, 감정, 욕망, 이 모든 것이 우습다.

예를 들어, '내가 올해의 아카데미 여우주연상 수상자가 되었다'고 하자. 이때 나(에고)는 하늘로 솟아오를 듯이 격렬한 기쁨을 느낄 것이다. 그리고 '난 아카데미 여우주연상을 받을 만큼 대단한 사람이야!' 하는 생각이 용솟음칠 것이다. 이때 영원과 무한의 눈으로 '아카데미 여우주연상을 수상한 나'를 바라본다. 그것이 무엇인가? 아무것도 아니다. 이것이 아무것도 아님을 자각할 때, '하늘로 솟아오를 듯이 기뻐하는 나'와 '난 대단한 사람이야'라는 오만한 마음에 사로잡힌 나를 바라보면, 웃음이 지어진다. 이렇게 웃음 짓는 것이 바로 미소 짓기 연습이다.

반대로, '내가 사업에 부도가 나서 무일푼이 되었다'고 하자. 이때 나(에고)는 땅 밑으로 꺼져 버릴 것 같은 격한 고통을 느낄 것이고, '이제 난 아무것도 아니야'란 생각에 사로잡힐 것이다. 이때 영원과 무한의 눈으로 '부도가 난 나'를 바라본다. 그것이 무엇인가? 아무것도 아니다. 이것이 아무것도 아님을 자각할 때, '땅 밑으로 꺼져 버릴 것 같은 나'와 '이제 난 망했어'라고 생각하는 나를 바라보면, 웃음이 지어진다. 이렇게 웃음 짓는 것이 바로 미소 짓기 연습이다.

우린 에고가 일으키는 모든 생각, 감정, 욕망에 대해 미소 지을 수 있다. 미소 짓는 순간 우린 심각성에서 해방되며, 에고로부터 자유로워질 수 있다. 난 이제 에고가 일으키는 생각, 감정, 욕망으로 인해 고통받지 않는다. 이렇게 미소 짓기 교육은 학생들이 에고로부터 벗어나 사랑의 존재로 재탄생하는 것을 도와줄 수 있다.

7) 받아들이기 교육

받아들이기 교육이란 일어난 부정적인 상황에 저항하지 않고 받아들이는 연습을 하도록 교육하는 것이다. 현대인(에고)은 일어난 부정적인 상황에 저항한다. 군대에서 못된 상관을 만나면, '왜 하필 나에게 이런 나쁜 놈이 걸려들었을까?'라며 한탄한다. 그러나 군대를 제대하고도 그는 삶의 모든 귀퉁이에서 못된 상관을 만날 것이고, 불평과 한탄을 계속할 것이다. 일어난 상황에 대한 저항은 무력한 것이며, 또한 고통을 만들어 낸다. 일어난 나쁜 상황에 대한 최선의 대응도 불가능하다.

받아들임이란 무엇인가? 받아들임이란 무슨 일이 일어나더라도 그 사건과 내면적으로 일치하는 것을 의미한다.[E. Tolle, 2008: 234] 일어나는 일과 내면이 일치한다는 것은 일어나는 일에 대해 마음이 저항하지 않음을 의미한다.[E. Tolle, 2008: 235] 노자는 이를 일러 대순大順이라 하고, 『주역』에서는 이를 순천順天이라고 했다.

'받아들이기 연습'은 삶에서 부딪히는 곤경을 받아들이는 것이다. 『주역』「둔괘屯卦」「상육上六」 효사爻辭는 "말을 탔다가 내려서 피눈물이 물 흐르듯 하는구나乘馬班如 泣血漣如"이다. 우리 인생살이에서도 어떤 일을 감행하다가 어려움이 극한에 이르러 피눈물을 흘리는 경험을 할 때가 있다. 만일 이때 상황으로부터 도피하려 하거나 상황에 불평만 한다면 상황은 더 나빠져서 우린 큰 고통을 겪게 된다. 곤경에 부딪쳤을 때, 우리가 해야 할 일은 자신에게 다가온 곤경 자체를 인정하고 받아들이는 것이다. 자신에게 닥쳐온 곤경이나 불운을 반가운 손님으로 맞아들일 때, 곤경에 빠진 그대로 우리는 곤경으로부터의 자유를 누릴 수 있게 된다.

받아들임은 일어난 일이 좋은 일이건 나쁜 일이건 간에 그 순간의 모습이 있는 그대로 존재할 수 있도록 허용하는 것이다.E. Tolle, 2008: 236 일어나는 일을 받아들일 경우, 일어난 일이 어떤 일이건 간에 우리는 일어난 일에 사로잡히지 않게 된다. 에고는 어떤 일이 일어나건 그 일에 사로잡힌다. '참나'는 어떤 일이 일어나도 그 일로부터 자유롭다. 받아들이기 연습을 통해 에고는 활동을 중지하게 되고, '참나'는 활동을 시작하게 된다.

탈현대 교육의 하나는 선생님이 학생에게 일어난 나쁜 상황을 받아들일 수 있는 능력을 배양시켜 주는 것이다. 교육을 통해 받아들일 수 있는 능력이 커지면, 일어난 나쁜 상황은 예전처럼 그에게 큰 고통을 주지 못한다. 또한 그는 일어난 상황에 적절한 대응을 할 수 있는 능력이 커진다.

8) 시간을 창조적으로 사용하는 교육

현대 사회에서 가장 불행한 집단은 누구일까? 노인이다. 현대 사회에서 노인은 어떤 특징을 갖고 있는 집단인가? 한가한 시간이 가장 많은 집단이다. 현대인은 한가한 시간을 창조적으로 사용하는 방법을 모른다. 이 때문에 한가한 시간이 많다는 것은 현대인에겐 재앙이었다. 그래서 한가한 시간이 가장 많은 노인이 현대 사회에서 가장 불행한 집단이 된 것이다.

탈현대 사회는 노동으로부터 해방된 사회이다. 탈현대 사회에서는 모든 탈현대인의 삶이 현대의 노인과 흡사한 여가 중심적인 삶이 될 것이다. 그러므로 한가한 시간을 창조적으로 사용할 수 있는 능력을 배양하는 교육은 탈현대 교육의 중요한 일부가 된다. 탈현대적인 관점에서 보면, 한가한 시간이 많다는 것은 축복이다. 탈현대 교육은 학생들이 한가한 시간을 축복으로 만들 수 있는 능력을 배양하고자 한다.

탈현대 사회에서 '시간을 창조적으로 사용함'의 의미는 무엇일까? 그것은 현대 사회와는 전혀 다른 의미를 갖는다. 현대 사회에서 '시간의 창조적인 사용'의 의미는 대략 두 가지이다. 하나는 '에고'의 능력을 계발하고 확충하는 것이었다. 지식이나 기술 습득, 외모 가꾸기, 또는 좋은 성격 만들기 등이 그 예이다. 다른 하나는 외부 대상 세계와의 경쟁, 갈등, 교환 등을 통해 자신의 욕망을 충족시키는 것이었다. 예컨대, 돈을 벌거나 높은 지위에 오르는 등의 일들이 여기에 해당한다. 한마디로 요약한다면, 현대 사회에서 '창조적인 시간 사용'의 의미는 '에고'의 확충에 기여하는 활동이라고 할 수 있다.

탈현대 사회에서 '창조적인 시간 사용'의 의미는 '참나'의 자각을 위한 수행修行으로서의 시간 보내기와 '참나'를 즐기는 낙도樂道로서의 시간 보내기이다. 이것을 하나로 말하면 사랑의 삶을 살아가는 것이고, 둘로 나누어 말하면 사랑의 능력 키우기와 사랑의 즐거움 누리기로 시간을 사용하는 것이다.

탈현대 교육에서는 바로 이런 의미에서 시간을 창조적으로 사용할 수 있는 능력을 키우는 교육을 한다. 사랑의 능력 키우기 교육의 1단계는 학생들이 낭비로서의 시간 보내기를 중지하고, 진정한 관심을 기울이는 연습을 하는 것이다. 이때 관심의 대상은 자기 자신일 수도 있고, 상대편이나 동식물이나 무생물일 수도 있다. 2단계는 학생들이 진정한 관심을 기울인 결과 대상에 대한 깊은 이해에 도달하는 것이다. 3단계는 학생들이 깊은 이해의 결과로 관심을 기울인 대상에 대한 측은함이나 따뜻한 마음을 느끼게 되고, 마침내 그 대상에 대한 진정한 사랑에 도달하는 것이다. 이런 교육을 통해 학생들에게 사랑의 능력이 커지면, 그들이 사랑의 즐거움 누리기로 시간을 보내는 것은 저절로 이루어진다.홍승표, 2010: 170

9) 잘 나이 들어 가는 교육

'아름답고 행복하게 나이 드는가?' 아니면 '추하고 불행하게 나이 드는가?' 하는 것은 긴 노년기를 보내야 하는 탈현대인에게 중요한 문제이다. 그래서 탈현대 교육에서는 아름답고 행복하게 나이 드는 방법을 교육한다.

현대인 대부분은 추하고 고통스럽게 나이 들어 간다. 왜일까? 그 이유는 현대인이 자기 자신을 '분리된 개체(에고)'라고 여기기 때문이다. 나이 들어 감이란 죽음에 다가가는 과정이며, 에고가 붕괴되는 과정이다. 그러므로 '에고를 나'라고 생각하는 한 아름답고 행복하게 나이 드는 것은 불가능한 일이다.

탈현대 인간관의 관점에서 보면, 나이 들어 감에 대한 해석은 판이해진다. 나이 들어 감이란 에고의 측면에서 보면 붕괴의 과정이지만, '참나'의 측면에서 보면 성숙의 과정이다. 나이 들어 감으로 인해 에고가 붕괴되면, 이것은 '참나'가 깨어날 수 있는 좋은 기회가 된다. 나이 들어 감의 교육이란 이렇듯 에고가 겪는 상실을 '참나'가 깨어나는 기회로 활용하는 방법을 교육하는 것이다.

어떻게 나이 들어 감에 따른 에고의 붕괴를 '참나'가 깨어나는 기회로 활용할 것인가? 그것은 나이 들어 감에 따라 붕괴되는 에고를 바라보면서 따뜻하게 미소 짓는 것이다. 퇴직을 하고 나서 주위 사람들이 자신을 바라보는 시선이 바뀌었다는 생각이 들면, 그냥 손상되어 고통받고 있는 에고를 따뜻하게 미소 지으며 바라본다. 건강이 나빠져서 이제는 늘 걷던 산책로조차 걸을 수 없게 되었을 때, 아침에 잠자리에서 일어날 때마다 몸이 무겁게 느껴질 때, 에고는 건강했던 젊은 시절을 떠올리며 고통스러워한다. 이때 고통스러워하는 에고를 따뜻한 눈으로 바라본다.

잘 나이 듦의 연습에서 중요한 것은 나이 들어 감으로 인해 에고가 겪는 상실과 고통을 치유하려는 어떤 노력도 기울이지 않는다는 것이다. 왜냐하면 우리의 목표는 에고의 회복이 아니기 때문이다. 상실로 인해 고통받고 있는 에고를 따뜻한 눈으로 바라볼 때, 바라보는 나 자신이 바로 '참나'이다. 이런 연습이 거듭될수록 '참나'는 깨어나 활동하게 되며, 에고가 차지하고 있던 주체로서의 나의 자리를 점점 더 '참나'가 차지하게 된다.홍승표, 2011: 232-3

10) 죽음 교육

죽음 교육은 탈현대 교육의 중요한 부분이다. 현대 교육에는 죽음 교육이 없었다. 왜냐하면 죽음은 에고의 종말인데, 현대는 인간이 에고라고 생각했기 때문에 죽음을 창조적으로 맞이한다는 것은 원천적으로 불가능했기 때문이다. 그래서 현대 사회에서 죽음은 교육 대상이 아니라 외면과 회피의 대상이었고, 아무런 대비 없이 죽음과 마주쳐 비참하고 고통스럽게 죽는 경우가 많았다.

탈현대적인 관점에서 보면, 인간은 온 우주를 자신 안에 품고 있는 '참나'이다. '참나'는 태어나지도 죽지도 않는다無始無終. 죽음은 단지 분리된 개체로서의 나의 죽음일 뿐이다. 죽음 교육이란 에고의 견고한 껍질을 깨뜨리기 위해 죽음을 활용하는 것이다.

죽음 교육은 죽음에 직면해서 행하는 교육이 아니라 죽음을 상상하면서 행하는 교육이다. 죽음 교육에서 선생님은 학생에게 죽음을 늘 자신 곁에 둘 것을 가르친다. 죽음을 늘 자기 곁에 두면, 무상無常의 자각 속에서 삶을 영위할 수 있다. 부모님, 배우자, 친구들이 늘 그 자리에 있지 않을 것을 자각하면, 우린 그들의 소중함을 더 잘 알 수 있고 더 깊이 사랑할 수 있다. 또한 평범한 일상이 광채를 발할 수 있다.

죽음을 늘 가까이 두고 살아온 사람은 죽음이 자신에게 다가왔을 때, 장엄하게 죽음을 맞을 수 있다. 그때까지 자신에게 주어졌던 많은 것들에 감사하면서 죽음을 맞을 수 있다. 평화롭게 죽음을 맞을 수 있다.

11) 화를 맞이하는 교육

탈현대 교육에서는 학생들에게 화에 창조적으로 대처하는 능력을 가르친다. '화'는 자신과 상대편에게 고통을 주고, 관계에 나쁜 영향을 미치는 중요한 요인이다. 그래서 화를 맞이하는 교육은 행복한 삶을 위해 꼭 필요한 교육이 된다.

탈현대 교육에서는 화가 났을 때, 우선 화를 밖으로 표출하거나 억압하지 않을 것을 가르칠 것이다. 그런 뒤에 취해야 할 첫 번째 조치는 화를 나게 한 대상으로부터 화가 난 자신에게로 시선을 돌리는 것이다. 시선을 자신에게로 돌리는 순간, 우린 자신 안에 생겨난 화를 자각할 수 있다. '화에 대한 자각'만으로도 이미 에너지의 변화가 시작된다. 자각이 이루어지고 나면 '화'에 투입된 에너지가 상당히 줄어드는 것을 학생들은 느낄 수 있다.

'화'를 자각하고 난 이후의 작업은 무엇일까? 그것은 화난 자신을 돌봐 주는 일이다. 화난 자신에게 윙크를 보내는 것은 화를 돌보는 좋은 방법이다. 화난 자신을 용서해 주어야 한다. 왜냐하면 나는 어쩔 수 없이 화가 났기 때문이다. 화난 자신을 따뜻하게 품어 주어야 한다. 왜냐하면 화난 자신은 불행하기 때문이다. 이렇게 지속적으로 화난 나를 돌봐 주면, 나는 점점 화로부터 자유로워진다. 뿐만 아니라 나의 중심이 '화난 나'로부터 '화난 나를 돌봐 주는 나'로 이동하게 된다. 화 돌보기를 통해 에고로부터의 탈출이 이루어지는 것이다.

12) 평화 교육

현대의 학교는 '싸우는 법', '싸워서 이기는 법'만을 가르친다. 마르크스는 공산사회라는 평화로운 사회를 건설하고자 했지만, 그 방법으로 프롤레타리아 혁명을 주창했다. 즉, '싸움을 통해 싸움 없는 사회'를 건설하고자 했던 것이다. 결국 마르크스를 따른 공산혁명은 평화로운 사회 건설에 실패했고, 망했다.

탈현대의 학교는 학생들에게 평화를 건설할 수 있는 능력을 가르칠 것이다. 평화로운 세상을 건설할 수 있는 바탕은 무엇인가? '평화로운 마음'이다. 현대 사회에서 분란이 그치지 않는 것은 현대인의 마음속이 평화롭지 않기 때문이다. 즉, 나의 욕망과 너의 욕망이 충돌하기 때문이다. 탈현대인의 마음이 평화로울 수 있는 것은 무한한 욕망을 추구하지 않고 욕망에 집착하지 않기 때문이다.

탈현대 교육에서는 학생들이 적당한 선에서 멈추고_知止, 적당한 선에서 만족할 수 있는_知足 능력을 배양할 수 있도록 할 것이다. 또한 우주적인 존재로서의 나를 각성시킴으로써 이질적인 집단이나 자연과 평화롭게 지낼 수 있는 바탕을 마련한다.

13) 욕망 절제 교육

홉스는 "자연 상태에서 인간은 무한한 욕망을 추구한다"라고 했다. 홉스의 인간관은 현대 인간관의 한 전형이 되었다. 그러므로 현대 교육에는 욕망을 충족시킬 수 있는 능력을 배양하는 교육이 있을 뿐, 욕망 절제 교육이 없다.

탈현대적인 관점에서 보면 '욕망 추구자로서의 인간'이란 현대 사회속에서 인간의 뒤틀린 모습일 뿐이고, 인간에 대한 부당한 폄하일 뿐이다. 이것은 결코 정상적이거나 이상적인 인간의 모습과는 거리가 멀다. 그래서 탈현대 교육에서는 학생들에게 욕망을 절제할 수 있는 능력을 교육할 것이다.

탈현대 사회에서 욕망 자체를 악으로 간주하는 것은 아니다. 욕망은 자연스러운 것이다. 다만 현대 사회에서와 같이 인간이 욕망의 노예가 되어 무한한 욕망을 추구하는 것은 나쁜 일이라고 본다.

욕망 절제 교육의 요체는 욕망의 노예 상태에서 벗어나 욕망을 적절히 즐길 수 있는 능력을 배양하는 것이다. 선생님은 학생들에게 학생들 각자가 자신의 욕망을 훨씬 넘어서 있는 존재임을 깨우쳐 줄 것이다. 교육의 결과로 학생들은 욕망의 노예 상태에서 벗어나 욕망의 주인이 되어 절제된 가운데 욕망을 즐기는 삶을 살아갈 것이다.^{홍승표,}
2010: 181-3

14) 자연과의 교감 교육

탈현대 교육의 하나는 자연과의 교감 능력을 키우는 것이다. 자연과의 교감이란 자연을 사랑하는 것이다. 새로운 유토피아에서 자연을 사랑하는 능력을 키우는 교육은 다양한 형태로 이루어질 것이다.

첫째는 자연과 깊이 접촉하는 교육이다. 탈현대 교육에서 자연과의 접촉 교육은 다양한 형태로 이루어질 것이다. 틱낫한 스님은 '나무 끌어안기 수행', '대지에 누워 보기 수행' 등을 제시했는데, 이런 것들은 자연과 접촉하기 교육의 전형이다. 나무를 끌어안고 나무를 느껴 보고, 대지에 누워 대지의 숨소리를 들어 보는 것이다.

학생들은 생활의 일부로 텃밭 가꾸기에 참여하는데, 이 역시 자연과 접촉하는 교육의 중요한 장이 될 것이다. 밭에 물을 주면서 어제보다 부쩍 자란 상추와 토마토의 생명력을 느끼는 일이나, 염소를 들판에 데리고 나가 돌보아 주면서 자연과의 진정한 접촉이 이루어진다. 또한 탈현대 사회에서는 토끼나 닭, 돼지 같은 가축들이 들판에 방목된다. 겨울이 지나 들녘에 봄이 오면 자신의 옆에 와서 풀을 뜯어 먹는 토끼를 쓰다듬어 주면서 자연과의 접촉이 이루어진다.

둘째는 자연에 깊은 관심을 기울이고 깊이 이해하는 교육이다. 선생님은 학생들에게 자연에 더 큰 관심을 갖고 들여다보는 것을 가르칠 것이다. 이를 통해 학생들의 마음속에는 '자연과 내가 하나임'에 대한 새로운 자각이 생겨날 것이다. 뿐만 아니라 학생들은 자연으로부터 더 많은 것을 배울 수 있다.

선생님은 학생들에게 '자연을 깊이 들여다보기'라는 과제를 준다. 그 대상은 다양하다. 느티나무, 하늘, 구름, 바위, 시냇물, 산, 바다 등 학생들을 둘러싸고 있는 자연물 모두가 교육 대상이 될 수 있다.

예컨대, 선생님이 하늘에 떠 있는 뭉게구름을 깊이 바라보기라는 과제를 학생들에게 부과했다고 가정해 보자. 그러면 학생들은 바위에 걸터앉아 또는 두세 명이 함께 이야기를 나누며, 뭉게구름을 깊이 바라본다. 구름은 끊임없이 생겨나고 사라진다. 파란 하늘을 배경으로 생겨난 뭉게구름이 아름답다. 뭉게구름 속에서 사랑하는 사람의 얼굴을 본다. 학생들은 뭉게구름을 깊이 들여다보면서 '분리된 자아'로서의 뭉게구름은 존재하지 않는다는 것을 깨우치게 된다. 그리고 뭉게구름 안에 내가, 어머니가, 할아버지가, 그리고 이 세상 모든 존재가 살고 있음을 알게 된다. 마침내 학생들은 뭉게구름이 바로 자기 자신과 하나임을 알게 된다. 관찰의 시간이 끝나면 학생들은 선생님과 함께 모여서 자신들이 발견한 것을 발표하고, 뭉게구름에 대한 더 깊은 이해를 해 나간다.

셋째는 자연의 아름다움을 느낄 수 있는 능력을 배양하는 교육이다. 선생님은 학생들이 자연에 대한 심미적인 감각을 배양해서 자연의 아름다움을 느낄 수 있도록 도움을 줄 것이다. 처마에 비 떨어지는 소리 듣기, 봄바람이 피부에 와 닿는 감미로운 느낌을 즐기기, 초승달 바라보기, 새로 돋아난 어린싹 바라보기, 라일락 향기 맡기, 시냇물에 발 담그기 등 자연에 대한 감수성을 키우는 교육은 다양한 형태로 이루어질 것이다. 학생들의 자연에 대한 감수성이 커 갈수록 자신에 대한, 그리고 자신이 사랑하는 사람에 대한 감수성도 함께 커 갈 것이다.홍승표, 2010: 184

3. 탈현대 교육의 이모저모

탈현대 교육 현장은 현대 교육과 판이하게 다르다. 인공지능 로봇 선생님의 존재는 현대와의 확연한 차이가 아닐까 싶다. 현대 교육에서라면 퇴직 후 연령에 해당하는 노인 교사가 많은 점도 새로운 변화일 것이다. 현실 공간으로서의 학교가 사라진 점도 특이점의 하나가 아닐까 싶다.

1) 인공지능 로봇 선생님

"〈인류멸망보고서-천상의 피조물〉이라는 영화에는 절에서 스스로 깨달음을 얻어 인간에게 설법을 하는 로봇 RU-4가 등장한다."[백진호, 2017: 102] 인공지능 로봇이 깨달음을 얻을 수 있을까? 쉽게 대답할 수 없는 문제다. 그러나 분명한 점은 탈현대 교육에서는 인공지능 로봇이 새로운 선생님으로 등장할 것이고, 중요한 역할을 수행할 것이라는 점이다.

'자신의 의지, 욕망, 감정을 갖고 있는 강한 인공지능strong artificial intelligence이 출현할 것인가?' 하는 것은 여전히 논란이 되고 있다. 그러나 인공지능이 인간 지능을 추월하는 특이점이 올 것이라는 점에는 모든 사람이 공감한다. 그 시점이 오면 인공지능은 사랑의 교육을 담당하는 선생님의 역할을 수행할 수 있을 것이다.

인공지능은 이미 비서의 역할을 일부 수행하고 있고, 우리 마음에 위안을 주는 친구 역할을 수행하는 인공지능 로봇도 출현했다. 지식을 가르치는 교사 인공지능 로봇도 출현했고, 상담사 역할을 하는 인공지능 로봇도 출현했다.

이미 출현한 인공지능이 비약적인 발전을 한다면, 사랑의 교육을 담당할 인공지능 로봇의 출현을 충분히 예상할 수 있다. 그는 학생들의 말을 귀담아 들어 줄 수 있을 것이다. 그리고 학생들이 하는 말의 가장 깊은 층을 들을 수 있을 것이다. 학생들의 에고가 처한 어려움에 대해 어떻게 대응하는 것이 창조적인가에 대한 지침을 줄 수 있을 것이다. 그는 삶에 힘겨워하는 우리에게 위로와 격려를 해 줄 수 있을 것이다. 그는 심각성에 빠져 있는 우리에게 '아무것도 아니야'라고 말해 줄 수 있을 것이다.

2) 노인 교사

현대 교육에서는 선생님들이 노인이 되는 시점에 퇴직을 한다. 하지만 탈현대 교육에서는 현대 교육에서의 퇴직 시점이 교사로서의 출발 시점이 될 것이다. '참나'를 깨닫고 사랑의 존재가 되어 가는 것은 나이가 들수록 무르익어 갈 수 있는 것이기 때문이다. 노인 교사는 연륜과 더불어 삶을 깊이 이해하고 사랑하는 사람들이다. 그들에게는 손자뻘 되는 아이들을 가르치고 함께하는 시간이 행복하다.

노인 선생님들은 아이들에게 삶의 경이로움과 사랑을 가르칠 것이다. 또한 이미 사랑의 존재가 된 노인들의 삶의 모습을 보는 것 자체가 학생들이 본받고 따라할 수 있는 좋은 교육이 된다. 탈현대 사회에서 선생님과 학생은 깊은 애정으로 결합해 있다. 탈현대 교육의 장에는 열정이 있지만 또한 유머 공간이 풍부하다.

정재걸[2000: 22]은 사랑의 교육에서 스승의 역할이 무엇인가를 다음과 같이 설명하고 있다.

> 스승은 바로 이런 암중모색에서 안내자요, 등불이라고 할 수 있다. 스승의 현존 바로 그 자체가 자신이 나아가야 할 방향을 알려 주고, 또 그것이 달성 가능한 것이라는 것을 분명하게 보여 주기 때문이다.

틱낫한 스님[2004: 185]은 같은 내용을 다음과 같이 표현했다.

> 스승과 제자의 관계는 스승이 자기가 가르치는 바를 계속해서 실천해 나가는 데서 비롯되는 신뢰에 근거해야 하는 것이다. 이것은 본보기, 즉 삶의 방식을 통한 가르침이다.

노인 선생님은 아이들이 충동에 사로잡히거나 잘못을 저지를 때도 그 아이들에 대한 믿음을 잃지 않는다. 선생님은 아이들에게 간섭하거나 잔소리를 하지 않는다. 선생님은 아이들이 자신의 도움을 필요로 할 때까지 끈기 있게 기다린다. 그래서 도움을 줄 수 있는 때가 무르익었을 때, 선생님은 아이들에게 도움의 손길을 내민다.[홍승표, 2010: 192]

3) 사라진 학교-가상공간에서의 교육

탈현대 교육에서는 오늘날 학교 건물들이 현저히 축소 또는 소멸되고, 가상공간 속에서의 교육이 보편화될 것이다. 가상공간 속에서 다양한 형태의 탈현대 교육이 이루어질 것인데, 몇 가지를 예상해 본다면 다음과 같다.

이미 유튜브와 같은 사이트에는 인류의 스승이라 할 수 있는 사람들의 강연이 많이 올라와 있다. 이것은 급속히 확장되어 세계 어느 지역의 훌륭한 스승의 말씀도 우린 직접적으로 들을 수 있게 될 것이다. 원리적으로 말한다면 훌륭한 스승 한 사람이 전 인류에게 가르침을 행하는 시대에 우린 이미 들어서 있다. 언어의 장벽이 해체되고 나면, 이런 종류의 탈현대 교육은 가속화될 것이다.

임사체험은 에고를 벗어나는 중요한 경험이기 때문에 탈현대 교육의 중요한 일부가 될 수 있다. 가상현실이 발달하면 가상으로 임사체험을 하는 탈현대 교육이 활성화될 것이다. 가상현실을 통한 임사체험은 시간의 압축과 감각복합이 가능하다는 점에서 효율적인 교육 방법이 될 수 있다.정재걸, 2017: 123

가상현실은 '에고로서의 나의 삶이 꿈(가상현실)'이라는 깨우침을 촉진할 수 있을 것이다. 장자의 호접몽胡蝶夢에서부터 '에고로서의 나의 삶이 꿈(가상현실)'이라는 자각은 꾸준히 있어 왔다. 가상현실은 이런 자각을 촉진시킬 수 있다. 욕망 충족적 삶의 덧없음을 느끼도록 해 주는 교육프로그램 같은 것이 그 사례가 될 수 있다. 이른바『구운몽』류의 가상현실이다.정재걸, 2017: 134

깨달은 사람과 가상현실에서 직접 만나도록 하는 프로그램의 제공 역시 탈현대 교육이 될 수 있다. 이를 위해서는 깨달은 사람을 대신할 프로그램이 필요하다. "영화 〈그녀〉에 나오는 프로그램과 마찬가지로 모든 것을 포용하고 이해해 주며, 동시에 에고의 소멸을 경험토록 해 주는 프로그램이 제공되어야 한다."정재걸, 2017: 135-136

VI.
탈현대 가족

시모주 아키코下重 曉子는 『가족이라는 병』[2015]을 출판했고, 이는 사회적으로 큰 반향을 불러일으켰다. 현대 문명 말기라는 시대적인 상황을 맞이해서 에고 자체가 하나의 질병이 되었다. 이와 똑같은 이치로 에고의 집합체인 현대 가족도 하나의 질병이 되어 버렸는데, 이 책의 제목은 현대 가족이 처한 이런 상황을 잘 말해 주고 있다.

현대 가족이 붕괴되고 있는 징후는 도처에 나타나고 있다. 가족 구성 자체를 기피하는 1인 가구가 급증하고 있다거나, 이혼율이 높아지는 것 등이 그것이다. 졸혼卒婚, 돌싱 등과 같이 예전엔 들어 보지 못한 말들도 심심찮게 들린다. 더 본질적인 문제는 사랑의 공동체인 가족에 사랑이 메말라 가고 있다는 점이다. 현대 가족은 붕괴되고 있다. 그러나 이것은 현대 가족의 붕괴일 뿐이지 가족의 붕괴가 아니다. 현대 가족이 붕괴된 그 자리에 탈현대 가족이 세워질 것이다.

이 장에서는 다음 질문들에 대한 대답을 중심으로 새롭게 출현할 탈현대 가족의 특징을 서술해 보고자 한다. 인공지능 시대를 맞이해서 탈현대 가족의 하부구조에는 어떤 변화가 일어날 것인가? 탈현대 가족은 어떻게 구성되고 어떤 특징을 가질 것인가? 탈현대 가족관계는 어떤 것일까? 탈현대 가족생활의 특징은 무엇일까?

1. 탈현대 가족의 하부구조

현대 가족의 해체를 촉진시키고, 탈현대 가족의 출현을 가속화시키는 구조적인 요인은 인공지능 시대의 도래다. 인공지능 시대는 올 것인가? 이미 오기 시작했다. 인공지능 시대의 도래는 가족의 물질적인 기초에 혁명적인 변화를 초래할 것이다. 가족의 생산 영역에서의 변화와 가사노동의 소멸이라는 측면에서 그 변화를 살펴보겠다.

1) 생산 영역의 변화

인공지능 시대가 초래할 현저한 변화는 무엇인가? 인간 노동의 종말이다. 문명을 형성한 이래 인류의 숙원은 '고된 노동으로부터의 해방'이었다. 인공지능 시대를 맞아 마침내 인류의 오랜 꿈이 실현될 것이다. 인공지능 로봇이 모든 인간 노동을 대신할 것이다. 그리고 전 인류는 노동 없이 풍요로운 경제생활을 영위할 수 있을 것이다. 가족의 영역에서도 똑같은 혜택을 누리게 될 것이다.

탈현대 가족원은 일터로 출근하지 않을 것이다. 현대 가족의 경우 가족 내에 생계를 책임지는 사람이 있었지만, 탈현대 가족에는 없다.

인공지능 로봇의 도움을 받아 가족은 가족원들이 필요로 하는 것을 거의 자급자족할 것이다. 전기나 식수는 물론이고 음식물, 의류 등도 거의 가족 내에서 생산하고 소비할 것이다. 가족 내에서 생산할 수 없는 것은 무료로 외부에서 공급받을 것이다.

식재료의 많은 부분들, 채소나 과일 등은 농사지어 거두어들일 것이다. 닭이나 소, 돼지와 같은 가축들도 들판에서 자유롭게 자란다. 관상수보다는 유실수를 많이 심어서 사람들이 자유롭게 과일을 따 먹을 수 있도록 한다. 토끼나 새와 같은 야생동물들을 철저히 보호하고, 먹이도 잘 챙겨 주어 사람들과 한데 어울린다.

전기 발전을 예로 들면 다음과 같다. 현대 사회에는 대규모 발전소가 있었고, 거기에서 전기를 생산해 여러 지역에 공급했다. 하지만 탈현대 사회에서는 가족이나 마을 단위로 전기를 스스로 생산하고 사용한다. 전기를 생산할 때 화석 에너지는 더 이상 사용되지 않는다. 처한 상황에 따라 태양력, 풍력, 조력, 수력 등 다양한 자연의 힘을 이용해서 소규모로 그리고 환경 친화적인 방법으로 전기를 생산할 것이다.

집도 스스로 짓고 고친다. 의복도 가족 내에서 만들고 수선한다. 그러나 동시에 지구촌 어느 곳에서 생산되는 것이건 자신들이 필요로 하면 이를 바로 공급받을 수 있다. 물론 이 모든 가족 내 생산노동은 인공지능 로봇이 담당하며, 사람들은 자신이 원할 때만 텃밭 가꾸기 등의 일을 즐긴다.

2) 가사노동의 소멸

전현대 사회에서 가사노동은 힘든 것이었다. 추운 겨울에 얼음을 깨고 빨래를 해야 했고, 한여름에는 음식보관이 어려웠다. 육아, 빨래, 음식 장만, 청소 등 여성들은 하루 종일 그리고 평생 동안 중노동에 시달려야 했다.

현대 사회에서 산업화의 영향으로 가사노동에도 혁명이 일어났다. 세탁기, 청소기, 냉장고, 식기세척기, 전자레인지, 가스 오븐, 믹서 등의 출현과 광범위한 활용은 가사노동을 극적으로 감소시켰다.

탈현대 사회에서는 인공지능 로봇이 모든 가사노동을 대신하게 될 것이다. 청소, 음식 장만, 빨래 등 모든 가사노동을 담당할 것이다. 육아에도 인공지능 로봇이 커다란 도움을 줄 것이다. 가족 내의 노인이나 환자를 돌보는 일도 인공지능 로봇이 담당할 것이다. 여성들은 가사노동에서 완전히 해방될 것이다.

2. 탈현대 가족의 특징

1) 가족 구성

가족 구성의 측면에서 보면, 탈현대 가족 구성은 혈연에만 국한되지 않을 것이다. 혈연이 아니지만 삶의 가치를 공유하는 사람들도 새로운 가족으로 간주될 것이다. 2006년 개봉한 김태용 감독의 〈가족의 탄생〉이라는 영화에서 남녀가 사랑하고, 결혼하고, 새로운 아기가 태어나는 것과 같은 일반적인 가족의 탄생 과정과는 거리가 먼, 피 한 방울 안 섞인 사람들의 얽히고설킨 관계를 주제로 다룬 바 있다. 새로운 가족 구성의 형태를 엿볼 수 있는 주제이며, 실제로 가족의 다양성이 확대되었다는 점에는 누구나 동의할 수 있는 바이다.[이현지, 2017: 232]

현재 가족은 혈연공동체라는 특징을 넘어서 거듭나고 있다. 다양한 형태의 주거공동체 혹은 공동육아를 위한 생활협동조합 등이 가족의 정서적인 기능을 대체하면서 혈연에 바탕을 둔 가족보다 더 친밀한 공동체의식을 공유하기도 한다. 이들에게는 삶의 현실에서 해결해야 할 생활문제를 공유한다는 현실적인 이유가 있고, 삶의 가치를 공유한다는 공감대가 형성되어 있다.[이현지, 2017: 232]

혈연을 바탕으로 한 가족도 그 범위가 훨씬 확대될 것이다. 나를 기준으로 부모, 조부모, 자녀, 손자뿐만 아니라 처가 쪽 친족들과 방계 친족들 역시 가족에 포함될 수 있다. 혈연이 아닌 사람도 가족원이 될 수 있다. 성인이 되었지만 결혼하지 않은 사람도 가족의 일원이 될 수 있으며, 늙어서 외로워진 사람도 가족의 일원이 될 수 있다. 돌봄이 필요한 이웃도 가족원이 될 수 있다. 다른 인종이나 민족인 사람도 가족의 일원이 될 수 있다. 가장 차이가 나는 점은 미래에는 인공지능 로봇도 가족원으로 받아들여지리라고 본다. 반려동물의 경우에서 보듯이, 미래 사회에서 사람들이 인공지능 로봇과 감정적인 연대감을 형성할 가능성은 아주 높다고 본다.

2) 개방성

탈현대 가족은 개방성을 그 특징으로 한다. 이것은 현대 가족의 폐쇄성과 대비를 이루는 부분이다. 특히, 현대 가족은 다른 가족이나 사회에 닫혀 있는 폐쇄적인 집단이었다. 그러나 탈현대 가족은 다른 가족과 사회에 열려 있는 개방적인 집단이 될 것이다. 탈현대 사회에서는 어떤 가족도 섬처럼 존재하지 않을 것이다. 그들은 이웃 가족들과 진정한 소통과 교류를 하며 우의를 발전시켜 나갈 뿐만 아니라, 어려움을 겪고 있는 지구촌의 이웃에 대해서도 늘 깊은 관심을 기울이며 필요한 도움을 제공할 것이다.

유가에서는 '수신제가치국평천하修身齊家治國平天下'를 말한다. 이때 가족은 자신을 둘러싼 넓은 세계에 열려 있다. 이것은 가족이기주의에 빠져 있는 현대 가족과의 큰 차이점이다. 현대 가족은 섬과 같은 존재이다. '외부 세계와의 근원적인 분리'는 현대 사회 일반을 구성하는 원리이다. 이것은 또한 현대 가족을 구성하는 원리이기도 하다. 탈현대로 나아가고자 할 때, 현대 가족이 갖고 있는 이런 폐쇄성을 청산해야 한다. 다른 가족, 사회에 열려 있는 새로운 가족 모델이 필요한데, 상기한 유가 가족관은 이런 필요를 충족시킬 수 있는 방안을 담고 있으며, 탈현대적인 함의가 크다.

3) 탈중심성

탈중심성은 탈현대 가족의 중요한 특징이 될 것이다. 전현대 가족에서는 가장이 가족의 중심이었고, 부자관계가 중심축이었다. 현대 가족에서는 부부가 가족생활의 중심이 되었다. 그러나 탈현대 가족에서는 아무도 배타적인 중심인물이 아닌 가운데, 모든 가족구성원들이 중심인물이 되는 탈중심적인 가족구조가 존재할 것이다.

화엄철학 십현연기十玄緣起의 하나인 인다라망경계문因陀羅網境界門에는 탈중심적인 구성 원리로서 인다라망에 대한 서술이 이루어져 있다. 제석帝釋의 궁전에 걸려 있는 보배 그물의 마디마디에 있는 구슬이 끝없이 서로가 서로를 반사하고, 그 반사가 또 서로를 반사하여 무궁무진하듯이, 모든 현상은 서로가 서로를 끝없이 포용하면서 또 포용된다는 것이다. 탈현대적인 관점에서 볼 때 각각의 가족원은 인다라망의 구슬 하나하나와 같다. 각각의 구슬은 다른 모든 구슬들을 비춘다. 어떤 구슬도 중심이 아니면서 모든 구슬이 중심이 된다. 탈현대 가족 내에서는 아무도 배타적인 중심인물이 아닌 가운데, 모든 가족 구성원들이 중심인물이 된다.

3. 사랑의 가족관계

탈현대 가족은 사랑의 공동체이다. 이것은 역사적으로 모든 가족이 추구한 목적이었지만 탈현대에 이르러 실현된다. 가족원들은 깊은 유대감으로 하나가 되어 있다. 가족원들은 서로의 기쁨과 슬픔을 함께 나눈다. 가족원들은 서로 깊이 사랑하며 지극히 친밀하지만 서로에게 공경하는 마음을 잃지 않는다.

현대 가족도 가족 내부적으로는 사랑을 결합원리로 삼는다. 그러나 자기 가족 바깥에 위치한 다른 가족들에 대해서는 그렇게 하지 않는 다. 이기주의가 사랑으로 발전할 수 없듯이, 가족 이기주의는 가족 내에서조차 진정한 가족 사랑으로 발전할 수 없다.

탈현대 가족은 이와 다르다. 탈현대 가족은 가족 내에서도 사랑을 결합원리로 삼지만, 가족 외부에 대해서도 깊은 관심을 기울이며 교류 할 것이다. 탈현대 가족원들은 자신의 가족을 진정으로 위하지만, 자신의 가족만을 배타적으로 위하지는 않는다.

탈현대 사회에서는 어떤 가족도 섬처럼 존재하지 않을 것이다. 그들 은 이웃 가족들과 진정한 소통과 교류를 하며 우의를 발전시켜 나갈 뿐만 아니라, 어려움을 겪고 있는 지구촌의 이웃에 대해서도 늘 깊은 관심을 기울이며 필요한 도움을 제공할 것이다.

전현대나 현대와 비교해서 탈현대 가족관계의 특징은 어떤 것일까? 탈현대 가족은 전현대 가족과 현대 가족의 가족관계에서 각각의 장점은 강화되고, 단점은 배제되어 있을 것이다. 탈현대 가족원은 현대 가족보다 더 가족 속에서 자유롭고, 가족원들은 서로의 개성을 깊이 존중할 것이다. 그러나 동시에 가족원들 간에는 전현대 가족원들 보 다 더 깊은 유대가 형성되어 있을 것이다. 또한 탈현대 가족관계에서 는 도반으로서의 관계가 강화될 것이다.

탈현대 가족관계의 몇 가지 보편적인 특징을 서술해 보도록 하겠다.

자유　전현대 가족은 가족원에 대한 구속이 심했다. 가족원 각자의 자유나 인권 개념은 희박했다. 그렇다고 해서 현대 가족이 완전히 자유로운 것은 아니었다. 여전히 부부관계와 부자관계에서는 집착하고 속박하는 경우가 많았고, 이것이 가족관계의 불행을 초래한 경우가 많았다.

하지만 탈현대 가족원은 서로를 구속하지 않으며, 각자는 가족 속에서 자유로울 것이다. 탈현대 가족원은 다른 가족원의 인격을 존중할 것이다. 아무도 다른 가족원의 자유와 자율을 구속하거나 억압하지 않을 것이다.

탈현대 가족관계의 핵심은 사랑의 관계이다. 그런데 자유는 사랑이 숨 쉬고 자랄 수 있는 토양이다. 그래서 부부관계와 부자관계에서도 가족원들은 서로를 자유롭게 할 것이다. 부모는 자녀를 낳고 양육하지만, 자녀가 자신의 소유라고 생각하지 않을 것이다. 『노자』 10장에서는 이렇게 말한다. "낳고 기르면서, 낳되 소유하지 않고, 하되 했다는 의식이 없으며, 길러 주되 지배하려 하지 않는다生之畜之 生而不有 爲而不恃 長而不宰." 이 구절은 탈현대 가족에서 부모가 자녀를 대하는 모습을 잘 묘사하고 있다.

물론 탈현대 사회에서도 부모는 자녀들을 깊이 사랑한다. 그러나 그들은 결코 자녀들을 구속하거나 자신의 뜻에 맞는 삶을 강요하지 않는다. 자녀들도 부모를 깊이 존경하고 사랑한다. 조부모들에게는 손자들과 함께하는 시간이 가장 행복하다. 아이들도 조부모의 품이 이 세상에서 가장 편안하고 푸근하다.

'상대편을 자유롭게 함'은 탈현대 부부관계에서도 중요한 특징이 될 것이다. 탈현대인은 상대편을 소유하려 하거나 지배하려 하지 않는다. 그들은 또한 상대편에 집착하지 않는다. 이것은 부부관계에서도 그대로 작용한다.

개성 존중 탈현대 가족원들은 각자의 개성을 존중할 것이다. 가족원마다 성격도 다르고, 즐기는 음악도 다르며, 좋아하는 음식도 다르다. 하지만 이들은 자신의 즐거움을 누릴 뿐 다른 가족을 간섭하지 않는다.

게으름뱅이 가족원은 늦잠을 즐기는 것이 존중된다. 음악을 좋아하는 가족원은 하루 종일 방안에서 음악 감상에 몰두하는 것이 존중된다. 내성적인 가족원은 혼자서 많은 시간을 보내는 것이 존중된다. 가족 구성원들 각자는 자유로운 가운데서 자신의 개성을 실현하고, 이를 통해서 궁극적인 하나임에 도달할 것이다.

깊은 유대 탈현대 가족원들 간에는 깊은 유대감으로 하나가 되어 있을 것이다. 가족원들은 서로의 기쁨과 슬픔을 함께 나눈다. 가족 간에 대화의 많은 부분은 농담이며, 함께 많이 웃는다. 가족원들은 서로를 깊이 사랑한다. 가족원들은 함께 아름다운 음악을 듣고, 노래하며 춤도 춘다.

탈현대 사회의 가족원들은 지극히 친밀하지만 서로에게 공경하는 마음을 잃지 않는다. 부부는 마음 깊은 곳에서 서로 신뢰하며, 세월과 더불어 존경심을 키워 간다. 부모와 자식 간에는 사랑으로 결합하고, 부모는 자녀들에게 올바른 삶의 자세를 가르치며, 모든 존재에 대한 공경심을 일깨워 준다. 새로운 유토피아의 아이들에게 가장 존경하는 사람을 물으면, 그들 대부분은 자신의 부모님과 조부모님이라고 답한다.

도반으로서의 관계 탈현대 가족관계의 변화 중 중요한 것은 도반으로서의 관계가 강화될 것이라는 점이다. 가족원들은 함께 '참나'의 자각을 위해 노력하고 서로 격려하는 수행의 도반으로서의 특징을 갖게 될 것이다. 가족원들은 함께함으로써 서로에게 도움을 주고 도움을 받는다. 탈현대 가족에서 도반으로서의 가족관계는 부부관계뿐만 아니라 모든 가족관계에서 중요한 역할을 담당할 것이다.이현지, 2017: 232

4. 수행과 낙도로서의 가족생활

인공지능의 발달은 수행과 낙도樂道 공동체로서의 가족을 출현시키는 기술적인 기반을 제공할 것이다. 가족의 본질은 사랑의 공동체이다. 전현대와 현대 가족의 경우 경제적인 생산 기능이 중요했기 때문에 사랑의 공동체로서의 가족이 전면에 부각되기 어려웠던 측면이 있었다. 그러나 생산 활동에 참여하지 않고서도 경제적인 안락을 누릴 수 있게 되면, 사랑의 공동체라는 가족 본연의 기능이 가족생활의 중심을 차지하게 될 것이다.

'참나'의 자각을 통해 가족을 사랑의 공동체로 만들어 가기 위한 노력이 수행이며, 사랑의 공동체로서 가족생활을 즐기는 것을 낙도라고 한다. 가족은 함께 산책하고, 담소를 나누며, 텃밭을 가꾸고, 행복한 식사를 하며, 함께 노래 부를 것이다. 이 모든 가족활동이 수행과 낙도로서의 가족생활이다. 이 둘은 사실은 하나여서 분리할 수 없는 것이지만 나누어 적어 본다.

1) 수행공동체로서의 가족생활

탈현대 가족은 자신의 본성을 발견하는 장場이 된다. 그리고 이것이 바로 가족생활의 목표이기도 하다. 이는 전현대 가족은 '가족이라는 공동체의 유지와 사회체제에 기능적으로 적응하는 것'을 목표로 했고, 현대 가족은 '개인의 욕망이나 욕구 충족에 기여할 수 있는 가족생활을 영위하는 것'을 목표로 한 것과 구별된다.[이현지, 2009: 133] 탈현대 가족의 모든 집에는 수행을 위한 공간이 마련되어 있을 것이다. 이미 오랜 수행을 통해 '참나'를 자각한 연장자들은 어린 가족원들의 스승으로서의 역할을 수행할 것이다. 그들은 자신의 삶을 통해 아이들에게 사랑을 가르친다.

유교 사상에는 수행의 장으로서 가족에 대한 인식이 풍부하게 내재되어 있는데, 이는 인공지능 시대의 가족생활과 잘 부합할 수 있다. 홍승표[2015: 199]는 이렇게 쓰고 있다.

유교에서 가장 중요한 수행처는 가족생활의 장이다. 부자

관계나 부부관계의 모든 일상들이 수행을 위한 중요한 장이 된다. 특히 자녀들에게 있어서 부모에 효를 다하는 것은 가장 중요한 수행의 영역이 된다. 효의 수행은 자녀의 마음속에 인仁을 발현시키는 중요한 수행처가 되며, 이는 결과적으로 부모를 행복하게 하여, 가족이라는 중요한 삶의 영역을 탈현대 사회로 바꾸어 가게 한다.

탈현대 가족생활 속에서 이루어질 수행의 양상 몇 가지를 열거해 보기로 한다.

효孝 수행 부모님께 존경하고, 감사하는 마음을 갖는 것은 좋은 수행이 될 수 있다. 부모님의 말씀을 깊이 들어 드리고, 가장 좋은 것들을 자신의 자녀가 아니라 부모님께 드리는 것은 좋은 수행이 될 수 있다. 자신의 마음에 들지 않는 부모님의 모습에 대해 깊은 이해에 도달하는 것은 좋은 수행이 될 수 있다. 부모님께 따뜻하고 다정한 말씨를 쓰는 것은 좋은 수행이 될 수 있다.

자慈 수행 자녀에 대한 사랑의 수행의 키워드는 절제이다. 부모님에 대한 사랑은 부족함이 문제가 될 수 있지만 자녀에 대한 사랑은 넘치는 것이 문제가 되기 쉽다. 자녀에게 주고 싶은 것을 부모님께 드리는 것은 좋은 수행이 될 수 있다. 자녀에게 자유를 선물하는 것은 좋은 수행이 될 수 있다. 때로는 자녀에게 무관심해지는 것이 좋은 수행이 될 수 있다. 자녀가 인생에서 실패를 경험하고 이를 통해 성장해 갈 수 있도록 지켜보는 것은 좋은 수행이 될 수 있다. 자녀가 평범한 존재라는 것을 자각하도록 도와주는 것, '너는 매우 특별한 존재이지만 그것은 다른 집 아이들이 모두 매우 특별한 존재라는 전제 위에서만 그런 것임'을 자녀에게 알려 주는 것은 좋은 수행이 될 수 있다.

질의응답 자라나는 아이들, 젊은이들에겐 많은 의문이 있다. '내 존재의 의미는 무엇인지', '삶의 궁극적인 목표는 무엇인지', '죽음이란 무엇인지' 등. 가족의 장에서 이들은 자신의 의문을 토로하고, 연장자들은 도움을 준다. 마음을 열어 놓은 대화를 통해 이들은 영적으로 성장해 갈 것이다.

침묵 때로 가족원들은 침묵 속에서 함께한다. 삶이 힘들 때나 지쳤을 때, 다른 가족원들은 그냥 그들의 옆에 있어 준다. 아무런 말도 오가지 않지만 깊은 공감과 위로, 많은 대화가 침묵 속에 있다.

자연 자연은 그들의 스승이 될 것이다. 가족원들은 함께 지는 해, 하늘과 구름, 산, 시냇물 등 자연을 완상한다. 집에서 자라는 화초를 물끄러미 깊이 바라본다. 자연의 그 어느 것도 주어진 상황에 저항하지 않으며, 순응 속에서 최선을 다하고 있음을 발견한다. 그리고 많은 배움을 얻는다.

2) 낙도로서의 가족생활

탈현대 가족원들은 일상생활의 모든 것을 즐길 수 있다. 낙도란 '도를 즐김'이며, '도는 없는 곳이 없기에' 그들은 모든 것을 즐길 수 있다. 낙도로서의 가족생활을 몇 가지 서술해 보도록 하겠다.

가족 산책을 즐김　가족이 함께 하는 산책은 가족생활의 큰 즐거움이다. 가족원들은 이 세상에서 가장 행복한 사람이 되어 평화로운 발걸음을 옮긴다. 그들은 발바닥에 대지의 감촉을 느끼면서 천천히 걷는다. 자연의 깊은 침묵을 느끼고, 그들의 생각도 멈춘다. 마음은 깊은 휴식을 취한다. 생각이 멈춘 그 자리에 새로운 활력과 사랑이 생겨난다.

가족 식사를 즐김　가족이 함께 하는 식사는 가족생활의 큰 즐거움이다. 이렇게 사랑하는 사람들과 마주 앉아 맛난 음식을 먹을 수 있음에 깊이 감사한다. 식사 준비도 식사도 활기가 차 있고 웃음소리가 그치지 않는다. 사랑과 행복이 식사시간 내내 그들과 함께한다.

음악을 즐김　탈현대 가족은 음악을 사랑한다. 음악은 늘 그들 삶 깊숙한 곳에서 함께한다. 함께 아름다운 음악을 듣는다. 음악 속에서 평화롭다. 때로는 노래를 함께 부르고, 악기를 연주하기도 한다. 음악 속에서 깊은 감동과 행복을 느낀다.

한가로움을 즐김 탈현대 가족원들은 아무것도 하지 않음을 즐긴다. 그들에게는 노동의 의무가 없기에 하루하루를 온전히 자신의 뜻대로 살아갈 것이다. 탈현대 가족원들은 바라지 않고 악착스럽지 않고 그저 한가함을 바라고 아무 일 없음을 낙으로 삼는다. 유유하게 흘러가는 구름처럼, 강물처럼, 그들은 삶의 오솔길을 천천히 걸어간다.

탈현대 가족원들은 마주 앉아 한가롭게 차를 마신다. 그들이 차를 마실 때, 그들에게는 차밖에 없다. 그들은 양지바른 곳에 모여앉아 해바라기를 한다. 따뜻한 햇살이 내 몸에 닿는 것이 행복하다. 비가 오면 뜨뜻한 구들에 등을 지지면서 낙수소리를 즐긴다. 뜨뜻한 이불 속에서 빗소리를 들으며 편안한 잠에 빠져든다.

맺는 글

만일 우리가 19세기 말 조선의 왕족이나 양반이었다면, 조선 사회의 붕괴 앞에서 비탄에 빠졌을 것이다. 그러나 우리가 그 시대의 사회학자였다면, 새로운 시대에 대한 비전을 제시했어야 할 것이다. 지금 현대 말·탈현대 초라고 하는 문명 대전환기를 맞아, 현대 경제·정치·교육·가족 등 모든 현대 사회 시스템들이 붕괴되고 있다. 그리고 여전히 현대 세계관에 매여 있는 현 인류는 비탄에 빠져 있다. 그러나 이 시대 사회학자에게 맡겨진 임무는 비탄에 동참하거나 현대를 복구하기 위한 노력을 기울이는 것이 아니다. 이 시대 사회학자에게 맡겨진 임무는 새로운 시대에 대한 비전을 제시하는 것이다. 이것이 이 책을 집필한 동기이다.

『주역』「진괘震卦」괘사卦辭에서는 이렇게 쓰고 있다. "우레가 혁혁하게 와도 웃는 소리가 들린다震來虩虩 笑言啞啞." 천둥번개가 치고 지진이 나서 모든 것이 흔들리고 무너져 내리니 두려운 마음이 가득하다. 그런데 어디에서 어떻게 '웃음소리가 들리는 것일까?' 누가 웃고 있는 것일까?

자본주의체제도 무너지고 있고, 현대 국가도 붕괴하며, 현대 교육도 심한 혼란을 겪고 있고, 현대 가족도 무너져 내리고 있다. 현대 문명을 지탱하고 있는 기둥들이 모두 흔들리고 무너져 내리고 있다. 마음이 혼란스럽고 두렵다. 그런데 어디에서 어떻게 웃음소리가 들리는 것일까? 누가 웃음 짓고 있는 것일까?

웃음 짓고 있는 사람은 이 시대의 사회학자이며, 그가 웃음 짓는 이유는 무너져야 할 것이 무너지고 있기 때문이다. 예수는 말했다. 헌 부대에 새 술을 담을 수 없다고. 금방이라도 무너질 것 같은 건물 옥상에 새로운 건물을 세울 수 있겠는가? 낡은 현대 문명의 기둥 위에 탈현대의 새집을 세울 수 있겠는가? 그것은 불가능한 일이다. 낡은 조선 왕조의 기둥 위에 현대 문명이란 새집을 세울 수 있겠는가? 그것은 불가능한 일이다. 무너질 것은 무너져야 하며, 현대가 무너져 내린 그 자리가 바로 탈현대의 집을 지을 새로운 창조의 터전이 된다. 그러므로 무너짐의 한가운데서 웃음소리가 들리는 것이다.

사회학적 상상력을 갖고 있지 않다면, 그는 진정한 사회학자가 아니다. 더군다나 지금은 현대 문명으로부터 탈현대 문명으로의 문명 대전환기이다. 사회학적 상상력이 절실히 요청되는 시점이다. 이 시대 사회학자는 현대 문명이 붕괴되고 있는 그 현장에서 탈현대 문명의 꿈틀거림을 볼 수 있어야 한다. 이것이 이 책에서 해 보고자 한 일이다.

이 책은 우리 시대의 사회학적 상상력이 무엇인가를 밝히고자 했다. 이 시대의 사회학적 상상력은 낡은 현대 세계관을 떨쳐 버리고 새로운 탈현대 세계관의 관점에서 현대 문명을 암흑시대로 인식할 수 있는 능력이다. 그리고 새로운 문명에 대한 비전을 제시할 수 있는 능력이다.

1부에서는 탈현대 세계관의 관점에서 현대 사회학과 현대 문명에 대한 근본적인 비판을 수행했다. 현대 세계관을 기반으로 하는 현대 사회학은 현대 사회의 근본적인 문제를 인식조차 할 수 없다. 더군다나 탈현대 사회에 대한 비전을 제시하는 일은 불가능하다. 결국, 이 시대의 요구에 부응할 수 없는 현대 사회학은 소외된 사회학으로 전락했다.

현대 문명 비판의 첫 작업으로 현대 사회에 만연해 있는 모든 '주의(ism)'에 대한 근본적인 비판을 수행했다. 현대의 모든 '주의(ism)'는 고대 그리스의 기하학적 사유 방식에 기초해 있다. 이것은 '좋은 것의 극대화'와 '나쁜 것의 극소화'를 통해 좋은 세상에 도달하고자 한다. 그러나 많은 '주의(ism)'들은 수단적인 것의 목적화라는 문제와 더불어 실제적인 문제를 야기하고 있다. 특히 휴머니즘의 경우는 인공지능 시대와 조화를 이룰 수 없을 뿐만 아니라 자연에 대한 폭력을 수반하는 문제를 야기하고 있다.

다음으로 낡은 현대 세계관이 지속함으로써 야기되는 사회 문제를 다루었다. 현대 인간관을 수용할 경우, 자아확장투쟁으로서의 삶은 불가피하다. 그러나 자아확장투쟁으로서의 삶은 그 자체가 소외된 삶임과 동시에 심각한 경쟁과 갈등의 유발 등 많은 사회 문제를 일으킨다. 현대 인간관은 현대 노인문제와 직결되어 있다. '분리된 개체로서 나'를 인식하는 한 잘 나이 들어 간다는 것은 원천적으로 불가능하다.

그러므로 현대 인간관의 지배가 종식되지 않는 한 노인문제도 해결될 수 없다. 현대 다문화 사회 문제 역시 현대 세계관과 직결되어 있다. 현대 관계관의 관점에서 보면, 나에게 있어서 너는 '잠재적으로 적'이다. 이런 현대의 적대적 관계관의 기반 위에서 조화로운 다문화 사회를 건설하는 것은 불가능하다.

탈현대 세계관의 관점에서 이루어진 현대 사회에 대한 마지막 비판은 경제·정치·교육·가족 등 현대 사회의 모든 시스템에 대한 비판이다. 현대의 모든 사회 시스템들은 현대 세계관이라고 하는 소프트웨어와 산업혁명이라고 하는 하드웨어의 기반 위에 구축된 것이다. 그런데 인공지능의 급속한 발달은 현대 사회 시스템들과 격렬한 충돌을 일으키고 있다. 무엇이 바뀌어야 할까? 물론 이젠 낡아서 붕괴되어야 할 현대 사회 시스템들이다.

2부에서는 하드웨어로서 인공지능을 중심으로 한 탈현대 기술과 소프트웨어로서 탈현대 세계관을 바탕으로 인류가 살아가야 할 새로운 사회를 구상해 보고자 했다.

현대적인 삶의 중심이 노동과 소비에 놓여 있었다면, 탈현대적인 삶의 중심축은 무엇일까? 수행과 낙도로서의 삶이다. 수행이란 '참나'를 깨어나게 하기 위한 노력을 기울이는 것이며, 낙도란 깨어난 '참나'의 활동이다. 도와 하나가 되어 삶을 즐기는 것이다.

탈현대 사회의 가장 큰 특징은 탈중심적인 사회라는 점이다. '따로 중심이 없으면서 모든 것이 중심이 되는 사회', 이것이 탈현대 사회에 대한 좋은 서술이다. 탈현대 사회는 인간 중심적인 구조로부터의 탈피, 인류의 중심과 주변의 구조로부터의 탈피, 영어 중심적인 구조로부터의 탈피, 도시 중심적인 구조로부터의 탈피 등 현대 사회에 존재했던 모든 중심과 주변의 구조로부터 탈피한 사회이다. 또한 탈현대 사회는 인공지능, 인간, 그리고 자연이 조화를 이루는 세상이다.

탈현대 정치의 목표는 무엇일까? 사랑의 사회를 건설하는 것이다. 현대 국민국가는 소멸하고, 세계정부가 들어설 것이다. 절대 평등사상, 새로운 자유사상, 새로운 평화사상, 겸겸謙 사상 등 탈현대 정치사상과 '참나'를 자각하고 존재 변화를 이룬 탈현대 정치 지도자들이 사랑의 사회 건설을 도울 것이다.

탈현대 경제는 목적의 영역에서 수단의 영역으로 자리 변화가 있을 것이다. 자본주의체제는 붕괴되고, 인공지능 시대를 맞이해서 경제적인 풍요로움은 추구의 목표가 아니라 당연한 것으로 간주될 것이다. 탈중심적인 경제구조가 출현할 것이다.

교육의 영역에서도 현대 교육은 소멸하고 자각의 힘을 키우는 교육, 미소 짓기 교육, 잘 나이 들어 가는 교육 등 사랑의 교육이 행해질 것이다. 인공지능 로봇 교사가 출현할 것이고, 지혜로운 노인에 의한 교육이 행해질 것이며, 학교 건물은 사라지고 가상공간에서 교육이 활성화될 것이다.

가족은 진정한 사랑의 공동체로 재탄생할 것이다. 가족생활에서 가사노동은 소멸하고 경제적인 활동의 중요성은 사라지고 수행과 낙도로서의 가족생활이 중심이 될 것이다. 가족 구성과 가족 바깥과의 관계에서 개방성이 증가할 것이다. 가족은 탈중심적인 구조를 갖게 될 것이다.

이 책의 목적은 문명의 대파국을 막고 눈부신 탈현대 문명 건설로 인류가 나아가는 데 보탬이 되고자 하는 것이다. 이 책이 이 시대의 요청에 부응하는 새로운 사회학의 출발점이 되어 많은 후속 연구가 이루어지고, 마침내 현 인류가 문명의 점프를 이루어 내는 것이 필자의 소망이다.

이 책이 탈현대 문명으로 나아가기 위한 이론서라면, 실천의 영역에서 우리가 해야 할 긴급한 일은 '나를 사랑하는 일'이라고 믿는다. 수십 년 후 우주시대가 열린 놀라운 신문명에서 우리 모두 만날 수 있기를 기도한다.

참고 문헌

● 유가 경전

『周易』(影印本)(1989). 學民文化社.

김석진(1996). 『周易傳義大全』. 대유.

김병효(2002). 『亞山의 周易講義』. 소강.

『論語』(影印本)(1989). 學民文化社.

성백효 역주(1990). 『論語集註』. 전통문화연구회.

동양고전연구회(2002). 『논어』. 지식산업사.

『孟子』(影印本)(1989). 學民文化社.

성백효 역주(1991). 『孟子集註』. 전통문화연구회.

『大學』(影印本)(1989). 學民文化社.

박완식 편저(1993). 『大學·大學或問·大學講語』. 이론과실천.

성백효 역주(1991). 『大學·中庸集註』. 전통문화연구회.

김병효(1996). 『亞山의 大學講義』. 소강.

『中庸』(影印本)(1898). 學民文化社.

김병효(1996). 『亞山의 中庸講義』. 소강.

憨山(1991). 『감산의 中庸 풀이』. 오진탁 옮김. 서광사.

● 도가 경전

『老子』

　　남만성 옮김(1970). 『老子道德經』. 을유문화사.

　　王弼(1997). 『왕필의 노자』. 임채우 옮김. 예문서원.

　　憨山(1990). 『감산의 老子 풀이』. 오진탁 옮김. 서광사.

『莊子』

　　안동림 옮김(1993). 『莊子』. 현암사.

　　憨山(1990). 『감산의 莊子 풀이』. 오진탁 옮김. 서광사.

　　嚴遵(1994). 『老子持歸』. 北京: 中華書局.

• 불가 경전

『한글대장경 華嚴經(六十卷本) 1·2·3』(1989). 東國譯經院.

『한글대장경 華嚴經(八十卷本) 1·2·3』(1992). 東國譯經院.

元曉. 『金剛三昧經論』.

　　元曉(2000). 『원효의 금강삼매경론』. 은정희·송진현 역주. 일지사.

　　元曉(2002). 『금강삼매경론』 상·하. 조용길·정통규 옮김. 동국대학교 출판부.

대한불교조계종편(2001). 『화엄종관행문』. 조계종출판사.

法藏(1998). 『華嚴學體系(華嚴伍教章)』. 김무득 옮김. 우리출판사.

게일(J. S. Gale)(2012). 『James Scarth Gale: 한국의 마테오 리치』. KIATS 엮음. 권혁
　　일·양성현·김명준 옮김. 한국고등신학연구원.

구본권(2015). 『로봇 시대, 인간의 일: 인공지능 시대를 살아가야 할 이들을 위한 안내
　　서』. 어크로스.

김재범(2001). 『주역사회학』. 예문서원.

다윈(C. R. Darwin)(2013). 『종의 기원』. 송철용 옮김. 동서문화사.

도스토옙스키(F. M. Dostoevskii)(2018). 『카라마조프가의 형제들』. 장한 옮김. 더클
　　래식.

로랑(A. Laurent)(2001). 『개인주의의 역사』. 김용민 옮김. 한길사.

리프킨(J. Rifikin)(2003). 『노동의 종말』. 이영호 옮김. 민음사.

리프킨(J. Rifikin)(2004). 『소유의 종말』. 이희재 옮김. 민음사.

리프킨(J. Rifkin)(2012). 『제3차 산업혁명』. 민음사.

리프킨(J. Rifkin)(2014). 『한계비용 제로 사회』. 안진환 옮김. 민음사.

마르쿠제(H. Marcuse)(2004). 『에로스와 문명』. 김인환 옮김. 나남.

마르크스(K. Marx)(2015). 『자본론-정치경제학비판 1/상-3/하』. 심수행 옮김. 비봉출
　　판사.

마르크스(K. Marx)(2006). 『경제학-철학 수고』. 강유원 옮김. 이론과실천.

맬서스(T. R. Malthus)(2011). 『인구론』. 이서행 옮김. 동서문화사.

몽테스키외(C. De Montesquieu)(2006). 『법의 정신』. 고봉만 옮김. 책세상.

백진호(2017). 「인공지능, 깨달음의 스승이 될 수 있을까?」. 홍승표 외. 『동양사상에게
　　인공지능 시대를 묻다』. 살림터.

法藏(1998). 『華嚴學體系(華嚴五教章)』. 김무득 옮김. 우리출판사.

베버(Max Weber)(2016). 『프로테스탄티즘 윤리와 자본주의 정신』. 김현욱 옮김. 동서
　　문화사.

베이컨(F. Bacon)(2001). 『신기관-자연의 해석과 인간의 자연 지배에 관한 잠언』. 진
　　석용 옮김. 한길사.
브랙(T. Brach)(2013). 『받아들임』, 김선주·김정호 옮김. 불광출판사.
브랙(T. Brach)(2014). 『삶에서 깨어나기』. 윤서인 옮김. 불광출판사.
사르트르(J. P. Sartre)(1968). 『存在와 無』. 양원달 옮김. 을유문화사.
슈밥(K. Schwab)(2016). 『제4차산업혁명』. 송경진 옮김. 새로운 현재.
시모주 아키코(下重 曉子)(2015). 『가족이라는 병』. 김난주 옮김. 살림.
엘리엇(T. S. Eliot)(2017). 『황무지』. 황동규 옮김. 민음사.
윌버(K. Wilber)(2015). 『무경계』. 김철수 옮김. 정신세계사.
이현지(2009a). 『동양사상과 탈현대의 발견』. 한국학술정보.
이현지(2009b). 「『주역』과 행복한 가족론」. 『동양사회사상』 20: 129-154.
이현지(2013). 「儒家的 삶의 脫現代的 含意」. 『유교사상문화연구』 54: 317-338.
이현지(2015). 「공자 마음공부의 탈현대적 함의」. 『철학논총』 82(4): 476-497.
이현지(2017). 「인공지능 시대, 가족은 어떻게 변할까?」. 홍승표 외. 『동양사상에게 인
　　공지능 시대를 묻다』. 살림터.
정재걸(2000). 『만두모형의 교육관』. 한국교육신문사.
정재걸(2006a). 「『논어』와 탈근대교육의 설계」. 『동양사회사상』 14.
정재걸(2006b). 「죽음교육에 대한 일 연구」. 『東洋社會思想』 13.
정재걸(2007). 「노인을 위한 죽음준비교육 프로그램 개발 연구」. 『東洋社會思想』 16.
정재걸(2010a). 「탈현대 사회와 교육에서의 종교성 회복」. 『교육철학』 42.
정재걸(2010b). 『삶의 완성을 위한 죽음교육』. 방송통신대출판부.
정재걸(2010c). 『오래된 미래교육』. 살림터.
정재걸 외(2014a). 『동양사상과 마음교육』. 살림터.
정재걸 외(2014b). 『주역과 탈현대 1, 2』. 문사철.
정재걸(2017). 「인공지능 시대, 가상현실을 어떻게 활용할까?」. 홍승표 외. 『동양사상
　　에게 인공지능 시대를 묻다』. 살림터.
지승도(2015). 『인공지능, 붓다를 꿈꾸다』. 운주사.
최석만(1998). 「사회윤리로서의 합리주의와 유교의 비교」. 『東洋社會思想』 1집.
최홍기(1997). 「韓國文化의 自生的 展開」. 임희섭 편. 『韓國社會의 發展과 文化』. 도
　　서출판 나남.
켈리(C. Kelly)(2017). 『인에비터블 미래의 정체』. 이한음 옮김. 청림출판.
톨레(E. Tolle)(2008). 『지금 이 순간을 살아라』. 노혜숙·유영일 옮김. 양문.
톨레(E. Tolle)(2012). 『NOW』. 류시화 옮김. 조화로운 삶.

통계청(2017).『사망원인 통계』. 통계청.

틱낫한(N. H. Thich)(1987). *Being Peace*. Berkeley, California: Parallax Press.

틱낫한(N. H. Thich)(2004).『아! 붓다』, 진현종 옮김. 반디미디어.

포이어바흐(L. Feuerbach)(2008).『기독교의 본질』. 강대석 옮김. 한길사.

프로이트(S. Freud)(2003).『문명 속의 불만』. 김석희 옮김. 열린책들.

플라톤(Plato)(2005).『국가·정체』. 박종현 옮김. 서광사.

한기호(2016).『인공지능 시대의 삶』. 어른의 시간.

한병철(2014).『시간의 향기』. 김태환 옮김. 문학과지성사.

한자경(2002).『일심의 철학』. 서광사.

헤겔(G. W. F. Hegel)(2005).『정신현상학』. 임석진 옮김. 한길사.

노르베리-호지(H. Norberg-Hodge)(1996).『오래된 미래』. 김종철·김태언 옮김. 녹색평론사.

홉스(T. Hobbes)(1994). *Leviathan*. Indianapolis, Indiana: Hackett Publishing Company, Inc..

홍승표(1998).「현대 사회학의 인간관 비판과 유가 사상에 나타난 인간관의 사회학적 함의」.『한국 사회학』 32: 531-560.

홍승표(2002).『깨달음의 사회학』. 예문서원.

홍승표(2005a).『동양사상과 탈현대』. 예문서원.

홍승표(2005b).「對待的 對立觀의 탈현대적 의미」.『철학논총』 40(2).

홍승표(2007).『노인혁명』. 예문서원.

홍승표(2008).「동양사상과 대안사회의 구상」.『東洋社會思想』 17.

홍승표(2009).「통일체적 세계관과 인간적 노동의 구현」.『東洋社會思想』 19.

홍승표(2010).「동양사상과 새로운 유토피아」. 계명대학교 출판부.

홍승표(2012).「탈현대와 동양사상의 재발견」. 계명대학교 출판부.

홍승표(2015).「유교 마음공부의 탈현대적 함의」.『한국학논집』 60: 189-208.

홍승표(2017a).「인공지능 시대, 인간이란 무엇인가?」. 홍승표 외.『동양사상에게 인공지능 시대를 묻다』. 살림터.

홍승표(2017b).「인공지능은 인간을 지배할 것인가?」. 홍승표 외.『동양사상에게 인공지능 시대를 묻다』. 살림터.

New Daily(2018년 10월 30일).「中 "석탄 규제 안 할 것"… 올겨울 한국은 '흡연실' 된다」.

뉴스1(2018년 10월 29일).「올겨울 서울 공기 안 좋을 듯, 中 겨울철 공해 규제 완화」.

여성신문(2018년 10월 2일). 「노인 4명 중 1명은 "죽고 싶다"는 나라… '존엄한 노후'
는 어디에」.

Chosun Biz(2017년 2월 28일). 「손정의 소프트뱅크 회장, 30년 안에 IQ 1만 '슈퍼지
능' 시대 온다」.

한경닷컴 사전. 「양적완화(quantitative easing)」. http://dic.hankyung.com/apps/
economy.view?seq=8423

「아디다스 스피드 팩토리 4차 산업혁명」. https://blog.naver.com/shim1430/2213
06721078

삶의 행복을 꿈꾸는 교육은 어디에서 오는가?

미래 100년을 향한 새로운 교육 　혁신교육을 실천하는 교사들의 필독서

▶ 교육혁명을 앞당기는 배움책 이야기
혁신교육의 철학과 잉걸진 미래를 만나다!

한국교육연구네트워크 총서

01 핀란드 교육혁명
한국교육연구네트워크 엮음 | 320쪽 | 값 15,000원

02 일제고사를 넘어서
한국교육연구네트워크 엮음 | 284쪽 | 값 13,000원

03 새로운 사회를 여는 교육혁명
한국교육연구네트워크 엮음 | 380쪽 | 값 17,000원

04 교장제도 혁명
한국교육연구네트워크 엮음 | 268쪽 | 값 14,000원

05 새로운 사회를 여는 교육자치 혁명
한국교육연구네트워크 엮음 | 312쪽 | 값 15,000원

06 혁신학교에 대한 교육학적 성찰
한국교육연구네트워크 엮음 | 308쪽 | 값 15,000원

07 진보주의 교육의 세계적 동향
한국교육연구네트워크 엮음 | 324쪽 | 값 17,000원
2018 세종도서 학술부문

08 더 나은 세상을 위한 학교혁명
한국교육연구네트워크 엮음 | 404쪽 | 값 21,000원
2018 세종도서 교양부문

혁신학교
성열관·이순철 지음 | 224쪽 | 값 12,000원

행복한 혁신학교 만들기
초등교육과정연구모임 지음 | 264쪽 | 값 13,000원

서울형 혁신학교 이야기
이부영 지음 | 320쪽 | 값 15,000원

혁신교육, 철학을 만나다
브렌트 데이비스·데니스 수마라 지음
현인철·서용선 옮김 | 304쪽 | 값 15,000원

혁신교육 존 듀이에게 묻다
서용선 지음 | 292쪽 | 값 14,000원

다시 읽는 조선 교육사
이만규 지음 | 750쪽 | 값 33,000원

대한민국 교육혁명
교육혁명공동행동 연구위원회 지음 | 224쪽 | 값 12,000원

한국교육연구네트워크 번역 총서

01 프레이리와 교육
존 엘리아스 지음 | 한국교육연구네트워크 옮김
276쪽 | 값 14,000원

02 교육은 사회를 바꿀 수 있을까?
마이클 애플 지음 | 강희룡·김선우·박원순·이형빈 옮김
356쪽 | 값 16,000원

**03 비판적 페다고지는
세상을 변화시킬 수 있는가?**
Seewha Cho 지음 | 심성보·조시화 옮김 | 280쪽 | 값 14,000원

04 마이클 애플의 민주학교
마이클 애플·제임스 빈 엮음 | 강희룡 옮김 | 276쪽 | 값 14,000원

05 21세기 교육과 민주주의
넬 나딩스 지음 | 심성보 옮김 | 392쪽 | 값 18,000원

**06 세계교육개혁:
민영화 우선인가 공적 투자 강화인가?**
린다 달링-해먼드 외 지음 | 심성보 외 옮김 | 408쪽 | 값 21,000원

07 콩도르세, 공교육에 관한 다섯 논문
니콜라 드 콩도르세 지음 | 이주환 옮김 | 300쪽 | 값 16,000원

대한민국 교사, 어떻게 가르칠 것인가?
윤성관 지음 | 320쪽 | 값 15,000원

아이들을 어떻게 가르칠 것인가
사토 마나부 지음 | 박찬영 옮김 | 232쪽 | 값 13,000원

모두를 위한 국제이해교육
한국국제이해교육학회 지음 | 364쪽 | 값 16,000원

경쟁을 넘어 발달 교육으로
현광일 지음 | 288쪽 | 값 14,000원

독일 교육, 왜 강한가?
박성희 지음 | 324쪽 | 값 15,000원

핀란드 교육의 기적
한넬레 니에미 외 엮음 | 장수명 외 옮김 | 456쪽 | 값 23,000원

한국 교육의 현실과 전망
심성보 지음 | 724쪽 | 값 35,000원

▶ 비고츠키 선집 시리즈
발달과 협력의 교육학 어떻게 읽을 것인가?

 생각과 말
레프 세묘노비치 비고츠키 지음
배희철·김용호·D. 켈로그 옮김 | 690쪽 | 값 33,000원

 성장과 분화
L.S. 비고츠키 지음 | 비고츠키 연구회 옮김
308쪽 | 값 15,000원

 도구와 기호
비고츠키·루리야 지음 | 비고츠키 연구회 옮김
336쪽 | 값 16,000원

 연령과 위기
L.S. 비고츠키 지음 | 비고츠키 연구회 옮김
336쪽 | 값 17,000원

 어린이 자기행동숙달의 역사와 발달 I
L.S. 비고츠키 지음 | 비고츠키 연구회 옮김
564쪽 | 값 28,000원

 의식과 숙달
L.S 비고츠키 | 비고츠키 연구회 옮김
348쪽 | 값 17,000원

 어린이 자기행동숙달의 역사와 발달 II
L.S. 비고츠키 지음 | 비고츠키 연구회 옮김
552쪽 | 값 28,000원

 분열과 사랑
L.S. 비고츠키 지음 | 비고츠키 연구회 옮김
260쪽 | 값 16,000원

 어린이의 상상과 창조
L.S. 비고츠키 지음 | 비고츠키 연구회 옮김
280쪽 | 값 15,000원

 성애와 갈등
L.S. 비고츠키 지음 | 비고츠키 연구회 옮김
268쪽 | 값 17,000원

 비고츠키와 인지 발달의 비밀
A.R. 루리야 지음 | 배희철 옮김 | 280쪽 | 값 15,000원

 관계의 교육학, 비고츠키
진보교육연구소 비고츠키교육학실천연구모임 지음
300쪽 | 값 15,000원

 수업과 수업 사이
비고츠키 연구회 지음 | 196쪽 | 값 12,000원

 비고츠키 생각과 말 쉽게 읽기
진보교육연구소 비고츠키교육학실천연구모임 지음
316쪽 | 값 15,000원

 비고츠키의 발달교육이란 무엇인가?
비고츠키교육학실천연구모임 지음 | 412쪽 | 값 21,000원

 교사와 부모를 위한 비고츠키 교육학
카르포프 지음 | 실천교사번역팀 옮김 | 308쪽 | 값 15,000원

 비고츠키 철학으로 본 핀란드 교육과정
배희철 지음 | 456쪽 | 값 23,000원

▶ 살림터 참교육 문예 시리즈
영혼이 있는 삶을 가르치는 온 선생님을 만나다!

 꽃보다 귀한 우리 아이는
조재도 지음 | 244쪽 | 값 12,000원

 선생님이 먼저 때렸는데요
강병철 지음 | 248쪽 | 값 12,000원

 성깔 있는 나무들
최은숙 지음 | 244쪽 | 값 12,000원

 서울 여자, 시골 선생님 되다
조경선 지음 | 252쪽 | 값 12,000원

 아이들에게 세상을 배웠네
명혜정 지음 | 240쪽 | 값 12,000원

 행복한 창의 교육
최창의 지음 | 328쪽 | 값 15,000원

 밥상에서 세상으로
김흥숙 지음 | 280쪽 | 값 13,000원

 북유럽 교육 기행
정애경 외 14인 지음 | 288쪽 | 값 14,000원

 우물쭈물하다 끝난 교사 이야기
유기창 지음 | 380쪽 | 값 17,000원

▶ 4·16, 질문이 있는 교실 마주이야기
통합수업으로 혁신교육과정을 재구성하다!

통하는 공부
김태호·김형우·이경석·심우근·허진만 지음
324쪽 | 값 15,000원

내일 수업 어떻게 하지?
아이함께 지음 | 300쪽 | 값 15,000원
2015 세종도서 교양부문

인간 회복의 교육
성래운 지음 | 260쪽 | 값 13,000원

교과서 너머 교육과정 마주하기
이윤미 외 지음 | 368쪽 | 값 17,000원

수업 고수들 수업·교육과정·평가를 말하다
박현숙 외 지음 | 368쪽 | 값 17,000원

도덕 수업, 책으로 묻고 윤리로 답하다
울산도덕교사모임 지음 | 320쪽 | 값 15,000원

체육 교사, 수업을 말하다
전용진 지음 | 304쪽 | 값 15,000원

교실을 위한 프레이리
아이러 쇼어 엮음 | 사람대사람 옮김 | 412쪽 | 값 18,000원

마을교육공동체란 무엇인가?
서용선 외 지음 | 360쪽 | 값 17,000원

교사, 학교를 바꾸다
정진화 지음 | 372쪽 | 값 17,000원

함께 배움
학생 주도 배움 중심 수업 이렇게 한다
니시카와 준 지음 | 백경석 옮김 | 280쪽 | 값 15,000원

공교육은 왜?
홍섭근 지음 | 352쪽 | 값 16,000원

자기혁신과 공동의 성장을 위한
교사들의 필리버스터
윤양수·원종희·장군·조경삼 지음 | 280쪽 | 값 14,000원

함께 배움 이렇게 시작한다
니시카와 준 지음 | 백경석 옮김 | 196쪽 | 값 12,000원

함께 배움 교사의 말하기
니시카와 준 지음 | 백경석 옮김 | 188쪽 | 값 12,000원

교육과정 통합, 어떻게 할 것인가?
성열관 외 지음 | 192쪽 | 값 13,000원

학교 혁신의 길, 아이들에게 묻다
남궁상운 외 지음 | 272쪽 | 값 15,000원

미래교육의 열쇠, 창의적 문화교육
심광현·노명우·강정석 지음 | 368쪽 | 값 16,000원

주제통합수업, 아이들을 수업의 주인공으로!
이윤미 외 지음 | 392쪽 | 값 17,000원

수업과 교육의 지평을 확장하는 수업 비평
윤양수 지음 | 316쪽 | 값 15,000원
2014 문화체육관광부 우수교양도서

교사, 선생이 되다
김태은 외 지음 | 260쪽 | 값 13,000원

교사의 전문성, 어떻게 만들어지나
국제교원노조연맹 보고서 | 김석규 옮김 392쪽 | 값 17,000원

수업의 정치
윤양수·원종희·장군 지음 | 280쪽 | 값 14,000원

학교협동조합,
현장체험학습과 마을교육공동체를 잇다
주수원 외 지음 | 296쪽 | 값 15,000원

거꾸로 교실,
잠자는 아이들을 깨우는 수업의 비밀
이민경 지음 | 280쪽 | 값 14,000원

교사는 무엇으로 사는가
정은균 지음 | 292쪽 | 값 15,000원

마음의 힘을 기르는 감성수업
조선미 외 지음 | 300쪽 | 값 15,000원

작은 학교 아이들
지경준 엮음 | 376쪽 | 값 17,000원

아이들의 배움은 어떻게 깊어지는가
이시이 준지 지음 | 방지현·이창희 옮김 | 200쪽 | 값 11,000원

대한민국 입시혁명
참교육연구소 입시연구팀 지음 | 220쪽 | 값 12,000원

교사를 세우는 교육과정
박승열 지음 | 312쪽 | 값 15,000원

전국 17명 교육감들과 나눈
교육 대담
최창의 대담·기록 | 272쪽 | 값 15,000원

들뢰즈와 가타리를 통해
유아교육 읽기
리세롯 마리엣 올슨 지음 | 이연선 외 옮김 | 328쪽 | 값 17,000원

학교 민주주의의 불한당들
정은균 지음 | 276쪽 | 값 14,000원

프레이리의 사상과 실천
사람대사람 지음 | 352쪽 | 값 18,000원
2018 세종도서 학술부문

혁신학교, 한국 교육의 미래를 열다
송순재 외 지음 | 608쪽 | 값 30,000원

페다고지를 위하여
프레네의 『페다고지 불변요소』 읽기
박찬영 지음 | 296쪽 | 값 15,000원

노자와 탈현대 문명
홍승표 지음 | 284쪽 | 값 15,000원

선생님, 민주시민교육이 뭐예요?
염경미 지음 | 244쪽 | 값 15,000원

어쩌다 혁신학교
유우석 외 지음 | 380쪽 | 값 17,000원

미래, 교육을 묻다
정광필 지음 | 232쪽 | 값 15,000원

대학, 협동조합으로 교육하라
박주희 외 지음 | 252쪽 | 값 15,000원

입시, 어떻게 바꿀 것인가?
노기원 지음 | 306쪽 | 값 15,000원

촛불시대, 혁신교육을 말하다
이용관 지음 | 240쪽 | 값 15,000원

라운드 스터디
이시이 데루마사 외 엮음 | 224쪽 | 값 15,000원

미래교육을 디자인하는 학교교육과정
박승열 외 지음 | 348쪽 | 값 18,000원

흥미진진한 아일랜드 전환학년 이야기
제리 제퍼스 지음 | 최상덕·김호원 옮김 | 508쪽 | 값 27,000원

폭력 교실에 맞서는 용기
따돌림사회연구모임 학급운영팀 지음 | 272쪽 | 값 15,000원

그래도 혁신학교
박은혜 외 지음 | 248쪽 | 값 15,000원

학교는 어떤 공동체인가?
성열관 외 지음 | 228쪽 | 값 15,000원

교사 전쟁
다나 골드스타인 지음 | 유성상 외 옮김 | 468쪽 | 값 23,000원

인공지능 시대의 사회학적 상상력
홍승표 지음 | 260쪽 | 값 15,000원

교육과정, 수업, 평가의 일체화
리사 카터 지음 | 박승열 외 옮김 | 196쪽 | 값 13,000원

학교를 개선하는 교장
지속가능한 학교 혁신을 위한 실천 전략
마이클 풀란 지음 | 서동연·정효준 옮김 | 216쪽 | 값 13,000원

공자뎐, 논어는 이것이다
유문상 지음 | 392쪽 | 값 18,000원

교사와 부모를 위한
발달교육이란 무엇인가?
현광일 지음 | 380쪽 | 값 18,000원

교사, 이오덕에게 길을 묻다
이무완 지음 | 328쪽 | 값 15,000원

낙오자 없는 스웨덴 교육
레이프 스트란드베리 지음 | 변광수 옮김 | 208쪽 | 값 13,000원

끝나지 않은 마지막 수업
장석웅 지음 | 328쪽 | 값 20,000원

경기꿈의학교
진흥섭 외 지음 | 360쪽 | 값 17,000원

학교를 말한다
이성우 지음 | 292쪽 | 값 15,000원

행복도시 세종, 혁신교육으로 디자인하다
곽순일 외 지음 | 392쪽 | 값 18,000원

나는 거꾸로 교실 거꾸로 교사
류광모·임정훈 지음 | 212쪽 | 값 13,000원

교실 속으로 간 이해중심 교육과정
온정덕 외 지음 | 224쪽 | 값 13,000원

교실, 평화를 말하다
따돌림사회연구모임 초등우정팀 지음 | 268쪽 | 값 15,000원

학교자율운영 2.0
김용 지음 | 240쪽 | 값 15,000원

학교자치를 부탁해
유우석 외 지음 | 252쪽 | 값 15,000원

국제이해교육 페다고지
강순원 외 지음 | 256쪽 | 값 15,000원

미래교육, 어떻게 만들어갈 것인가?
송기상·김성천 지음 | 300쪽 | 값 16,000원

▶ 더불어 사는 정의로운 세상을 여는 인문사회과학
사람의 존엄과 평등의 가치를 배운다

밥상혁명
강양구·강이현 지음 | 298쪽 | 값 13,800원

좌우지간 인권이다
안경환 지음 | 288쪽 | 값 13,000원

도덕 교과서 무엇이 문제인가?
김대용 지음 | 272쪽 | 값 14,000원

민주시민교육
심성보 지음 | 544쪽 | 값 25,000원

자율주의와 진보교육
조엘 스프링 지음 | 심성보 옮김 | 320쪽 | 값 15,000원

민주시민을 위한 도덕교육
심성보 지음 | 500쪽 | 값 25,000원
2015 세종도서 학술부문

민주화 이후의 공동체 교육
심성보 지음 | 392쪽 | 값 15,000원
2009 문화체육관광부 우수학술도서

교과서 밖에서 배우는 인문학 공부
정은교 지음 | 280쪽 | 값 13,000원

갈등을 넘어 협력 사회로
이창언·오수길·유문종·신윤관 지음 | 280쪽 | 값 15,000원

오래된 미래교육
정재걸 지음 | 392쪽 | 값 18,000원

동양사상과 마음교육
정재걸 외 지음 | 356쪽 | 값 16,000원
2015 세종도서 학술부문

대한민국 의료혁명
전국보건의료산업노동조합 엮음 | 548쪽 | 값 25,000원

교과서 밖에서 배우는 철학 공부
정은교 지음 | 280쪽 | 값 14,000원

교과서 밖에서 배우는 고전 공부
정은교 지음 | 288쪽 | 값 14,000원

교과서 밖에서 배우는 사회 공부
정은교 지음 | 304쪽 | 값 15,000원

전체 안의 전체 사고 속의 사고
김우창의 인문학을 읽다
현광일 지음 | 320쪽 | 값 15,000원

교과서 밖에서 배우는 윤리 공부
정은교 지음 | 292쪽 | 값 15,000원

카스트로, 종교를 말하다
피델 카스트로·프레이 베토 대담 | 조세종 옮김
420쪽 | 값 21,000원

한글 혁명
김슬옹 지음 | 388쪽 | 값 18,000원

일제강점기 한국철학
이태우 지음 | 448쪽 | 값 25,000원

우리 안의 미래교육
정재걸 지음 | 484쪽 | 값 25,000원

한국 교육 제4의 길을 찾다
이길상 지음 | 400쪽 | 값 21,000원

비판적 실천을 위한 교육학
이윤미 외 지음 | 448쪽 | 값 23,000원

왜 그는 한국으로 돌아왔는가?
황선준 지음 | 364쪽 | 값 17,000원

▶ 남북이 하나 되는 두물머리 평화교육
분단 극복을 위한 치열한 배움과 실천을 만나다

10년 후 통일
정동영·지승호 지음 | 328쪽 | 값 15,000원

선생님, 통일이 뭐예요?
정경호 지음 | 252쪽 | 값 13,000원

분단시대의 통일교육
성래운 지음 | 428쪽 | 값 18,000원

김창환 교수의 DMZ 지리 이야기
김창환 지음 | 264쪽 | 값 15,000원

한반도 평화교육 어떻게 할 것인가
이기범 외 지음 | 252쪽 | 값 15,000원

▶ 평화샘 프로젝트 매뉴얼 시리즈
학교폭력에 대한 근본적인 예방과 대책을 찾는다

학교폭력 어떻게 만들어지는가
문재현 외 지음 | 300쪽 | 값 14,000원

아이들을 살리는 동네
문재현 · 신동명 · 김수동 지음 | 204쪽 | 값 10,000원

학교폭력, 멈춰!
문재현 외 지음 | 348쪽 | 값 15,000원

평화! 행복한 학교의 시작
문재현 외 지음 | 252쪽 | 값 12,000원

왕따, 이렇게 해결할 수 있다
문재현 외 지음 | 236쪽 | 값 12,000원

마을에 배움의 길이 있다
문재현 지음 | 208쪽 | 값 10,000원

젊은 부모를 위한 백만 년의 육아 슬기
문재현 지음 | 248쪽 | 값 13,000원

별자리, 인류의 이야기 주머니
문재현 · 문한뫼 지음 | 444쪽 | 값 20,000원

우리는 마을에 산다
유양우 · 신동명 · 김수동 · 문재현 지음 | 312쪽 | 값 15,000원

동생아, 우리 뭐 하고 놀까?
문재현 외 지음 | 280쪽 | 값 15,000원

▶ 창의적인 협력 수업을 지향하는 삶이 있는 국어 교실
우리말 글을 배우며 세상을 배운다

중학교 국어 수업 어떻게 할 것인가?
김미경 지음 | 340쪽 | 값 15,000원

토론의 숲에서 나를 만나다
명혜정 엮음 | 312쪽 | 값 15,000원

토닥토닥 토론해요
명혜정 · 이명선 · 조선미 엮음 | 288쪽 | 값 15,000원

인문학의 숲을 거니는 토론 수업
순천국어교사모임 엮음 | 308쪽 | 값 15,000원

어린이와 시
오인태 지음 | 192쪽 | 값 12,000원

수업, 슬로리딩과 함께
박경숙 외 지음 | 268쪽 | 값 15,000원

언어던
정은균 지음 | 268쪽 | 값 15,000원

▶ 출간 예정